地域貢献

住民と建築士が取り組んだ《連携・協働》の記録

編著者　長瀬光市・飯田正典
著　者　（一社）神奈川県建築士会地域貢献出版チーム

（一社）神奈川県建築士会
『かながわ地域貢献活動センター』の足跡

公人の友社

はじめに

日本が「人口減少時代」に転じたと言われて久しい。１９９１年にバブル経済が崩壊し、拡大成長時代が終焉した。この時を契機に低成長時代に入り、「失われた20年」と呼ばれる長い不況の時代を経て、２００５年から人口が減少し、高齢者が増加する「縮小時代」に転じた。

高齢化や少子化が急速に進む日本は、先進諸国のなかでも様々な社会課題に直面するスピードが速く。社会不安が起きやすい「課題先進国」とも言える状況である。今、地方や都市で「安心して幸せに住み続ける地域社会づくり」が地域課題となり、住民と専門家・企業・自治体などが連携・協働し、持続可能な地域まちづくりの模索が始まっている。

本書は、１９９４年~２０１８年にかけて、住環境の改善、建造物の保存・再生、自然環境の保全、地域まちづくりなど、地域課題の解決に向けて、住民と建築士が取り組んだ《地域貢献活動》の記録である。ここで取り上げた「建築士会連合会地域貢献活動推進センター」と「かながわ地域貢献活動センター」が連携して取り組んだ《地域貢献》は、住民と建築士などによる連携・協働を基本とした、地域に根ざした地域貢献の《示唆に富んだ活動》の成果を記したものである。

（一社）神奈川県建築士会は、県内９支部で構成され、会員数約２５００余名の規模を有する組織である。その組織は、建築士の品位の保持及びその業務の進歩改善を図り、広く公共の福祉増進に寄与することを目的とした一般社団法人である。それ故に、建築士会は地域貢献として、住まいづくり、生活環境整備、地域まちづくりなど、住民の日常生活と密着して地域貢献活動ができる組織である。まさに、生活者と一緒に考え、課題を共有し、行動ができる条件が備わっているのだ。

本書は、「建築士会創立70周年」を記念して、神奈川の地域に根ざした、地域密着型の建築士らの地域貢献活動の実態。住民の皆さんや自治体から評価を頂いた業績を大集成したものである。

プロジェクト一つ一つに、実践の労苦と、建築士の職能を見いだすことができる。架空の議論ではなく、汗を流し脚で確かめたうえでの発信である。登場する住民、建築士の皆さんは、「楽しみながら活動をすること、やればやるほど楽しくなる、逆の言い方をすれば、楽しくならないことはやらない」を、共通の心情としている。その意味で、建築士の方々には、地域貢献活動が自らの職能を高め、業務を推進させ、地域社会からの信頼と評価を得ていくものだということをしっかりと評価し、これからも活動に取り組んでいただきたい。

いずれにせよ、本書には、間違いなく今、求められている「住民と専門家・企業・行政との協働」について具体的で、リアリティーの高いノウハウが数多く開示されている。

それゆえに、本書が建築士会の会員は無論のこと、地域まちづくりの活動に熱い思いで取り組んでいられる住民・行政・専門家・企業の方々にとっても、《必読の書》となれば幸いである。

２０２１年５月

長瀬光市

［目次］

4章　地域貢献活動・情報インデックス（履歴編）　115

1章

建築士による地域貢献活動

長瀬光市

1 地域貢献活動とは何か

新しいまちづくりの潮流

高度経済成長期からバブル経済に至る状況下、急激な都市化の進行は、新たな住宅供給に主眼がおかれ、地域の個性や快適性、自然環境との調和は、どちらからというと後回しせざるを得ない状況にあった。

１９７８年に「神戸市都市景観条例」制定を契機に、行きすぎた開発や自然環境の破壊、市街地と一体となった緑地の保全、生活に密着した水路や水辺の保全など地域資源の喪失に関する危機感が芽生えてきた。このまちづくり活動を担ってきたのが、地域に根を張った全国各地の建築士であった。

公益社団法人建築士会連合会（以下、「連合会」という。）は、このような、社会経済の変動のなかで、地域住民が求めている「居住環境の保全・改善、歴史的文化遺産の保全・再生、里山や緑地保全、地域防災、地域の活性化」などに対して、職能と専門性を活かした支援要請に応える絶好の機会と捉え、都道府県建築士会と連携して新しいまちづくり運動を推進することを目的に、１９８７年１月に「まちづくり特別委員会」（１９９２年に常設委員委員会となり、現在も活動）を設置した。

１９９５年、阪神淡路大震災の発生時、神奈川県や静岡県などで先行して創設された、建築士などによる「応急危険度判定士制度」が機能し、被災を受けた建築物の応急危険度判定活動支援のため、連合会は国の要請を受け、被災直後から都道府県建築士会の協力を得て建築士を派遣した。

倒壊した建築物、危険な建築物などの応急度危険度判定活動が、寝食を忘れ行われたことは、発災から２５年が経過しても私たちの記憶に深く刻まれている。

また、復興に向けて、全国各地の建築士がボランティアとして参加し、震災復興住宅計画、地域コミュニティ再生計画など、被災地の復興支援活動を展開してきた。

阪神淡路大震災では、それまで主としてボランティアに携わってきた人々とは異なる多くの市民がボランティアとして参加した。そのため、同年を「ボランティア元年」と呼ぶようになった。

以来、2000年の鳥取西部地震、2004年の新潟中越地震、2011年の東日本大震災などが起こるたびに、建築士による応急危険度判定や罹災証明活動、市民ボランティアによる復興支援が行われてきた。

阪神淡路大震災を契機に、「連携」「絆」「つながり」の大切さが叫ばれ、ボランティア活動を始めとする住民の主体的な社会貢献活動が活発化し、これらの社会貢献活動を行う団体が、より活動しやすくすることを目的として、法人格を付与する「特定非営利活動（NPO法人）制度」が1998年に制定された。

これを契機に、様々な市民・専門家の連携によって、地域の課題を解決するボランティア活動、NPO活動が様々な領域で活発に行われるようになった。

今では、市民レベルのイノベーションが、シビックエコノミーを生み出し、ソーシャルビジネスによる社会的問題の解決に向けた新しい社会的関係が動き出している。

地域貢献活動とは何か

地域の「まちづくり」を住民と建築士が中心になって実践活動を展開してきた結果、コーディネーター役を担う建築士、建築士会に地域実践活動を永続的に進めていく上で様々な課題が生じてきた。

その直面する課題は、地域実践活動の実態が、ボランティア中心であったため、オーバーワークによる日常業務への負担増、活動資金の不足、人材不足など、活動の主体性を高めていく上で大きな障害となっていた。

連合会会長は、全国各地の建築士会会員が、積極的に地域社会に入り、地域住民と連携して地域実践活動をするにつれ、活動資金、情報共有の必要性など切実な声を取り上げ、連合会は地域実践活動の推進母体を創設することを決意した。そして、企画委員会に地域実践活動を支援する具体的な組織づくりを指示した。

1992年4月、企画委員会から「新思考施策推進要綱（案）」が報告された。この報告書の中に緊急課題として地域実践活動に関する提案が示された。

①全国の建築士会は、それぞれの地域の歴史、伝統や気候風土に根ざした「建築文化の向上」を理念に掲げ、各地域で身近な住まいづくり、まちづくりなどの活動に取り組む。

②建築士会が地域住民に対する世論の喚起や、地域の要望を実現する専門家集団として、住環境や街並み景観などの保全・整備などの活動を行うことによって地域

社会に貢献し、併せて建築士の社会的地位の向上を図る。

③地域において広範囲な職域分野で活躍する会員の総合力を結集して、地域社会に貢献する公益的体制の仕組みを創出し、その活動を通じ、各地域における建築士会の立場を強化する。

併せて試案として、機構は建築士会発起による地域財団法人などとする。連合会は特別基金を設けて建築士会への援助を行うことが示された。

この提言を受け、１９９４年7月、連合会の実践活動本委員会（以下、「実践委員会」という。）が地域実践活動の推進の仕組みづくりを検討することになった。

「地域貢献活動」推進組織の検討

提言を受け、１９９４年7月、実践委員会は、地域実践活動の推進の仕組みづくりの検討を始めた。

実践委員会では、バブル経済崩壊後の社会経済情勢のなか、様々な諸条件を勘案し、試行錯誤を繰り返し、毎月のように委員会を開き、最終的な成案ができるまでに二年半の歳月を要した。

検討にあたり、論点を絞った検討を行い、方向性を明らかにした上で、制度設計を行うことにした。

「地域貢献活動」という「造語」の誕生

ボランティア元年以来、「社会貢献」という言葉がようやく定着を始めた時期であった。実践委員会の結論として「地域の要望を実現する専門家集団として、住環境や街並み景観の保全・整備などの活動を行うことによって地域社会に貢献する地域実践活動」を「地域貢献活動」と名付けた。

建築士の地域貢献活動における〈貢献〉の意味は、「建築士が職業倫理に恥じることなく、職能的能力を最大限に発揮して、自らの日常業務をしっかりと遂行することにある。その上で、生活づくりの視点から時代が求める社会的課題に的確に対応しうる建築士の職能的能力とは何か自問自答しなければならない。これからの建築士は、自らの職能を通じて〈参加と共生〉の住まい・まちづくりの実現に寄与すべきであり、また、寄与するに足る知識、能力、実践力を持ち合わせなければならない。」と位置づけた。

地域に住む人達と係わりを持ち、まちづくりに責任を持つ行政と地域を知り、地域を創る建築士がパートナーシップを発揮し、住まいづくり・まちづくりを実践する〈建築士の地域貢献活動〉の果たす役割は大きい。

地域貢献活動の推進組織

連合会や都道府県建築士会の「社団法人」という法人組織では「定款」で決められた範囲に基づき、活動などを行う組織である。その定款の意味するところは、構成員に均等にその活動の目的を提供していくことにある。

従って、「地域貢献活動」に係わる資金を特定の人、特定の団体などに限定する行為は公共性、公平性に欠けるほか、本来行うこと自体が不可能と言える。また、社団法人組織を構成する構成員となる定義からも、基本的には排除されている。

社団法人でない別組織として、「財団法人」「第三セクター」「公益信託」「その他の方式」が考えれた。

その上で、資金調達、積立金目標額、連合会主体の組織、組織の実現性などの視点から検討し、推進組織を「連合会、都道府県建築士会の社団法人から分離し、相互に緊密に連携が可能な〈双子〉の別組織」とした（図表1―1）。

基金の取り崩し・補充方式

「基金の取り崩し・補充方式」を確立するため、連合会は「建築士による〈地域貢献活動〉の必要性と社会的意義の視点から都道府県建築士への会費の値上げ案」を理事会に提案し、了承が得られた。

会費値上げ分相当額を基金への繰り入れと民間企業からの寄付金をもって、推進センター基金とする。基金には、1997年度から毎年、3000万円の予算が繰り入れられた。

図表1－1「推進センターと活動センター関係モデル図」

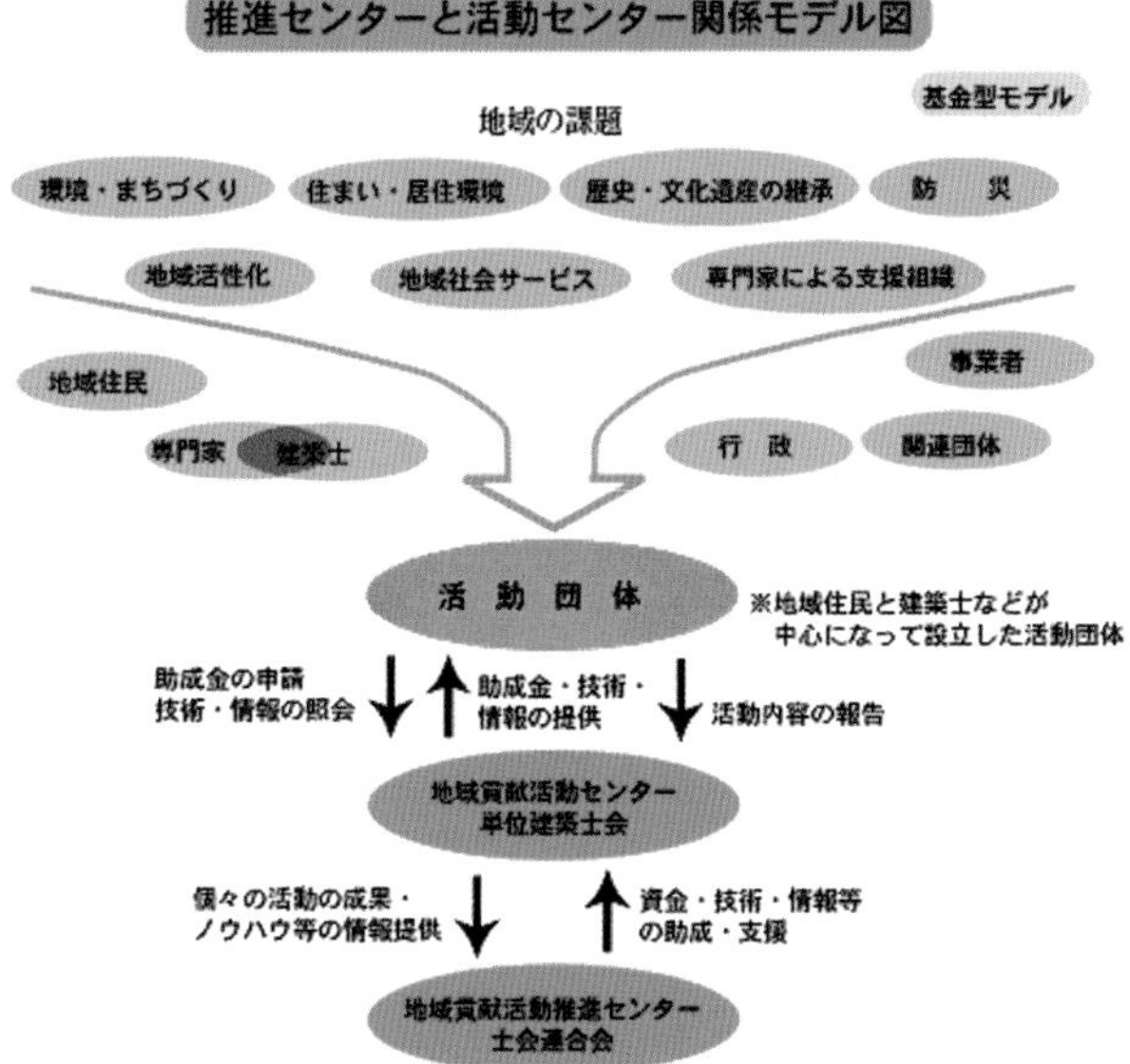

地域貢献活動の実態把握

都道府県建築士会を対象に、〈地域貢献活動〉に係わる建築士の悩みである「資金」「技術」「情報」などの実態を把握し、建築士に必要な支援のあり方を検討するために「地域貢献活動の実態調査」を実施した。

調査結果から明らかになったことは、地域の声に耳を傾ける人、活動を支えている人、活動を仕掛けている人、活動をリードしている人など、「人」の存在があって、始めてまちづくりが動き、成果が生まれてくる。また、地域では地域課題を解決するための職能を支えるネットワーク組織が誕生するなど、地域貢献における建築士の役割として、次のように整理した。

①地域からの要望に応えるため、様々な人が協働してまちづくりができる仕組みを整える。
②地域住民が地域の問題を把握し、共有してそれを解決するための手立てを支援する。
③将来のまちづくりの方向を議論し、実現に向けた戦略的な提案を行っていく。
④まちづくりに有効な、制度・仕組みなどの情報などを提供し、計画・事業のコーディネート役を担う。
⑤他の分野の専門家との連携、役割分担によるパートナーリングを活用する。
⑥住民と行政をつなげていく仲介役、橋渡し役を担う。

この調査から、約８００の活動団体が存在することが明らかになった。

地域貢献活動団体の活動始動期に資金要望が高いこと、全国のまちづくり情報、まちづくり技術の共有の必要性、活動団体のネットワーク化などの要望について連合会が解決していくことにした。

2 推進センターと地域活動センターの仕組み

推進センターの仕組み

1997年1月、連合会に地域貢献活動を推進する司令塔として地域貢献活動推進センター（以下、「推進センター」という。）が設立された。同年4月に静岡県地域貢献活動センターが設立され、これを契機に2005年迄に、都道府県建築士会32箇所に地域貢献活動センター（以下、「地域活動センター」という。）が誕生した。最終的には全ての都道府県建築士会で設立され、地域住民と建築士による地域貢献活動が展開されていった。

地域貢献活動を進める上で、推進センターの助成運用基準が次のように作成された。

①地域貢献活動の定義

・地域が求めている様々な活動に対して、建築士の職能を通して地域に貢献すること。つまり、地域に根ざした地域貢献を、職能を通して将来的に「ハード」「ソフト」の形が見えてくる実践活動と位置づける。

②地域貢献活動の対象事業

・都道府県建築士会員が関与する次の各テーマに沿った、営利を目的としない地域貢献活動を助成対象とする。

ア．地域の活性化
イ．歴史的遺産の再生と活用
ウ．景観の保存・活用
エ．居住環境の保全・改善
オ．自然環境の保全・整備
カ．福祉環境の整備及びバリアフリー住宅等の推進に関する事業
キ．地域防災づくり
ケ．その他、地域貢献の目的に適した活動を対象とすることとした（図表1―2）。

③推進センター基金の助成基準

・推進センター基金の助成基準は、都道府県建築士会による「地域活動センター基金」設立に対する出捐金。地域活動センター基金設立後の活動団体の活動を支援

する助成金とした（図表1―3）。

④会員の参画

・事業助成の対象となる活動団体の組織に、建築士会員（複数の参加）が参画していることを条件とする。単なる参加ではなく、〈参画〉、つまり活動団体の活動に対して建築士会会員が一定の役割を分担していること条件とした。

図表1－2　「地域貢献活動助成対象事業」

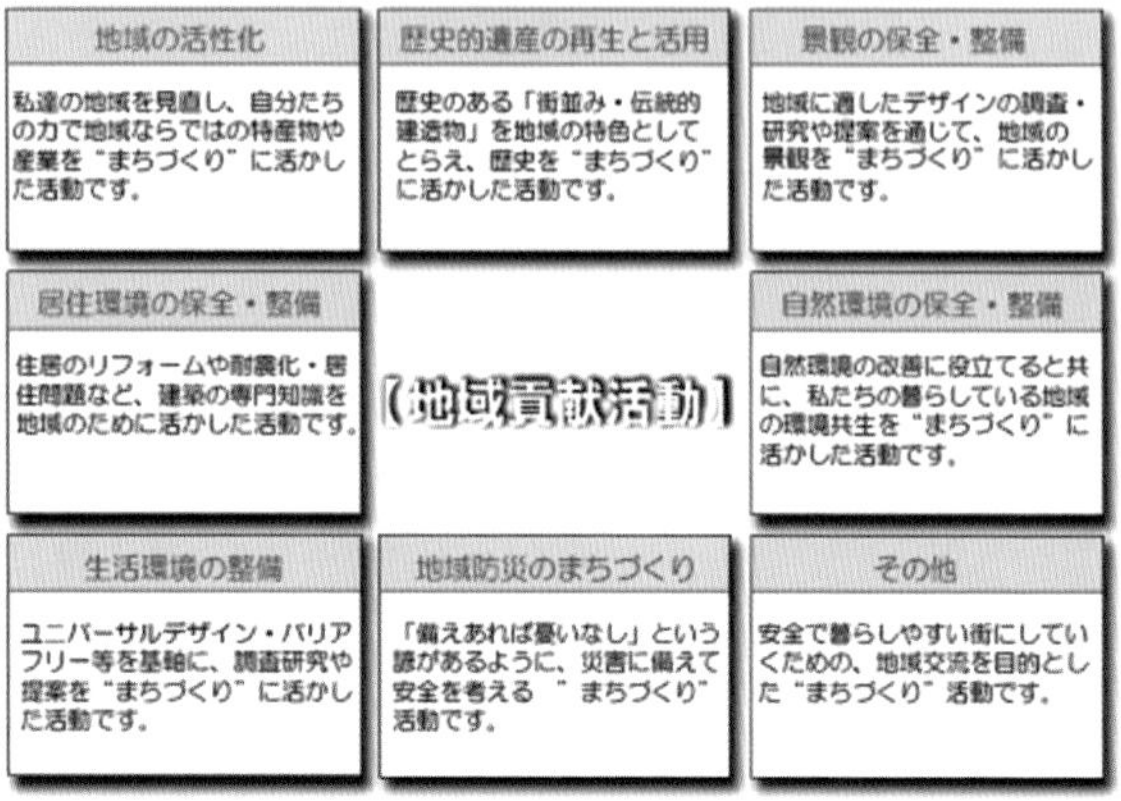

【地域貢献活動】

地域の活性化	歴史的遺産の再生と活用	景観の保全・整備
私達の地域を見直し、自分たちの力で地域ならではの特産物や産業を“まちづくり”に活かした活動です。	歴史のある「街並み・伝統的建造物」を地域の特色としてとらえ、歴史を“まちづくり”に活かした活動です。	地域に適したデザインの調査・研究や提案を通じて、地域の景観を“まちづくり”に活かした活動です。
居住環境の保全・整備		自然環境の保全・整備
住居のリフォームや耐震化・居住問題など、建築の専門知識を地域のために活かした活動です。		自然環境の改善に役立てると共に、私たちの暮らしている地域の環境共生を“まちづくり”に活かした活動です。
生活環境の整備	地域防災のまちづくり	その他
ユニバーサルデザイン・バリアフリー等を基軸に、調査研究や提案を“まちづくり”に活かした活動です。	「備えあれば憂いなし」という諺があるように、災害に備えて安全を考える　“まちづくり”活動です。	安全で暮らしやすい街にしていくための、地域交流を目的とした“まちづくり”活動です。

図表1－3　「推進センター基金助成基準」

助成対象	活動センター基金等に係わる必要な行為に対する経費	助成率	助成限度額
設立活動に係わる助成	・活動センター設立までに必要な活動経費	1／2	３００、０００
基金助成	・活動センター基金の設立時に予定する基金額に必要な資金	1／2	3、０００、０００
活動センターに対する設立後の事業助成	・活動センターが行なう事業総額に対する助成（年）	1／3	５００、０００

⑤重複助成の制限

・地域貢献活動の制度は、全国の建築士が活動をするにあたり、乏しい予算で十分な活動が実践できないこと、つまり足らざるを補うことが切実な課題になっている現状を打開するために設けられたものである。建築士会の主体性を確保するため、他の制度と合わせて大きな成果を挙げることが主旨ではない。ただし、助成金を他より受けている場合は、事業内容を切り分けて重複助成を認めている。

⑥推進センター助成審査

・地域活動センターが審査した事案を、推進センターに助成申請を行い、推進センターが最終審査を行い、始めて推進センターから、地域活動センターが活動助成を得られる仕組みとなっている。

推進センターの始動時期は、「社会貢献」という言葉がようやく定着を始めた時期であった。連合会が呼びかけた「地域貢献活動」は、産声を上げたばかりであった。今では、「地域貢献」という造語は社会において、日常的に使われる言葉として定着し、地域住民と建築士による地域資源を活かしたまちづくりが徐々に深化し始めている。

地域貢献が注目される時代

推進センターが設立され、地域活動センターと連携した様々な地域貢献の施策が始動し、全国各地で地域貢献活動が産声を上げ、地域社会に着実に根付いていった。

あらゆる地域で「人」が「人」をリードすることで、地域からの要望をまちづくりにつなげる活動や「人」と「人」とのつながりから「人」に注目する動きが生まれ、結果として地域貢献活動が注目される時代となった。

地域の要請に応えていく、地域貢献活動は全国各地で萌芽し、地域住民と建築士との連携による地域資源を活かしたまちづくりが推進された。その中から、地域の起爆剤、先導役を担った活動事例を紹介する（図表1―4、5）。

〈地域の活性化〉

①岩手県建築士会「遠野支部」の〈川上と川下をつなぐネットワーク〉による住まいづくり活動

図表1－4「地域貢献助成事業の事例」

京町家作事組

今井町街並み保存会

阿波街並み保存会

黒石こみせ研究会

岡山ランドプランニング

一粒の会（ヴォーリズ研究）

注）活動団体の名称は 2002 年 11 月時点

・遠野郷の木材資源と伝統技能を活かしながら、新技術から生まれた改良木材を採用した在来木造軸組工法による景観に配慮した「遠野住宅」の仕組みを提案し、素材生産から加工、流通、施工、ユーザーに至るネットワークを構築した。

②青森県「黒石こみせ研究会」による〈こみせ〉を活かしたまちづくり活動

・雪国独特の「こみせ（木造アーケード）」を軸に伝統的建造物保存地区指定活動や歴史的建造物を活かした魅了ある店づくりを通じて、歴史的景観を消費の場に変えて行く運動を展開し、その成果が伝統的建造物保存地区指定に結びついた。

〈歴史的遺産の再生と活用〉

①滋賀県「一粒の会」

・近江八幡にはウイリアム・メレル・ヴォーリズの建築がまちの至る所に存在している。その一つである旧近江八幡郵便局が放置されていた。その建造物を保存再生して「まちづくり活動の拠点」にするための活動を展開し、資金を集めて見事に保存再生を実現した。

②徳島県「阿波の街並み研究会」の歴史的街並みの保存活動

図表1-5「地域貢献活動助成の事例」（本書で紹介していない活動団体）

舞鶴赤煉瓦ネットワーク（舞鶴）

NPO法人ETC（旧：江刺ツウモローサークル）

金華まちづくりの会（岐阜）

山根六郷研究会（岩手）

半田赤煉瓦倶楽部（半田）

古材バンクの会（京都）

注）活動団体の名称は2002年11月時点

・脇町や貞光町のうだつの上がる歴史的街並み調査をもとに、街並み保存のルールづくりや保存改修技法の提案活動を通じて歴史的をまちづくりに活かす活動が展開された。

〈住環境の保全・整備〉

①奈良県「今井町町並み保存会」

・地域住民と建築士で組織した、町並み保存の推進母体「今井町・町並み保存会」を中心に、歴史的価値と生活の場を融合し、暮らしやすいまちにするため、修景整備モデルの提案活動を実践した。

②岡山県「岡山ランドプランニング」

・足守地区の伝統的町家を住みやすくして、街並みを守るため、住民からの要望に基づき、「伝統的町家の修理・修景規範」を作成し、規範に基づき大工・工務店を対象とした講習会を通じて、63件の建築物改修事業により、足守の街並み修景の保存を実現した。

〈自然環境の保全・整備〉

①静岡県「川根まるごと博物館研究会」

・大井川水系に囲まれた典型的な中山間地の生活や生業と環境が一体となった地域空間のエコミュージアムを推進するため、地域資源に磨きをかけ、地域内外の交流を通じて地域活力を創出する実践活動を推進した。

〈地域防災のまちづくり〉

①京都府「京町家再生研究会」

・京町家の大半が準防火地域にあり、建築基準法第3条第2項の規定により「既存不適格」の烙印を押されている。そのため、町家の改修・増築が困難となり、町家の存続を危うくする状況に陥っていた。町家を守るために「散水式水膜防火装置」の研究・開発を行い、実証実験を経て性能規定認証を取り、町家再生に取り組んできた。

〈生活環境の改善〉

①大阪府「快挙の会」

・高齢者の自立を支援し、介護者の負担を軽減するための住宅改善や地域における介護、医療サービス、住宅相談のネットワークを構築し、福祉と建築の連携による自立可能な住まいづくりを実践している。

このような先導的活動が全国各地で展開され〈貢献〉のネットワークが形成されてきた。

3 かながわ地域貢献活動センターの設立

「かながわ地域貢献活動センター」の設立準備

1997年1月、連合会が「推進センター」を設立してから、関東甲信越ブロックでは、茨城県建築士会、栃木県建築士会、千葉県建築士会、東京建築士会、新潟県建築士会において地域活動センターが設立された。

このような動向を勘案し、一般社団法人神奈川県建築士会（以下、本項において「建築士会」という）において、住まいまちづくり委員会を中心に、地域活動センター設立に向けた検討が始まった。1999年11月に開催された「第299回建築士会理事会」（以下、本項において「理事会」という）において「かながわ地域貢献活動センター」（以下、本項において「地域活動センター」という。）」設立計画が承認された。

その提案の概要は、「2000年度～2003年度を目標に建築士会が、地域活動センター基金の積み立てを行う」「建築士会内に『地域活動センター設立準備会』を設置する」「全国の動向を勘案し、地域活動センター基金は一部取り崩し型、若しくは基金果実の運用型の何れかにする」提案とした。

理事会承認を踏まえ、2000年4月に推進センターに対して、建築士会が「地域活動センター設立準備会（以下、「設立準備会」という。）」の申請を行い、同年5月に承認を得た。

設立準備会の役割は、建築士会が積み立てる基金600万円の調達方法を具体化することであった。

①建築士会の一般会計から2003年度までに220万円を積み立てる。

②基金寄附金80万円について住まいまちづくり委員会が中心となって浄財を集める。

③推進センターからの出損金300万円を取得する方針を明らかにした。

また、地域活動センターと建築士による地域貢献活動について、建築士会会員や行政、建築関係団体などに対した広報活動を展開し、〈地域貢献〉に対する社会的認知を得ていく活動の推進を図ることとした。

①県内ブロックごとに「地域貢献活動」シンポジュウムの開催。
②行政への周知活動の推進。
③住まいまちづくり・青年・女性委員会合同による会員に対する啓蒙活動の推進。

更に、建築士会の総力を挙げて地域活動センターの設立に向けた制度設計の提案に向け、２００２年年12月、「地域活動センター設立準備ワーキング会議（以下、「ワーキング会議」という。）を設置した。

ワーキング会議は９支部代表、住まいまちづくり委員会、青年委員会、女性委員会と専務理事で構成され、検討が始まった。

検討にあたり、４回のワーキング会議、３回の設立準備会議、相互の意見交換や静岡建築士会地域活動センターの視察が行われ、地域活動センターの仕組みと事業計画案を取りまとめた。

地域活動センターの仕組み

①運用を開始した地域活動センターの全てが「一部取り崩し型基金」であることから、毎年度本会から地域活動センターに補助金を支出し、運用している実態。６００万円基金の果実運用型では、金利も含め非現実的であることを踏まえ「一部取り崩し型基金＋運営費補助金型」とする。
②地域活動センター設立を踏まえ、地域社会への貢献を通じて、建築士会の立場を強化し、建築士に期待される社会的役割の実効性を高めていく。
③建築士の〈地域貢献〉の意義を会員はもとより、地域住民や行政、建築関係団体などに対して周知・広報活動を精力的に行っていく。
④まちづくりに係わる活動団体や行政のまちづくりに対する建築士の役割と期待などを把握するため、アンケート調査を実施する。
⑤２００３年３月、推進センターに対して設立申請を行い、２００３年度内に「地域活動センター」の設立を目標とする。

検討結果を「地域活動センター設立に関する報告書」として取りまとめ、２００３年３月に建築士会理事会に報告した。

念願であった「地域活動センター」が、基金総額６００万円で、２００３年４月１日に設立された。

地域活動センターの事業計画

①地域活動センターの目的

・地域貢献活動を促進、活性化し、地域社会の発展に寄与することを目的に「地域貢献活動基金」を創設し、この運営にあたる「地域活動センター」を設立する。

②地域活動センターの位置づけ

・建築士会が設立した任意法人組織として「地域活動センター」を位置づける（図表１―６）。

・地域活動センターは基金の運用、活動団体に対する活動助成、技術・情報の提供及び助成審査業務、募集活動などの事業を行う。

・地域活動センターの事務局は、建築士会事務局が兼ねる。

・地域活動センター機能を強化するため、住まいまちづくり委員会に支部、関係委員会の代表で構成する「地域貢献活動支援会議」を設置し、技術・情報、寄附金活動、普及啓蒙などの活動に関する支援を行う。

③地域活動センター基金計画

・地域活動センター基金は「一部取り崩し型基金」とし、基金目標額を６００万円とする。

・建築士会積立金：２２０万円（２０００～２００２年度）。

・基金寄附金：80万円（２０００～２００２年度）。

図表1-６「活動センター組織イメージ」

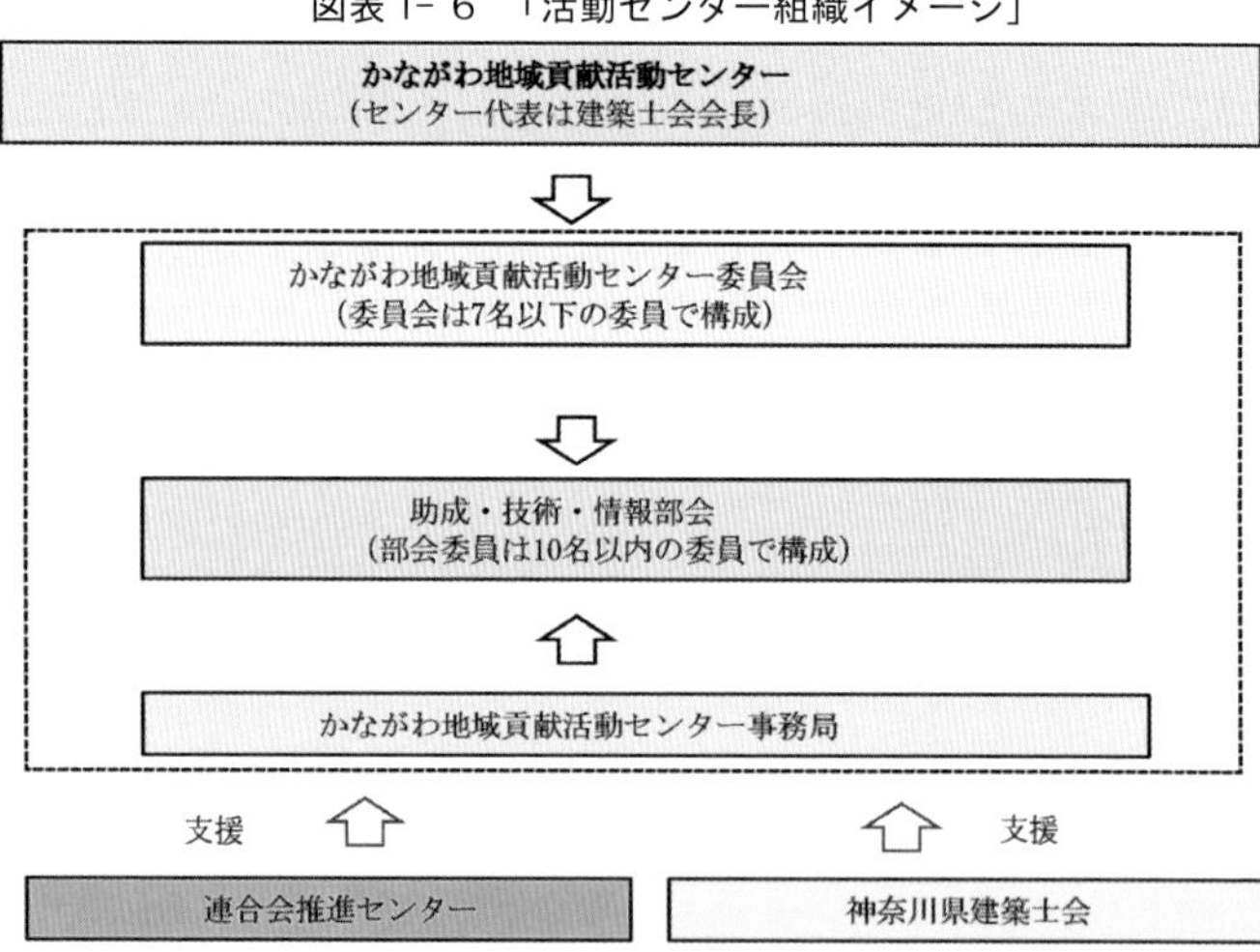

・推進センター出損金：３００万円（２００２年度）。

④地域活動センター基金の運用計画

・基金６００万円のうち、毎年度当初基金総額の５％以内での取り崩しを前提とする。

・地域貢献活動団体１件に対する助成限度額は30万円以下とし、助成率は１／２以下とする。

・地域活動センターの活動団体に対する助成金の一部に、推進センターからの活動助成金を充当する。

・地域活動センターは寄附金収入、自主事業収入を得る活動を行う。

・建築士会は一般会計から、地域活動センターに対して「地域活動センター運営費補助金」を毎年度支出することを前提とする（図表１—７）。

⑤活動団体助成事業の対象

・助成対象の活動団体、本会会員として継続して３年以上在籍している本会会員が２名以上参画している活動団体とする。

・助成対象は活動団体が、営利を目的としない「地域まちづくり」「歴史的建築物の保存・活用」「景観保全」「居住環境の保全・整備」「自然環境の保全・整備」「福祉環境の整備、バリアフリー住宅等の推進に関する事

図表 1- 7「活動センター基金の運用計画」

基金額（単位：千円）	H15	H16	H17	H18	H19	H20	H21	H22	H23	H24
	6, 000	5, 900	5, 700	5, 500	5, 300	5, 100	4, 900	4, 700	4, 550	4, 500
収入の部（単位：千円）	H15	H16	H17	H18	H19	H20	H21	H22	H23	H24
1. 寄附金収入	50	50	50	50	50	50	50	50	50	50
2. 事業収入等	50	150	150	150	150	150	150	200	200	300
3. 推進センター補助金	0	200	200	200	200	200	200	200	200	200
4. 建築士会補助金	100	200	200	200	200	200	200	200	0	200
5. 基金取り崩し収入	100	200	200	200	200	200	200	200	0	200
6. 雑収入	0	0	0	0	0	0	0	0	0	0
合　計	300	800	800	800	800	800	800	850	800	950
支出の部（単位：千円）	H15	H16	H17	H18	H19	H20	H21	H22	H23	H24
1. 事業費										
①活動団体助成金	0	600	600	600	600	600	600	600	600	600
②自主事業費	20	30	30	30	30	30	30	30	30	30
2. 管理費										
①委員会経費	50	50	50	50	50	50	50	50	50	50
②印刷・製本費	220	110	110	110	110	110	110	110	110	110
③事務費	10	10	10	10	10	10	10	10	10	10
3. 繰越金	0	0	0	0	0	0	0	50	0	0
合　計	300	800	800	800	800	800	800	850	800	950

業」「地域防災」「その他、地域の活性化、社会サービス」とする。

⑥助成金の使途目的

・助成制度は地域貢献活動に対して助成するもので、活動団体設立資金や建設活動等の資金としては使用できないものとする。

⑦活動成果の公表

・活動団体の活動成果は、地域活動センターのホームページ、地域活動センター主催の活動成果報告会、寄附を行った団体・個人等への報告を通じて、広く本会会員、支援者に公表を行うものとする。

本文は、１９９４年～２０１８年までに行われた、連合会の地域貢献活動の仕組みの創設、推進センター始動期に係わる連合会の取り組み。建築士会の地域活動センター設立に向けた取り組み。全国で展開された、「住民と建築士」による地域貢献活動の成果を記述したものである。

２００３年４月に設立した、「地域活動センター」は、神奈川における地域貢献活動が根付いてきたこと。同様の社会貢献基金や活動助成の仕組みが、民間企業や自治体において相次いで創設され、当初の目的を達成し、多くの成果が生まれてきたことを勘案して、２０１８年度をもって活動を中止した。

【参考文献・出典】

(社)日本建築士会連合会編「コラボレーション―建築士と住民がまちを創る」(公職研・２００２年１月)

(社)神奈川県地域貢献地域活動センター設立準備ワーキング会議「神奈川地域貢献地域活動センター設立に関する報告書」(２００３年３月)

(社)日本建築士会連合会編「地域発・三十奏の響き」(公職研・２００５年６月)

(社)日本建築士会連合会編「建築士が育てる地域力」(日刊建設通信新聞社・２００９年２月)

かながわ地域貢献活動センターの足跡と成果

村島正章
飯田正典

1 地域活動センターの運営と活動実績

地域活動センター設立準備ワーキング会議の検討及び5年にわたる会員の寄付や神奈川県建築士会からの支援、建築士会連合会の地域貢献推進センターの助成を受けて、地域貢献活動基金600万円を積み立て、2003年4月に「かながわ地域貢献活動センター」が設立された。

準備ワーキング会議で行った「神奈川県内で展開されている建築士たちのまちづくり活動アンケート調査」の結果、建築士と地域住民等が協同して展開している活動が113団体あった。

その活動は、例えば、湘南地域の別荘文化や建築物を保存・再生する活動、時代遅れとなった観光地の活性化を目的とした地域再生活動、地域に愛され地域のシンボルとなっている歴史的建造物の保存・再生活動、住宅団地の建替えや地域環境の保全活動、建築物の長寿命化を進め環境共生のまちづくりを進める活動など、実に様々な実践活動が神奈川県内で展開されていた。

このような、建築士の地域発意をまちづくりに繋げていく活動を活動助成や技術・情報等の視点から支援していくことが「かながわ地域貢献活動センター」の設立趣旨であった。

次に「かながわ地域貢献活動助成金支援事業」の概要を示す。

助成金支援事業の目的

21世紀の地域社会は、住む人たち自らの発意と活動によって、地域の質と活力を高めていく時代になっていくと考えられる。

「いかにして地域住民の発意を活かして、まちづくりにつなげていくか」がひとつのキーワードになる。

その担い手として建築士が職能を活かして、住むひとと共に地域を創造する活動が、神奈川の各地域で活発に展開されている。

こうした活動の中から、地域の発意を反映した「まちづくりのビジョン」が生まれ、活力ある地域社会が育まれていく。

このような状況を踏まえ「かながわ地域貢献活動センター」では、建築士と共に、次に述べる8つの視点でまちづくり活動をしている、またはしようとしているグループや、景観整備機構の推進に関する活動を行っている建築士会支部に、活動費の助成や技術・情報などの支援をすることを目的とした。

助成事業の8つの視点

次の8つの視点から、活動を行っている団体を助成対象とした。

- 地域まちづくり
- 歴史的遺産の再生と活用
- 景観の保存・活用
- 居住環境の保全・改善
- 自然環境の保全・整備
- 福祉環境の整備及びバリアフリー住宅等の推進に関する事業
- 地域防災づくり
- その他地域貢献の目的に適した活動

＊地域のお祭りやイベントのみは対象外とした。

図表 2-1「応募ポスター」

助成対象項目

助成の対象となるものは、活動団体又は支部が活動目的を達成していくために必要な経費、資料・報告書の作成費、活動のための会議室使用料、専門家を招いたときの講師謝礼、建築物や街並み調査に必要な費用などに要する経費に対して助成を行った。

※物品の購入、飲食費、経常的にかかる経費等は助成対象外とした。

助成受付期間

毎年1月の成人の日の翌日から、3月の第3金曜日まで

助成対象事業

(1)神奈川県建築士会会員が関与する営利を目的としない地域貢献活動（神奈川県建築士会に3年以上継続して在籍している会員が2名以上）

(2)神奈川県建築士会支部が行う景観整備機構の推進に関する活動

助成額

（1）地域貢献団体が行う事業

20万円以内（助成率1／2）但し、3年を限度（継続助成総額60万円以内）

※当初は30万円、限度90万円から２０１３年に改訂

（2）神奈川県建築士会支部が行う事業

20万円以内（助成率2／2）但し、3年を限度（継続助成総額60万円以内）

※２０１３年に新設

選考の基準

選考に当たっては、次の基準について、評価を行い、活動助成額を決定した。

・活動目的の重要性、緊急性
・活動内容の公益性
・活動内容の先進・先駆性
・活動組織の実行性（会の規約等）
・活動組織の公開性
・活動実績（継続活動の場合）
・地域貢献の度合い

かながわ地域貢献活動センター組織構成

センター長：神奈川建築士会会長

委　員：神奈川県建築士会景観整備機構委員会
　　地域貢献部会員（10名）
助成審査部会　同部会員及び景観整備機構委員会委員長、
　　副委員長（オブザーバー）

審査経緯

1年の準備期間の後、2004年4月に第1回地域貢献助成金の公募を2004年4月1日から5月31日まで行った。（通年は毎年1月の成人の日の翌日から、3月の第3金曜日まで）

その結果、7団体の応募があった。

助成事業の審査は1次審査として、応募団体の助成対象及び応募要件の書類審査。2次審査として助成審査会で応募団体から活動テーマ、活動の目的、活動の内容等についてのプレゼンテーションを実施した。

選考基準に照らし合わせ、各項目5ポイントで評価を行い、総合点を算出し、それをもとに総合評価を行い、助成対象の有無、助成金額の決定を行った。

第1回審査部会では6団体の助成事業の選定を行った。（6団体　60万円の助成）

図表 2-2「H18 年度審査会・応募団体によるプレゼンテーション風景」

また、助成を受けた団体については翌年5月〜6月に活動報告会を実施した。（活動報告会については、毎年景観整備機構委員会主催の景観フォーラムを同時に開催しており、次節に紹介する）

以後2018年度までに、14回にわたり活動助成事業を実施し、延べ43団体に助成金の交付（総額500万円）を行った。

助成団体は、横浜、川崎、葉山、藤沢、鎌倉、箱根など神奈川県域に広く分布しており、このことは、活動センターの支援活動について、広く県内の建築士の方々に周知されているとともに、神奈川県内には活動助成を期待している様々な活動団体があることが立証された。

また、これらの助成事業の中で、地域活動において、建築士がキーパーソンとして、様々な立場で活動を支援していることが分かった。

これらの事例については、第3章及び第4章で紹介する。

助成団体一覧

2004年（6団体）

NPO法人　ときめき箱根―ときめきボランティア活動

NPO法人　横浜ひと・まち・くらし研究会 ― 横浜の有形無形の資産を再編集

国府津の活性化を計る会―古き良き建物を活用し、地域の活性化を図る

NPO法人　かわさき住環境ネットワーク―住宅・建築物・まちづくりに関する市民からの相談、情報提供、支援活動葉山環境文化デザイン集団―葉山における地区まちづくり構想の提案と協働のまちづくり

旧モーガン邸を守る会―旧モーガン屋敷の保存と活用

2005年（6団体）

鵠沼の緑と景観を守る会―鵠沼らしさを大切した住民参加のまちづくり

よこはま洋館付き住宅を考える会―横浜の洋館付き住宅の調査・保存・活用支援と住環境境域の推進

NPO法人　ときめき箱根―継続

NPO法人　葉山環境文化デザイン集団―継続

旧モーガン邸を守る会―継続

NPO法人　かわさき住環境ネットワーク―継続

2006年（5団体）

鵠沼の緑と景観を守る会―継続

NPO法人　ときめき箱根―継続
NPO法人　葉山環境文化デザイン集団―継続
NPO法人　すまい・生き生き・まちづくり―古民家保存再生事業を通じた新旧住民の交流とコミュニティ拠点づくり
古建築再生の会―長屋門保存再生事業を通じた文化継承活動、交流コミュニティの場づくり

2007年（2団体）
よこはま洋館付き住宅を考える会―継続
鵠沼の緑と景観を考える会―継続

2008年（3団体）
よこはま洋館付き住宅を考える会―継続
建築士会技術支援委員会こどもの生活環境部会―小学生を対象とした住まいとまちづくりの綜合学習、長屋門、壁塗り体験
ふじさわこどもまちづくり会議実行委員会―鷺沼地区の小学生と連携した自然環境を学ぶ体験学習・子供まちづくり会議等の活動

図表 2-3 「2007 年度審査会・応募団体によるプレゼンテーション風景」

２００９年（6団体）

よこはま洋館付き住宅を考える会―継続

子どもの生活環境部会―継続

ふじさわこどもまちづくり会議実行委員会―継続

神奈川県建築士会湘南支部―歴史的建物の実測調査による歴史を生かした景観まちづくり

ニコニコ自治会―鵠沼の景観形成地区認定に向けた住民活動

うわまち教会建物応援団―うわまち教会及びめぐみ幼稚園の建物保存活用

２０１０年（3団体）

まちづくり応援隊―景観を活かしたまちづくり

神奈川まちづかい塾―登録文化財指定提言のための建物調査と歴史的遺産の活用活動

ニコニコ自治会―継続

２０１１年（2団体）

ニコニコ自治会―継続

神奈川まちづかい塾―継続

２０１２年（2団体）

「地元の森と木とMachi プロジェクトin Kanagawa」事務局森の地域エコツアーの開催

神奈川まちづかい塾―継続

２０１３年（1団体）

建築士会川崎支部―景観整備機構指定に向けての調査

２０１４年（1団体）

旧東海道藤沢宿まちそだて隊―藤沢宿のマッピングパーティ及び大判錦スカーフのベンガラ染め体験の実施

２０１５年（2団体）

湘南邸園文化祭連絡協議会―「湘南邸園文化祭」の10周年を記念したフォーラムの開催

旧東海道藤沢宿まちそだて隊―継続

２０１６年（2団体）

かながわヘリテージマネージャー協会―「ヘリマネ大会」

と「かなへりスキルアップ講座」の開催

旧東海道藤沢宿まちそだて隊―継続

２０１７年（２団体）

かながわヘリテージマネージャー協会―継続

山手歴史文化研究会―横浜山手の歴史的資産の調査及び
データーベース化

２０１８年（３団体）

かながわヘリテージマネージャー協会―継続

山手歴史文化研究会―継続

湘南藤沢文化ネットワーク―シンポジウム、パネル展等

2 建築士と市民との連携による活動報告会

助成を開始した翌年２００５年から２０１１年まで、その前年に助成を行った活動団体の活動報告会を行った。また２０１２年からは景観整備機構委員会主催の「景観まちづくりフォーラム」と兼ねて開催した。

これまでの地域貢献活動報告会及び景観まちづくりフォーラムからいくつかその内容を紹介する。

２０１２年年度
テーマ「住み続けたい神奈川をつくろう」
（5／26波止場会館5階多目的ホール　約30名参加）

第１部は、コーディネーターの小笠原泉氏の進行で、前年度及び過去の地域貢献活動助成団体と、「住まい・まちづくり担い手事業」実施団体による活動報告を行った。藤沢市にある「ニコニコ自治会」の稲生敬子氏からは「景観形成地区景観形成基準案」などについて、「神奈川まちづかい塾」の小林紘子氏から「都築プロジェクト（山鳴庵）と鎌倉プロジェクト（明月荘）」について、ＮＰＯ法人ときめき箱根」の芝京子氏から「20年間の活動」について、建築士会横浜支部の櫻田修三氏から「洋光台まちづくり協議会の活動」について、同川崎支部の樋口義信氏から「元住吉ブレーメン通りの街なみづくり」について、それぞれ披露していただいた。

第２部は、地域貢献活動特別委員会委員長の長瀬光市氏

図表 2-4「会場の様子」

がコーディネーターを務め、「地域発意をまちづくりにつなげ、持続可能なまちづくりにしていくための仕組みと仕掛け」をテーマに、第1部の発表者に景観整備機構検討部会長である池田誠之氏も加わった6名のパネラーによるパネルディスカッションを行った。

まず池田氏から、仕組みとしての景観整備機構構想の提起を受け、「活動を育て・広げていく仕掛けとは」、「持続可能なまちづくりに繋げる課題は何か」、「持続可能なまちづくりの仕組みとは何か」について討論を行った。

図表 2-5「パネルディスカッションのパネラー」

２０１３年度

テーマ「人を呼び込むまちづくり
～魅力的な景観を生み出す5つの技法～」

（5／19帆船日本丸訓練センター第3教室　約45名参加）

第1部は、地域貢献活動助成団体による活動報告で、「神奈川まちづかい塾」の小林紘子・久保田貞子氏から「明月荘における県との県民協働事業協定に基づく活動」、「地元の森と木とMachiプロジェクトin kanagawa」の北口文氏から「森と森の地域を知ってもらう青根deAoneツアー」の実施

図表 2-6「会場の様子」

図表 2-7「北口氏」

についてそれぞれ報告いただいた。

第2部は、まさにテーマに掲げた「人を呼び込むまちづくり～魅力的な景観を生み出す5つの技法～」を演題に慶応義塾大学大学院特任教授の長瀬光市氏が基調講演を行った。

第3部は、パネルディスカッションで、「(一社) ひと・まち・鎌倉ネットワーク」の熊倉洋介氏が「団体のこれまでの活動や鎌倉市から指定を受けた景観整備機構団体としての業務」について、建築士会川崎支部の今井博康氏が「川崎市中原区景観形成地区元住吉ブレーメン商店街でのまちづくり活動」について、建築士会地域貢献特別委員会の村島氏から「平成16年度からのかながわ地域貢献活動センター助成団体の紹介と自身の建築士会におけるまちづくり・景観に関する活動実績」について、建築士会景観整備機構検討部会の池田誠之氏が「川崎市から初の景観整備機構に指定された経緯や部会活動の紹介」について報告し、長瀬氏

図表 2-8「熊倉氏」

図表 2-9「長瀬氏基調講演の一部」

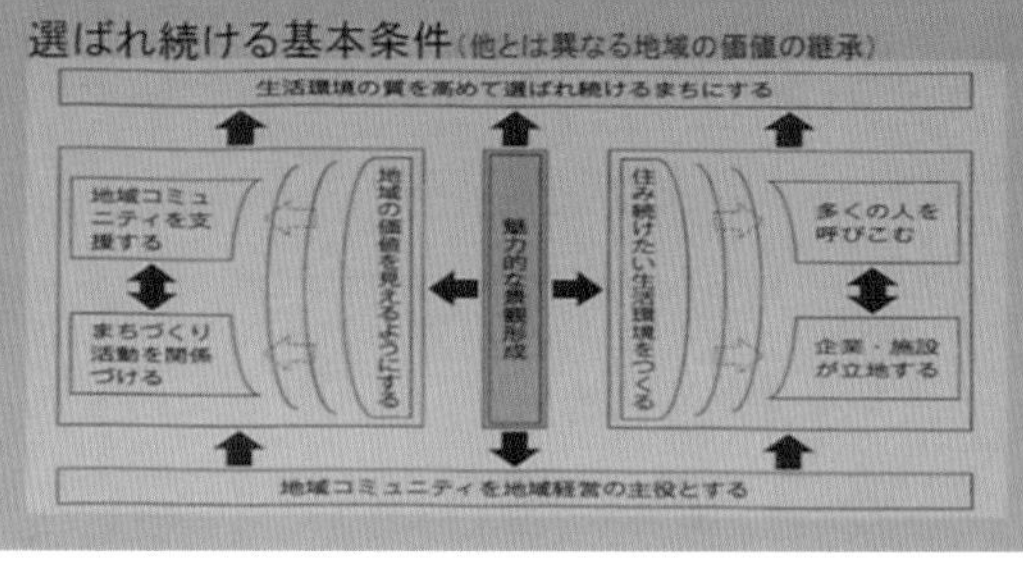

がコーディネーターを務め、「景観整備機構への期待と展望を語る」をテーマに4名のパネラーと討議した。

2015年度

テーマ「空間資源としての建築物リノベーション」
～空き家の実態と課題、利活用のあり方を考える～
（6／7神奈川県建設会館2階講堂　約80名参加）

第1部は、景観整備機構委員会委員長で慶應大学大学院特任教授の長瀬光市氏が「空間資源としての空き家再考～リノベーションの実態と課題～」を演題に、空き家発生のメカニズムや地域と専門家・行政との連携事例について基調講演を行った。

第2部は、「旧東海道藤沢宿まちそだて隊」による地域貢献活動助成事業の報告。

そして、第3部は「空間資源としての空き家、未利用建築物のリノベーションを考える」をテーマにパネルディスカッションが行われた。

まず、コーディネーター役の東京家政学院大学客員教授の増田勝氏から「空き家再生によるまちを守る尾道の活動」と題して事例報告を受けた後、㈱ユー・エス・シー代表の兼弘彰氏から「リノベーションの技～長期的な建物活用を

図表 2-11「増田氏」

図表 2-12「4名のパネラー」

図表 2-10「会場の様子」

目指して〜」、蔵まえギャラリー代表の佐野晴美氏から「地域文化としての建築物」、㈱フィンテックグローバル鑑定代表取締役の伊東良平氏から「動かない空き家市場」、横須賀市都市部公共建築課（当時）の亀井泰治氏から「横須賀市における空家・跡地の活用について」、それぞれ紹介いただき、コメンテーターとして長瀬氏も加わって６名で会場からの質問も受けて議論を深めていった。

２０１６年度

テーマ「空き家等を活かしたリノベーションまちづくり」
（６／18神奈川近代文学館中会議室　約30名参加）

構成は２部構成で、第１部は地域貢献活動助成事業報告で、「旧東海道藤沢宿まちそだて隊」の岩田氏と湯本敦氏から、マッピング作成や染め物体験について、「湘南邸園文化祭連絡協議会」の戸田氏から、２０１５年度の邸園文化祭の実施状況（31団体参加、催し物数60、来客１９，２６７名）や10周年フォーラム（約１３０名参加）の実施状況について報告いただいた。

第２部はまず、建築士会業務執行理事の村島氏から神奈川県内の空き家の状況について紹介したのち、アーキラボ一級建築士事務所の清水淳氏からは葉山町の古民家をリン

図表 2-13「会場の様子」

図表 2-14「旧東海道まちそだて隊の発表」

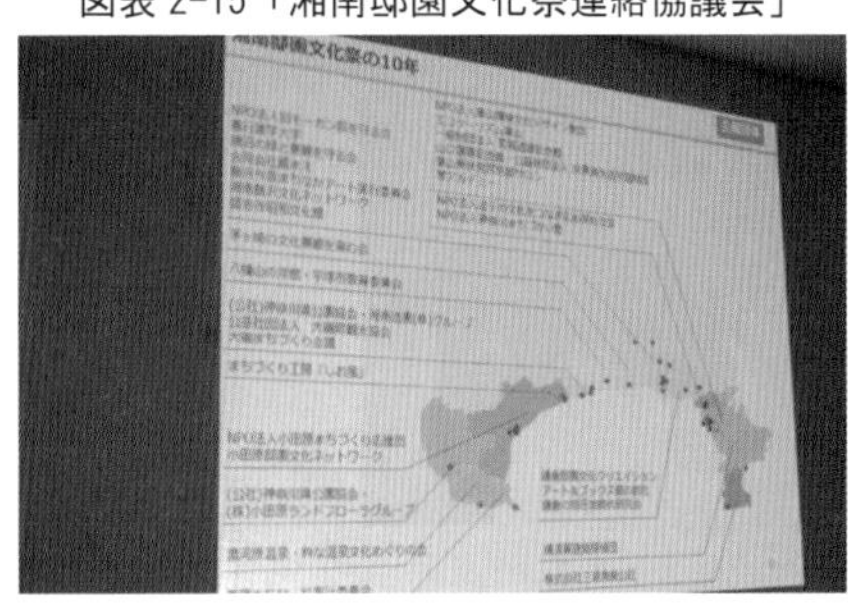

図表 2-15「湘南邸園文化祭連絡協議会」

図表 2-16「パネラーの椎原氏と清水氏」

ベーションしてシェアオフィスとして活用している「かざはやファクトリー」の経緯やイベントなどについて、地域プランナーで晶地域文化研究所代表の椎原晶子氏からは、「点から面へ谷中の生活文化と歴史的建物再生とまちへの展開」と題して空き家等を活かした谷中のまちづくりの動向、慶応大学大学院特任教授で建築士会業務執行理事の長瀬光市氏からは「全国の空き家等を活かしたリノベーションまちづくりの動向」についてそれぞれ空き家の活用の事例紹介をいただいた。

この後のパネルディスカッションでは、「空き家のリノベーションを通じて使い込む、使いまわすことの意味」、「空き家の空間資源を通じてシェアする、つながるということ」、「空き家を活用することによって価値が高まるのか」という視点で会場からの質問も交えて、テーマである「空き家を活かしたリノベーションまちづくりを考える」について意見交換を行った。

２０１７年度

テーマ「歴史的建造物の保存、まちなみ形成の仕組みと仕掛けーそれを支える連携と支援の在り方を考えるー」

（7／9建設会館2階講堂　約30名参加）

第1部は2つのカテゴリーによる活動報告が行われた。実践活動報告では、技術支援委員会（のちに景観整備機構委員会）の部会である「スクランブル調査隊」の隊長を長く務めた森山恒夫氏から「歴史的建造物の調査と保存の取り組み」について、前年度の助成団体である「旧東海道藤沢宿まちそだて隊」の湯本敦氏から「藤沢宿の回遊性を高めるまちづくり活動」について、景観整備機構委員会委員長である長瀬光市氏から「江の島の街並み形成と建築士の係わり」について、建築物の保存・まちなみ形成の仕組みや

図表 2-17「スクランブル調査隊の森山氏」

仕掛けを語っていただいた。

　地域貢献活動報告では、地域貢献部会長の飯田正典氏から「地域貢献活動支援により育ってきたまちづくり活動」、当日開催の後援団体でもある「かながわへリテージマネージャー協会」の副会長である内田美知留氏から「神奈川へリテージマネージャー育成と今後の活動」、地域貢献活動委員会委員である赤川真理氏から「景観整備機構による川崎のまちづくり支援活動」について、地域貢献及び景観まちづくりの支援と連携のあり方について語っていただいた。

　第2部は初の試みとして、第一部の報告を踏まえ、5人のグループに分かれたテーブルディスカッションを行い、これからの活動に参考になったことや今後改善や強化すべき点、活動に関する意見などについてポストイットカードを使用して論点整理、討論を実施した。

　第3部は全体ディスカッションとして、各グループのファシリテーターからテーブルディスカッションの概要を報告してもらい、第一部の報告者に対する質問も含めテーマに掲げた「歴史的建造物の保存、まちなみ形成を支える連携と支援のあり方」について参加者全員で情報共有して議論を深めた。

図表 2-18
テーブルディスカッション風景

図表 2-19
テーブルごとのポストイット

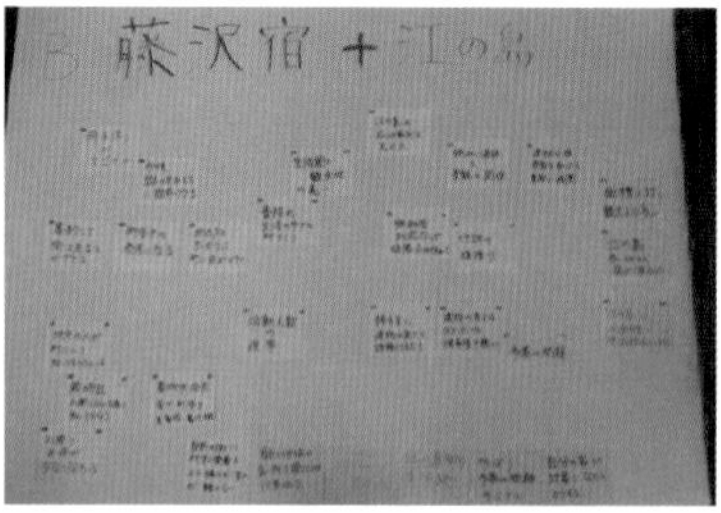

２０１８年度

テーマ「かながわの郊外住宅地の危機と地域再生を考える」

（7／29神奈川県建設会館講堂　約45名参加）

　このフォーラムは「空き家と地域に息づく建築物の利活用を考える連続講座（全3回）」の第1回講座として開催したもので、「〜かながわの郊外住宅地の危機と地域再生を考える〜」をテーマに講演及びパネルディスカッションを開催するとともに、昨年度の地域貢献活動の報告を行った。

　第1部は2団体から活動報告が行われた。

山手歴史文化研究会の白川氏から

「横浜山手とその周辺地域におけるまちの歴史資産をアー

カイブし、次世代に繋ぐ」ために、ウェブサイト「BLUFF Archives」を立ち上げ、地番毎に歴史的建造物に関する歴史資料や関係者ヒヤリング内容のデータベース化について
かながわヘリテージマネージャー協会の内田氏からは
「神奈川県ヘリテージマネージャー大会」の開催及び運営を行うとともに、ヘリテージマネージャーの在り方、情報共有、関係団体や市民活動との連携に関する活動を通じて、ヘリテージマネージャー活動の活性化を推進したことについて、それぞれ報告をいただいた。

第2部　景観まちづくりフォーラム

問題提起⑴「かながわの郊外住宅地の危機」
景観整備機構委員会委員長　長瀬光市氏から横浜市栄区湘南桂台地区での事例から、郊外住宅地縮小と空き家増加のメカニズムについて問題提起をいただいた。
問題提起⑵「空き家で始めた楽しい生活」
谷戸再生プロジェクト　首藤昇氏から横須賀の谷戸再生についてご報告頂いた。
「谷戸再生プロジェクト」は、この地域のコミュニティ再生及び活性化を目的として、空き家を活用した地域交流拠点を創出しようと活動している。フォーラムでは、自己資金で借りて改修した「みんなでつくる山の家」プロジェク

図表 2-20「白川 氏」

図表 2-21「内田 氏」

図表 2-22「長瀬 氏」

図表 2-23「首藤 氏」

トの歩みを、動画上映を通じて紹介いただいた。

第３部　パネルディスカッション

第３部のパネルディスカッションは、長瀬委員長、首藤昇氏、谷戸再生プロジェクトの一員である小山美智恵氏の３人のパネラーと村島副委員長と飯田地域貢献部会長がコーディネーターを務めて、パネルディスカッションを行った。

首藤氏からは、谷戸再生プロジェクトに対する思いを、小山氏からは建築士としてのプロジェクトへのかかわり方、長瀬氏からは、空き家対策に取り組んでいる全国の事例紹介、飯田氏からは建築基準法の取り扱い等について報告をいただき、活発な意見交換が行われた。

※講師・パネラー等出席者の肩書は開催当時のものを掲載しています。

図表 2-24「村島 氏」

図表 2-25「飯田 氏」

図表 2-26「小山 氏」

図表 2-27「パネルディスカッション風景」

3 活動団体アンケート調査から読み解く実態

今回まちづくり活動の実態（団体の現状、活動の成果、今後の予定、課題など）を把握するため、これまで助成を行った団体を対象に、アンケート調査を行った。19団体にアンケートを行い、12団体から回答があった。以下に分析結果を示す。

①活動の目的

・地域まちづくり（8団体）
・歴史的遺産の再生と活用（8団体）
・景観の保存・活用（9団体）
・居住環境の保全・改善（3団体）
・自然環境の保全・整備（3団体）
・福祉環境の整備等（3団体）事業
・その他（こどもまちづくり）（2団体）

いずれの団体も活動目的は複数にわたるが、景観の保全活用、歴史的遺産の再生と活用、地域のまちづくりを目的としている団体が多かった。その他の2件はどちらも子供を対象としたまちづくりで、現在も活発に活動を続けている。

②活動のきっかけ

活動のきっかけは、地域でおきた問題を考える仲間の集まりから始まったものが多かった。

また、その初動段階で会員の中に建築士がいたことが、会を発展させていく力になっていったところが多かった。

図表 2-28「活動のきっかけ」

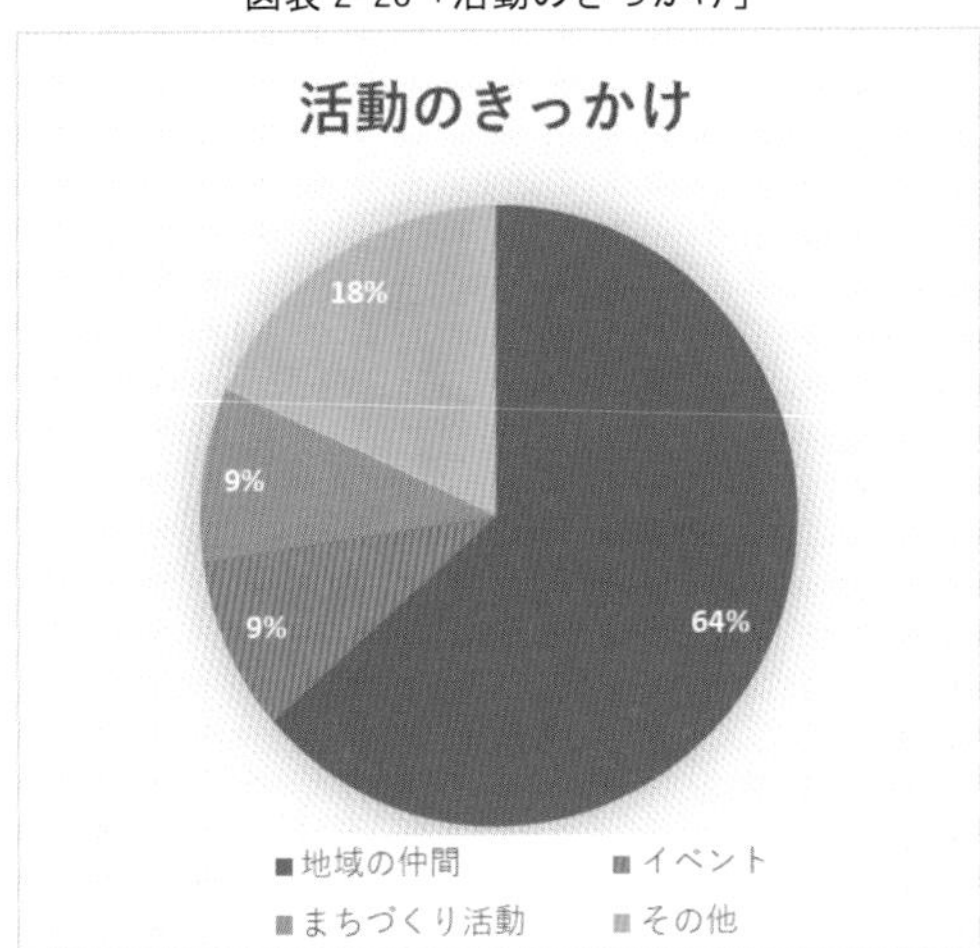

その意味でも建築士の役割は重要である。

③会員のメンバー構成・課題

団体の構成人数は50人以上と10～19人に2分された。

また、会員の年齢構成は、60歳以上のところが多く、会の課題として会員の高齢化・固定化を挙げているところが多くあった。（全体の85％）

建築士に関しては3～5名のところが多く、積極的に活動に参加している姿が伺えた。

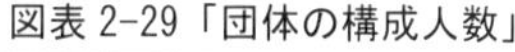
図表 2-29「団体の構成人数」

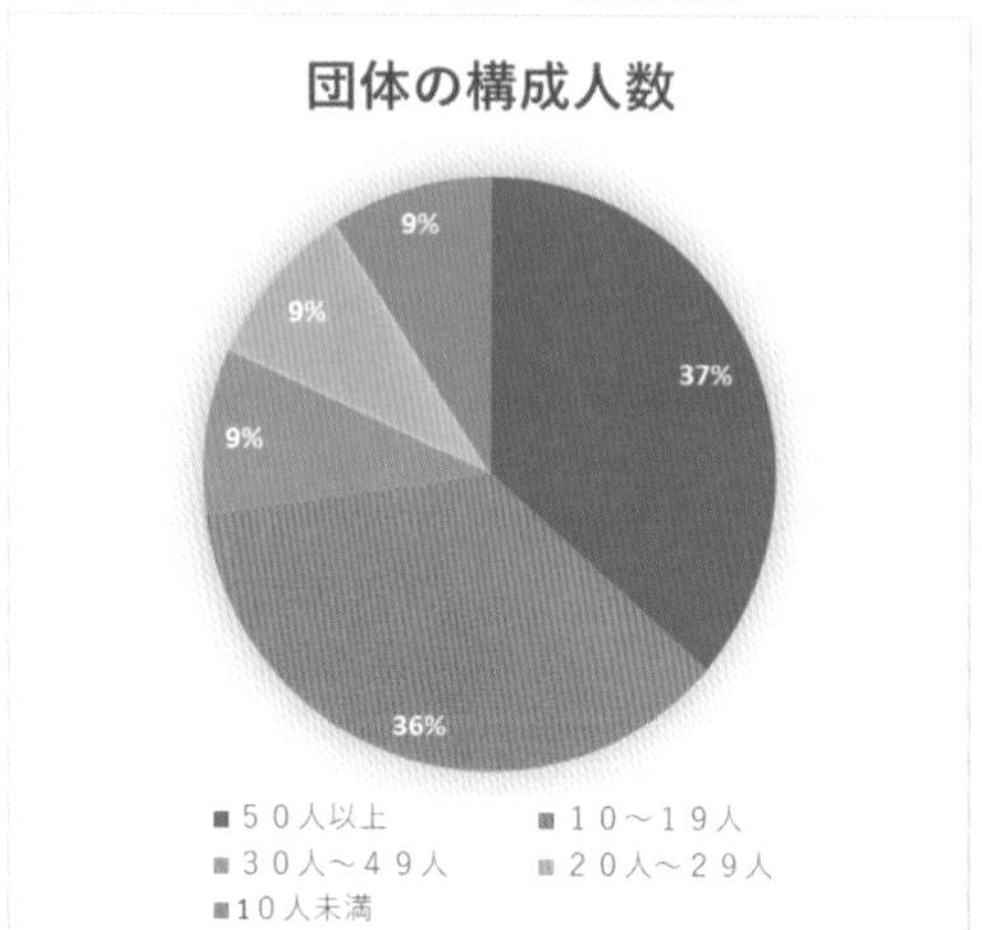

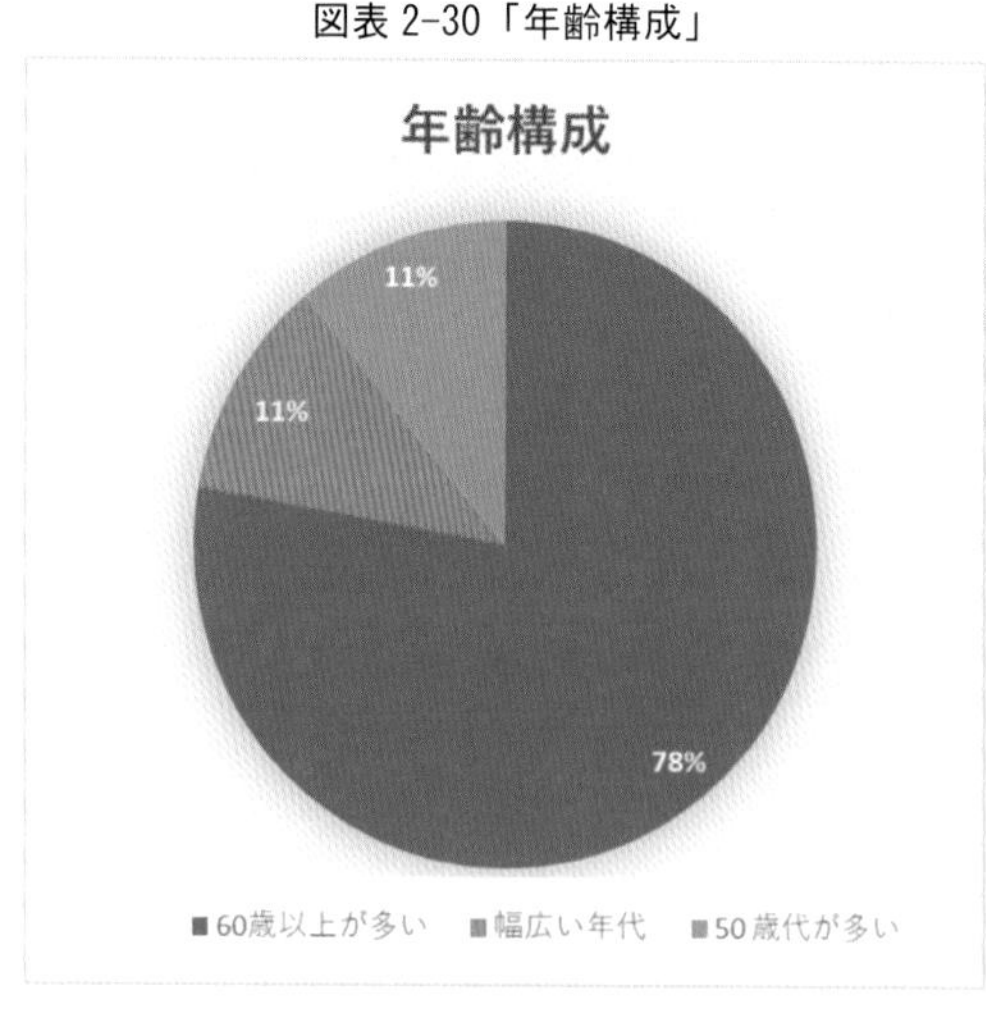

図表 2-30「年齢構成」

④助成金の使い道について

助成金は活動団体の様々な活動に活用頂いた。一例を示す。

・ＮＰＯ法人設立における初期設備投資資金

・図面展、図面パネルの作成や会場設営、調査報告書

・建物資料づくり

・公民館祭り出展

・ＰＲ小冊子発行
・シンポジウム、フォーラム、イベント、講座開催
・改修事例のまとめ、パネル展示
・ＷＥＢのリニューアル
・事業当日備品関係の補充費、参加者への広報費等
・ワークショップ・授業支援の活動報告書作成
・住民協定のアンケート調査・作成
・地域の歴史資料の調査費用
・歴史的建物ツアー

⑤建築士の役割

様々な場面でその専門性が活かされている姿が浮き彫りになった。一例を示す。

・市民相談、情報の提供や支援
・建物の実測調査、修繕計画の立案、火災後の焼損調査、技術的助言。
・再建計画の立案
・現地調査、一般図作成。その後の保全作業時の技術的なアドバイス
・他団体、行政等の動向把握
・各種専門的情報の収集。
・国登録有形文化財等申請
・こどもたちと学生スタッフとの連携のサポート、アドバイス
・専門家として建築に関わる授業内容を計画・実施等
・地域の歴史資料調査、歴史的建造物保存への技術的助言、協力　等

⑥建築士会に期待する情報発信

建築士会からどのような情報発信が役に立つか伺ったところ、「基礎知識について」「支援制度の紹介」「講演会の紹介」「他の活動グループの紹介」を望む意見が多かった。

⑦助成金の手続きについて

85％（10団体）が特に助成金の手続きについて、特に問題なしと回答した。また、15％（2団体）が、報告会が負担になったとの意見であった。また逆に報告会が活動のいい機会になったという意見もあった。

⑧助成金の額について

75％（9団体）が予定していた活動ができた（成果が上がった）と回答した。

今回のアンケート調査から、助成金が活動の初期段階での活動団体の推進における一助になったことが伺える。その中で、建築士が会の推進に重要な役割を担っていることが分った。

また、建築士会に対し、活動団体は様々な情報の発信を期待しており、今後も更に情報発信を行っていくとともに、それぞれの団体の横のつながりを強化していくことが重要と感じた。

助成金制度は、2018年をもって終了したが、アンケート調査から頂いた様々な意見等を踏まえ、神奈川建築士会として新たな地域貢献のあり方を模索していきたい。

3章

地域貢献による「まちづくり」の挑戦と展開（実践編）

1 「保存」——歴史的建造物保存と利活用

うわまち教会建物応援団（横須賀）

富澤喜美枝

うわまち教会建物応援団の成り立ちと活動について

うわまち教会建物応援団は２００５年に誕生した。目的は２００３年に国登録有形文化財に登録された上町教会・付属めぐみ幼稚園の建物の維持・保存・活用を応援するためであった。応援団の母体は１９９２年に「建物から地域の歴史を学ぶ」ことを目的に発足した横須賀建築探偵団（以下、「探偵団」という。）である。

建物から横須賀の地域史を記録する活動で、主に戦前までに建てられた特徴ある建物を訪問し、お話を伺いながら建築当時の時代背景、建築主さんのエピソード、建物や人物の変遷、現在の様子などを記録するというものである。その活動の中で上町教会と当時の森田牧師と出会った。歴史ある建物を大切に思う森田牧師は上げ下げ窓の修理や不都合なドアノブの交換にも建築当時の姿をとどめたいと苦心していた。探偵団のメンバーも修理や建物周辺の草取り、銀杏の枝切りなど建物維持に役立つ応援をしてきた中、森田牧師の賛同を得て国登録有形文化財の申請をすることになり、探偵団が主体に調査を行い、横須賀市博物館も加わり横須賀市教育委員会によって文化庁への申請を行い２００３年文化財として登録となった。

２００５年、探偵団員以外にも建物保存活用に協力したいという方々が加わってうわまち教会建物応援団（以下、「応援団」という。）が結成された。会堂には１９１６年製のリードオルガンがあり、長い間音が出なかったものを修理して復活、オルガンの音色も響くようになった。応援団ではコンサート、落語会などを行い多少の資金援助も行った。

横須賀で民間初となる登録有形文化財建物の存在を示す角柱を、登録認定プレートとともに設置した。建築士会様からの助成金を活用して建物耐震診断を実施する活動を行うことができた。

その後、牧師も3代目となり、現在では教会独自に活動できるようになったが、文化財を示す角柱のペンキ塗り替えなどは応援団が行っている。

建物老朽化に伴い、一昨年には文化庁担当の了解を得て、外観室内ともに現状を変えずに本格的耐震補強、かなり傷んだ教会炊事場、牧師館への階段が整備された。

上町協会・めぐみ幼稚園の歩みについて

日本キリスト教団横須賀上町教会・めぐみ幼稚園は、京急横須賀中央駅から平坂を上がり10分ほどの商店街の奥にある。

教会は１９０３年（明治36年）に現在の上町１―３７に金子吉之助牧師により日本福音教会横須賀教会として創立された。

関東大震災で罹災し、現在地に土地を求め新築移転したのが１９３１年のことである。翌年１月に献堂式が行われ、その時の記念写真と封筒が残されており建築年が特定された。同年４月には付属聖心幼稚園も創立し、以来、現在まで歴史を伝える教会堂は元気な子ども達の学び舎としても建物が生かされている。

教会の歩みは１９４１年日本キリスト教団横須賀中里教会と名称変更、さらに１９５６年には町名変更に伴い教会名も日本キリスト教団横須賀上町教会・付属めぐみ幼稚園

図表 3-1 「上町教会外観 1」

と改称された。園庭は通路として一部を地域に開放している。

現在の建物は礼拝堂兼園舎が平屋建て、入り口を挟んで1階を園舎、2階を牧師館としているが、建築当初はすべて平屋建てであった。設計者はアメリカ人宣教師で建築家でもあったW・M・ヴォーリズの弟子、横田末吉による洋風建築である。

小屋組みはキングポストトラスで切妻屋根の勾配が少し急になっている。外壁はイギリス下見、窓は分銅を利用した上げ下げ窓で先端が教会建築の特徴である尖塔形、縦のラインが多い中、ドアーのガラス部分には横線が強調されている様子が見られ、昭和初期のデザインも取り入れられているようである。腰壁など内部の仕上げ、クリスタルの照明器具、椅子、説教台なども建築当初のままである。教会堂再建資金は日本福音教会の総理だったメイヤー宣教師を中心に、アメリカ福音教会からの援助も得て集められ、資材はカナダから運ばれたと言われている。実際に建築にあたったのは地元の大工さんだったそうで、2階増築にも携わったそうである。10年近く前に関西から横田末吉の娘さんという方が二人、父の建てた教会を見に来られたとのことを森田牧師から聞いた。横田氏は大阪府に勤務してい

図表 3-2「うわまち教会内観」

たようであるが震災復興のために関東に派遣されてきたようで、横須賀の教会再建との関係は不明である。

教会が建つ上町商店街一帯は、関東大震災後の都市計画で近代的な商店街として整備された地域で、横須賀の中心商業地である若松・大滝商店街にも劣らない繁華街であった。震災後から昭和初期に建てられた看板建築、出桁造りの商店が並び、現在のうわまち病院は国立横須賀病院として地域医療の中心であり、周辺には昭和初期建築の洋風建築の船津眼科、田中医院、和風建築の船山医院などモダンな建築物が多く、商店街には現在も看板建築の商店、出桁造りの元酒店の不動産店、現在も建築当時のままという望月商店、スクラッチタイルとステンドグラスがひときわ目立つ元呉服店・タンス店だった写真館、看板建築のお祭り用品のみどり屋、市内で唯一洋風ファサードの町内会館を見ることができる。商店街の背後地には洋風デザインを取り入れた住宅も建てられたが昨今姿を消した。モダンで先

図表 3-3「登録認定プレート」

図表 3-4「うわまち協会外観 2」

図表 3-5「開園当時のうわまち協会」

図表 3-6「うわまち教会外観 3」

進的な地域の中に十字架を頂いた小さな木造教会と幼稚園はシンボル的な存在であったことと思われる。

軍都として発展してきた横須賀の上町方面は明治の初めから陸軍の様々な施設が置かれた。上町教会近くの現うわまち病院の場所は要塞司令部、文化会館・博物館・中央公園周辺には演習砲台、海軍病院、不入斗の学校群やはまゆう公園も陸軍関係施設であった。平坂が開通したのは１８８７年（明治10年）。１９０６年（明治39年）に合併するまでは平坂途中で分かれた横須賀町と豊島町という二つのまちだった。いわゆる下町はほとんどが埋め立て地、豊島町だった上町方面は丘陵地と谷戸で、人口増による開発により住宅地となった。

今後の活動について

建物から地域の歴史を知り、これからのまちづくりに生かし伝えていきたいと思っている。

建築士会様からの助成金は有効に活用させていただいた。

今後は多くの方の応援で保存が決まり、横須賀市重要文化財に指定された市立万代会館の維持保存活用が市民の中で育つよう活動していきたいと考えている。

2 「歴史」―地域に息づく「モーガン邸」の保存活動

旧モーガン邸を守る会（藤沢）
佐藤理沙

はじめに

特定非営利活動法人旧モーガン邸を守る会は、建築家モーガンの自邸を保存し、活用するために1999年11月に任意団体として発足した。その後2008年9月特定非営利活動法人として再出発し、現在に至っている。

かながわ地域貢献活動センターの助成を受けたのは2004年度と2005年度であった。

初年度は建築家J・H・モーガンの図面展を開催するため、次年度は旧モーガン邸復原改修に向けて追加実測調査をし、資料作成するためであった。この助成による活動は、20年以上にわたる当会の活動のなかでも初期のものであるが、どちらも市民活動に建築士が参加することでその専門性を生かすことができた事例として後の活動や、他団体と連携する際も参考になった。

旧モーガン邸の沿革

藤沢市大鋸に1931年頃に建てられた建築家J・H・モーガンの旧邸がある。洋風の外観に和洋折衷の室内を持つこの家は、建築家の自邸としてだけでなく、湘南地域に分布する昭和初期の別荘や邸宅の中にあって住宅史的にも文化史的にも価値のある建物である。

モーガン亡き後、メートランド氏が譲り受け、広い庭園の手入れをして建物も創建時のまま維持されていた。戦後一時、進駐軍の接収により建物にペンキが塗られ、衛生設備等が加えられたが、ほぼ創建時のまま住み続けられていた。

最後の所有者（1959年取得）は建具を一部アルミサッシに変更し、1967年頃主屋に増築する等したが、創建時の部分はほぼ維持されていた。しかし多額の負債を抱えたため、㈱整理回収機構の管理下で債権処理の対象になってしまった。

１９９９年４月に建築家有志による実測調査が行われ、旧モーガン邸の価値がわかったところから事態が動き出し、解体から保存へ大きく方向転換した。

「旧モーガン邸を守る会（以下、「守る会」という。）」が結成され、６年間の活動ののち、２００５年８月に藤沢市と財団法人日本ナショナルトラスト（当時、現在は公益財団法人、以下「ＪＮＴ」という。）によって取得され、復原改修後一般公開されることになった。

ところが旧モーガン邸は２００７年５月、２００８年１月と二度の火災に遭ってしまった。

二度目の火災から13年。旧モーガン邸は保護のための覆い屋の中で再生の日を待っている。その間、創建時のガレージの増築部分を撤去して旧車庫として修復し、活用している。また、１９３４年製造の深井戸ポンプのある井戸小屋と温室の遺構もあり、一昨年の台風被害の復旧工事がこの2月に完了し、昭和初期の邸宅と庭園が一体となった魅力を今も感じることができる。

建築家Ｊ・Ｈ・モーガン（１８６８・12・10～１９３７・６・６）

アメリカ合衆国ニューヨーク州バッファロー市生まれのモーガンは、建築家としてアメリカで活躍した後、１９２０

図表 3-7「モーガン邸古写真」

横浜都市発展記念館蔵

年に日本フラー建築会社の設計技師長として来日し、東京・丸ビル、日本郵船ビルなどの建設に携わった。

１９２２年に独立し、事務所を開設。１９２６年には横浜市山下町の露亜銀行内に事務所を移し、関東大震災で壊滅的被害を受けた横浜の震災復興を手がけた。１９２８年、自身の設計によるユニオンビルディングに事務所を移し、銀行、オフィスビル、学校、教会、病院、住宅と全国で手がけた建物の内半分は横浜に建てられている。そのため横浜最後の居留地建築家ともいわれている。

来日後まもなく石井たまのさんと出会い、東京・大森に住んでいたが、１９３１年頃に藤沢市大鋸の丘の上に自邸を建てて移った。当初は別荘として使われたようである。交通の便がよく、眺めのよい藤沢の自宅での田園生活を楽しんでいたモーガンは、１９３７年６月６日、肺炎のためゼネラルホスピタル（モーガン設計）で亡くなった。葬儀は山手聖公会（モーガン設計）で執り行われ、山手の横浜外国人墓地に眠っている。この墓地の正門もモーガンの設計とのことである。

モーガンの作品は仙台、軽井沢、東京、横浜、神戸、松山に現存している。

モーガンは知らなくても、建物は皆さんに親しまれてい

図表 3-8「庭園マップ」

図表 3-9「モーガン夫妻写真」

横浜市発展記念館蔵

るものばかりである。数少ないモーガン作品が使われ続ける建物として残ることを願っている。

モーガンについては、関東学院大学名誉教授 水沼淑子氏の著書『ジェイ・H・モーガン アメリカと日本を生きた建築家』（関東学院大学出版会）に詳しく解説されている。

守る会の活動

●守る会結成から取得へのみちのり

先に述べたよう１９９９年４月、自邸の実測調査が行われたが、その時すでにこの建物は債権回収の対象となっており、売却ののち宅地開発されることになっていた。報告書が完成してから、なんとかこれを残せないかと思っていたところ、地元でのモーガン邸（当時は旧横井邸）の緑を守りたいという運動と出会い、地元住民と実測調査に参加した建築士有志で守る会を結成した。12月には所有者の了解を得て草刈と見学会をおこない、その後署名運動を経て、２０００年６月「旧モーガン邸の歴史資産価値の見直しを求める陳情」を３６００筆の署名を添えて藤沢市長に提出した。

更に２００１年６月には藤沢市議会へ「旧モーガン邸の保存活用を求める陳情」を提出し、文教常任委員会で審議

図表 3-10「本の表紙」

され、継続審議を重ねたのち、２００２年９月９日趣旨了承に漕ぎつけた。

２００３年12月にはＪＮＴが旧モーガン邸取得のための募金をスタートさせた。募金は思うように集まらず苦戦したが、㈱整理回収機構の格別の計らいにより競売寸前で２００５年８月に旧モーガン邸は藤沢市とＪＮＴの所有となった。６年間の活動が実を結んだのである。

この経緯については『湘南の名建築　旧モーガン邸はこうし残った』を参照いただきたい。（２００７年　旧モーガン邸を守る会発行）

●庭園の活用、火災、建物保護

約２０００坪の敷地を毎月第三日曜日に草刈・清掃し、建物に風を入れながら活動を継続。そして活用することが大切という思いで、庭園を使って庭園コンサート等の野外イベント、子ども向けのワークショップを実施し、大人から子どもまで旧モーガン邸に親しめるよう工夫した。また、修復費用をＪＮＴに募金するため毎年募金コンサートを開催してきた。他団体の協力がなくてはできないことばかりであるが、このような活動を通じて他団体とネットワークすることができるようになった。

１９９９年に発行された実測調査報告書の改訂とそれまでの経緯をまとめた冊子を編集するために、２００６年度藤沢市公益的市民活動助成事業に応募し、その助成金で「湘南の名建築　旧モーガン邸はこうして残った」を発行。その前年、かながわ地域貢献活動センターの助成を受けて追加実測調査をし、現況図を作成することもできた。

２００７年度からは本格的な修復をと思っていた矢先、５月12日午前４時すぎ旧モーガン邸は火災に遭ってしまった。

建物は屋根が焼け落ち、かなりの損傷を受けてしまった

図表 3-11「焼損前後の写真」

が、玄関やゲストルーム、サンルームの一部、暖炉などは残っており、地下室も無事であった。

その日の午後には関係者が集まって、消防や警察の実地見分が行われる一方、保存部材の収集や瓦礫の片付けに取り掛かった。焼損調査も建物修復の専門家の指導で、集まった建築士がボランティアで実施した。

修復再生は十分可能との建築史専門家の所見を得て、修復再生要望書を関係機関に提出するための署名活動をはじめた。わずか2週間ほどで3600筆以上の署名が集まり、JNT、藤沢市へ要望書と共に提出。その後6月には9000筆以上の署名を添えて神奈川県へも行った。署名活動は7月末まで続け1万筆を超える数となった。

旧モーガン邸には守る会の「梅雨の前に覆い屋を」という願いを新聞で知った市内建設業者の協力で仮設の屋根がかかり、なんとか梅雨を乗り切った。第三日曜日の清掃活動も再開し、秋には「湘南邸園文化祭2007」に参加することができた。

保存部材は増築部と別棟にきちんと保管していたが、2008年1月2日、またしても火災で増築部と別棟を失ってしまった。わずかに残った部材を収集し、増築部は基礎から解体して原状に戻し、別棟は部材を解体保存し、基礎だけとなった。

今後の活動のために守る会はNPOになることとし、2008年9月には特定非営利活動法人旧モーガン邸を守る会として再出発した。

2009年JNTが藤沢市に対して、火災により建物の文化財的価値が喪失したという理由で撤退方針を示したと市議会文教常任委員会で報告された。その後いくつかの案が出されたが、JNT主体による主屋の一部保存活用案に向けて活用の試行という方向性が示され、2011年4月から毎月8日の庭園公開がはじまり、現在に至っている。

図表 3-12「覆い屋写真」

図表 3-13「別棟写真」

●オレンジ瓦プロジェクト

旧モーガン邸の修復には1億円以上必要と試算されている。この費用を集めるために、この建物の魅力のひとつであるオレンジ色の瓦に着目して「オレンジ瓦プロジェクト」と銘打ち、募金活動を始めた。1枚1万円の瓦を1万人の人が募金すれば1億円となって修復再生が実現する。完成後は募金者の氏名を刻んだ銘板を模型に添えて展示し、募金者を順次旧モーガン邸に招待するという企画である。2009年6月にスタートしたこのプロジェクトは、現在も継続中である。

●活動の展開

2010年3月、文教大学情報学部広内研究室の学生による「旧モーガン邸復元CG」が完成し贈呈を受けた。

2011年5月からはスクランブル調査隊（神奈川県建築士会）の協力により旧ガレージの改修にとりかかったが、9月の台風による倒木被害で屋根が破損、応急処置を施した。その後2013年に保険の適用により改修工事がされ、やっと雨露をしのげる場所となった。

同じく2011年には錆が心配された中門の塗り替えが

図表 3-16「門塗装写真」

図表 3-14「オレンジ瓦写真」

図表 3-15「CG 写真」

図表 3-17「ガレージ写真」

専門家の指導により、ボランティア活動で行われた。

２０１４年には工房ふじもりの藤森周一氏による１／75のモーガン邸模型が完成し、旧モーガン邸の在りし日の姿を来園者に紹介できるようになった。

またこれまで、湘南邸宅文化ネットワーク協議会、湘南邸園文化祭連絡協議会において他団体とネットワークして活動してきたが、更に身近な藤沢市内の活動もつないで相互協力しようと、２０１１年1月に「湘南藤沢文化ネットワーク」が設立された。その後現在まで旧モーガン邸を訪問するツアーやパネル展示、講演会など連携して活動中である。

旧モーガン邸から徒歩圏内にある俣野別邸は２０１７年4月に復元され一般公開されているが、それ以前から連携しており、外苑が公開された頃から相互にツアーを行い、パネル展示の会場としても協力いただいている。

今後の庭園の活用としてアート展示、自然の恵みを生かした草木染、植物観察などのイベントを企画したいと思う

庭園の整備にはＮＰＯ法人藤沢グリーンスタッフの会、星光会（東京ガスＯＢ会）、日本建設業連合会などの協力を

図表 3-18「模型写真」

得ており、県立藤沢清流高校、日大生物資源科学部くらしの生物学科など学校との交流も継続している。

自主的市民活動の成果として、多世代交流が計られ、市民の憩いの場、活動の場として定着してきている。旧モーガン邸の再建が実現すれば、市民にとって更にかけがえのない歴史を生かした文化的な環境として守り育てていくことができる。

さて、旧モーガン邸主屋と別棟の再建をめざす守る会に対し、JNTは再建を断念し、撤退の方針を出していた。そこで公益社団法人横浜歴史資産調査会（以下、ヨコハマヘリテイジ）が名乗りをあげ、専門家と守る会で構成された旧モーガン邸復元再生検討委員会が「旧モーガン邸復元再生に向けて―「調査報告書」を作成し、2018年3月、藤沢市とJNTに提出した。

長い時間がかかったが、ようやく2021年3月、移譲が実現することとなった。

●守る会のこれから

一昨年までは、毎月の庭園公開と庭園清掃等で年間1500人ほどの来園者があった。昨年からは残念ながらコロナ禍でもあり、多くの皆さんに集まっていただく機会

図表 3-20「アート展示写真」

図表 3-19「俣野別邸写真（外・内）」

が失われているが、この場所の歴史と文化を楽しんでいただきながら、建物の再建と活用をめざして活動を続けていく予定である。

●受賞歴

２００４年11月、安藤為次記念賞、奨励賞受賞

２００５年８月、「全国まちづくり展」にてまちづくり奨励賞受賞

２０１０年３月、「ふじさわ景観まちづくり賞」まちづくり活動部門で受賞

２０１７年10月、藤沢市表彰：長年の環境美化の徳行により

図表 3-21「藤沢グリーンスタッフの会」

3

「居住」――洋館に住み続けるための支援活動

よこはま洋館付き住宅を考える会（横浜）

兼弘　彰

住み続けるための支援活動

「洋館付き住宅」は１００年程前の大正デモクラシーと生活改善運動から生まれ日本全国に広がったと言われている。

我々は１９９９年に「よこはま洋館付き住宅を考える会」を設立し、調査、研究、保存支援の活動を始めた。まち歩きで一棟ずつ探し出して台帳に記載し、横浜市内だけで約４００棟余りのリストができた。また、全国の多くの方々から洋館付き住宅に関する情報が寄せられ、たくさんの交流も生まれた。

しかし、古き良きこれらの建物も、老朽化や暮らしの変化などにより急激に数を減らしてきて20年前の約半数以下になっており、現在も減り続けている。

よこはま洋館付き住宅を考える会（以下、「考える会」という。）では、会報「ハイカラくらし住まい通信」の発行や見学会をはじめとした洋館付き住宅の所有者との交流を進めてきており、所有者からはこれまで多くの建物に関する相談が寄せられた。

そのような中で、所有者が建物の保存を決め、会の支援活動によって再生を行い、使い続けられている実例がある。

今後も住み続けるために現代生活に合わせた間取りなどの改変を行い、耐震補強や老朽箇所の修繕、外観復原などを行うことを「再生」と呼んでいる。再生することによって建てられてから１００年近くになる建物を次の１００年へと継承することを目標としている。

ここではその再生事例を紹介する。

「田畑邸」

国登録有形文化財

■所在地：横浜市神奈川区

■建築年代：１９３２年

■木造平屋／フランス瓦・和瓦

①田畑邸建物の沿革

洋館の屋根は赤いフランス瓦、ドイツ壁仕上げの外壁ときれいな出窓が特徴。和館の入母屋、真壁造の表玄関が好対照を見せる洋館付き住宅である。現在の所有者の父の姉夫婦が昭和の初めにアメリカから帰国後、当時住宅地開発が進んでいた東急線沿線に土地を購入。隣家が洋館付き住宅であり、「こんな家が欲しい」と隣家の所有者に施工した大工（渡辺留吉）を紹介してもらい建築を依頼。玄関前室の床下の木材から「32JUNE 1・st」と鉛筆書きが見つかったことから建築年代が分かった。昭和の初め頃、田畑邸の在る神奈川区の東横線沿線地域には洋館付き住宅が数多く建てられ、当時の新しい暮らし方を象徴する街のようであった。現在は、建築主の甥の田畑夫妻から長女へと住み継がれている。シックハウスのアレルギーのある現所有者にとって、自然素材（漆喰や無垢材等）で建てられたこの建物に住むことが健康維持に繋がっているとのことである。

②田畑邸再生の概要

田畑邸では、2011年から12年にかけて、建物全体の

図表 3-22「田畑邸写真」

揚屋を行って耐震補強、老朽箇所の修理、外観復原の改修工事が行われた。

■間取り
・洋館と和室は現状の間取り保存。
・寝室周りを広く確保して収納を増やした。
・便所をレイアウト変更し、洗面所を追加。
・ダイニングキッチンを広く使えるように改変した。

■耐震補強
・揚屋（建物全体を一時的に持ち上げる工事）を行い、基礎を敷設替（べた基礎を新設）。
・耐震壁の追加。（耐震診断構造評点1・0を確保する耐震補強）

■修繕
・建物全体に生じていた不同沈下の改善（特に洋館部分は約15センチも沈下していた）。
・屋根の漏水箇所の修理。
・柱、土台、壁下地など構造材の修理。
・外壁のヒビや木部の腐食の補修。
・洋館の出窓や上下窓のパテの老朽化や操作の不具合の修理。

■復原
・洋館の屋根瓦を石綿スレート瓦から竣工当初のフランス瓦に葺き替え（フランス瓦は藤沢市鵠沼の洋館の瓦を譲り受けて再使用した）。
・洋館の外観は外壁の当初のモルタル仕上を残して内部の腐朽した木部のみを丁寧に交換する技術的に高度な工事を行った。

■国登録有形文化財に登録
２０１０年に国登録有形文化財（建造物）「田畑家住宅主屋」として登録された。

※再生に当たっては２０１２年度の「文化庁国宝重要文化財等保存整備費補助金」を受けた。改修工事は文化庁が認める技術者の技術指導を受けて進められた。

「伊東邸」

横浜市認定歴史的建造物
■所在地：横浜市戸塚区
■建築年代：１９３０年
■木造平屋／天然スレート

図表 3-23「伊東邸写真（洋館・和館）」

①伊東邸建物の沿革

洋館は天然スレート（玄昌石）葺切妻屋根、外壁はリシン入りスタッコ洗い出しドイツ壁・スクラッチタイルで連続の上げ下げ窓が特徴である。和館の大屋根は天然スレートで葺かれ棟は和瓦積みで切妻、寄棟、入母屋による複合屋根。典型的な中廊下式の間取りの洋館付き住宅だ。洋館は玄関及び応接間となっており、内外とも手の込んだ質の高い意匠と造りで洋館天井裏には防音の漆喰塗が施されている。和館は京間の書院造と関東間の珍しい混合平面で構成され、一部は数寄屋風の造りもある、一見簡素ながら上質で堅実な造りとなっており、特に、創建当時としては珍しい、平屋建てながら堅固な鉄筋コンクリートのフーチング付き基礎が施されている。

伊東邸は同敷地内の伊東医院の住宅棟として建設された。医院の創業は江戸時代末期（１８５３年・嘉永６年）で、創業時は漢方医として吉田大橋脇で漢方薬店を開業したと伝えられる。１８８５年（明治18年）に現在の敷地に移転し、１９２５年に現診療所を建設、１９３０年に住宅棟を建設した。建設に当たった大工の棟梁は棟札より「工匠・河原萬吉　大工・関安二」となっている。施工者の技量の確かさと、施主の建物への厚い愛情が感じられる建物で現在に至るまで非常に大切に維持されている。また、創建時よりの敷地形状を残しており、広い敷地には創建時よりの樹木が散在し地域の歴史的景観をとどめている。

横浜市内でも屈指の質を持つ洋館付き住宅として、2003年に医院の建物と一体で横浜市の認定歴史的建造物に認定された。

②伊東邸再生の概要

伊東邸では2010年7月～11月に屋根、外壁、建具など外観を中心とした老朽箇所の修繕と復原の再生工事が行われた。

■修繕・復原

- 屋根天然スレート葺全面改修（洋館は既存スレート再使用。和館は新規スレート葺）
- 棟瓦やり替え。新規瓦一部既存瓦再使用。
- 屋根廻り板金やり替え（既存材再使用）。
- 屋根隅木、谷木、軒先など腐朽部材差替え復旧。
- 洋館屋根木製妻飾りの腐朽欠損部は埋木成型の上木材強化剤含浸処理を行った。
- 和館戸袋鏡板変形補修、下枠材入れ替え。
- 洋館ステンド硝子修繕（解体、補強、洗浄、硝子交換、再組立）
- 洋館外部木建具新規製作、修繕復旧。
- 洋館外部木部再塗装（創建当初色を復原）

※再生に当たっては2020年度の「横浜市歴史を生かしたまちづくり要綱」による外観保全の助成金を受けた。

「小宮邸」

■所在地：横浜市磯子区
■建築年代：1934年
■木造二階建／フランス瓦・和瓦

①小宮邸建物の沿革

小宮邸は、横浜市磯子区に残る純和風の二階建ての家屋に洋館を付属する洋館付き住宅である。伊勢佐木町で佃煮屋を営んでいた現在の所有者の祖母（1876年・明治9年生まれ）によって1934年に建てられた。表玄関脇にある洋館は緑色フランス瓦で葺かれ、屋根形状は半切妻。内部は一間で板張床、結霜ガラスの上下窓や格子天井と装飾灯具も当時のまま残っている。和館は格式のある秀逸な造りの入母屋屋根の表玄関があり、縁側を持つ二間続き間と北側には中廊下を挟んで女中部屋、浴室、台所が配されていた。繊細な建具の組子や床の間などの造作が伝統的な職人技を伝えている。二階の座敷の縁側は手摺付きで、当時

図表 3-24「小宮邸写真（洋館・和館）」

は海への眺望を考えて作られていたと伝えられている。日本建築らしい空間と緩やかに一体となった庭全体も残されており、昭和初期の別宅地であった磯子の地域の歴史的景観を今に伝えている。

②小宮邸再生の概要

２００５年、所有者である小宮夫妻から考える会に再生工事を依頼された。再生に当たっては、建物の持つ歴史的な価値を保つため様々な形で古い材を活かし、築70年を超えた木造住宅をさらに１００年住宅とし、住み継ぐことを目的とした改修手法を用いた。

■間取り　弱点を克服する改修プラン
　：光庭を通して風と光を取り込む

改修前は、北側一間の幅に水回りが集中し、日当たりの悪い台所や茶の間など、生活スペースの環境の悪さが目立った。また、洋館と和館の接する部分の屋根の雨仕舞の悪さにより雨漏りがあり建物を著しく痛めていた。

そこで改修プランでは、光庭を設けることで暗い北側の居室の環境を大きく改善し、洋館部分の独立性を高めることで屋根の雨仕舞も解決した。また、外部内部共に、伝統的な日本家屋の良さを活かしながら、台所や洗面・浴室など水回りを広く確保し、続き間の一部を板貼りとし、椅子座にも対応した居室を作るなど、現代の生活にあったプランニングとした。

■構造補強
…耐震壁の新設・土台交換
傷みが目立った土台廻り及び柱の根元をジャッキアップし新材に交換し、また、火打ち材や耐震壁を設けるなど、建物の寿命に影響する構造面の補強を大掛かりに行った。
■復原
…材の再利用による新旧の共存
建具・天井の転用・埋木・部材の再生
外壁下見板は老朽箇所のみ同樹種材で交換、古い建具は極力再利用し、既存の柱材は埋木を行い再生した。既存浴室にあった唐傘天井を新設された内玄関の天井として転用するなど、出来る限り既存材を有効利用し再生することに努めた。また、屋根の瓦材も使用可能なものは全て洗いをかけ再利用した。

「中澤邸」

横浜市認定歴史的建造物
■所在地：横浜市港北区
■建築年代：１９３３年
■木造二階建／フランス瓦

①中澤邸建物の沿革

中澤邸は横浜市内に残存する唯一の「田園住宅」である。「田園都市構想」（イギリスの経済学者ハワードが提唱）の思想を受けて建てられた郊外型洋風住宅で、生活の合理化、住宅の洋風化が定着し始めた時期の住まい構成として現在もなお建設当時と殆ど変わらない間取りと庭園などの環境の原型をよくとどめている。屋根は赤い塩焼フランス瓦で葺かれ、玄関ポーチ、ハーフティンバー風装飾、木製建具等、デザイン的にも当時の郊外型洋風住宅の特徴を顕著に残している。日本の住宅には珍しく玄関扉が内開きとなっており、玄関ポーチにはベンチが設えられている。

中澤邸のある日吉駅周辺は、１９２６年に東京横浜電鉄（現東急東横線）の開通とともに日吉駅も開業し同時期に開発された田園都市で、現在も残る放射状の道路は当時の計画によるものだ。敷地の建物南側に小さい池を配した庭園のあった敷地構成も当時の形状が残されている。中澤邸の建設者は現在の所有者の祖父で、かつて日本郵船浅間丸の機関長であったという。食堂や応接間に見られる造り付け家具などの船内のサロン風の意匠は船室の意匠から影響を

図表 3-25「中澤邸写真（建設当時・庭側全景）」

受けていることが窺える。

1994年、横浜市認定歴史的建造物に認定されている。

②中澤邸再生の概要

中澤邸では今後の保全や維持のため、現況調査の上、2006年6月～2007年3月にかけて耐震改修、老朽化した部分の保存修理、設備の敷設替を含めた工事を実施することになった。

工事は居住しながらの改修工事のため、四つの工区に分けて時期をずらしながら行われた。第一工区の台所、浴室、洗面、トイレ等水廻りの耐震改修及び改装工事。第二工区は洋間一室の耐震改修と改装、第三工区は創建時の内装を良く残す応接室と食堂の内装の意匠保全と耐震改修を主とした工事。第四工区は外装工事として屋根フランス瓦の葺き直しと外壁モルタル塗り直しや吹付け仕上を行った。個室不足と工事に備えるための二階建てを増築し、裏庭に仮設浴室を設け施工を行なった。

建物の居住性、機能性やメンテ性を考慮し、外観や居間、応接間、玄関を中心にした創建当時の意匠保全、復旧には旧材を再使用した。工事前二階バルコニーの床が今にも抜け落ちる危険性があり、雨漏りは当初竣工後数ヶ月で現れたと聞いた。後にバルコニーの室内化が行われている。バルコニーとサンルームは外観復元を含めて大掛かりな改築を行った。屋根瓦は既存瓦を一旦降ろし、会のメンバーで一枚ずつ洗いを掛け再利用し屋根に戻した。

※再生に当たっては２００６年度の「横浜市歴史を生かしたまちづくり要綱」による助成金を受けた。

「西﨑邸」

国登録有形文化財（申請中）

■所在地：横須賀市船越町
■建築年代：１９３８年
■木造平屋建／フランス瓦・和瓦

①西﨑邸建物の沿革

西﨑邸は横須賀市船越町の斜面地に建つ洋館付き住宅である。その造りは良質でプロポーションも良く、丁寧に作りこまれている秀逸な建物だ。２０１８年、この建物が創建時から住まわれていたご家族から新しい所有者に譲り渡された。

西﨑邸は、１９３８年頃、貿易商を営んでいた前所有者の祖父の住居として建てられた。斜面を開削した土地に木造平屋建の主屋を建て、南側は庭としている。洋館の外壁は南京下見板張でハーフティンバーの装飾が特徴的だ。創建当初の木製引違いガラス戸（鎧戸付）も残っており、屋

図表 3-26
「西﨑邸写真（洋館・全景・内部）」

根には赤いフランス瓦が葺かれ昭和初期の典型的洋館付き住宅の風情を良く伝えている。

間取りは東西に六畳・八畳の続間、東、南に広縁を回し、南面に和風の本玄関、西側に二間の洋間が付属し、北側に掘り炬燵（こたつ）のある茶の間と台所を配している。現在は床が張られているが当初は土間であった台所の床下から竈（かまど）の跡が見つかった。凹凸のある床柱は裏山の天然のヒノキ材を使用していると伝えられている。付書院の書院窓は投網と波（漁の風景）を組子で表現し二枚ガラスで挟んでおり、透かし彫り欄間飾りなど建具の造作も手が込んだものである。

前所有者は売買に当たり「建物を壊さずに大切にしてくれる方に限る」という条件を付け、西﨑氏はその条件にぴったりとあてはまる人であった。この建物はこの様な稀にみる幸運な縁談によって未来に残される道を与えられた。造った人の想いを受け継いだ建物と建物を受け継いでゆきたいと思う人との出会いがもたらした。他の歴史的建造物にとっても大変明るい希望がここにある。

②西﨑邸再生の概要

２０１９年、現所有者西﨑氏によって建物の傷んでいるところを中心に修理工事が行われた。西﨑氏は建物の価値を良く理解し、それを活かして住み続けることを望まれていたので、工事の際、よこはま洋館付き住宅を考える会で現況調査と工事のアドバイスをさせていただいた。また、調査では関東学院大学黒田泰介研究室の協力で最新の３Ｄスキャナーによる撮影も行われた。

洋館の外壁はこれまでに幾度かの塗り替えがされてきたようだが、ケレン調査（塗装面にやすり掛けを行い、過去に塗られていた塗料の順番を調査する）を行い当初の色を判別し、それに近づける復原塗装を行った。また、本玄関の外壁周りに雨漏りによってかなり傷んでいた部分があったが、当初の軸組材や壁をできる限り保存しながら修繕を行い、土台は同樹種材で交換した。座敷の壁は珍しいシュロの樹皮繊維を膠（にかわ）などで練りこんだ塗壁（繊維壁）となっていて、黒っぽい色は繊維の色そのままのようである。全体に痛みが多かったため、既存壁材を保存しつつ上から同色の土壁で復原を行った。また、工事中に現在は床が張られているが当初は土間であった台所の床下から竈の後も見つかった。

西﨑邸は今後、国登録有形文化財の登録を目指している。

4

「景観」
——住み続けるための景観づくりへの挑戦

鵠沼地区 ニコニコ自治会（藤沢）
髙橋 武俊

はじめに

ニコニコ自治会は、高い人気の湘南の住宅地の中でも今もなお住民の増加が続く藤沢市鵠沼地区に位置し、そのまちづくりにおいては２００９～２０１１年度の３年間、神奈川建築士会かながわ地域貢献活動センター基金の助成を頂いた。

本稿では昔から今日までの一連のまちづくりの展開について、紹介する。

原点にある「民」主導の景観づくり

鵠沼は古くは皇大神宮の氏子集落や、東海道藤沢宿への物資供給を担う助郷村であったが、明治前期の１８７９年（明治12年）に行われたドイツ人医師ベルツ博士の海水浴場適地調査を契機に、旅館の開業や別荘地開発が始まった。道路整備や緑の植樹・管理は、旅館業者や実業家等の主導で進められ、明治後期には緑豊かで風光明媚な別荘地としての地域イメージが形作られるに至った。また、自ら暮らしながらも宅地開発やインフラ整備、更には東京でのプロモーションを行う人達がいたり、旅館や別荘に訪れる文化

図表 3-27「旅館東屋への東京女学館の遠足（1911）」

出典：『婦人画報』（明治44年）

人から「鵠沼風」と称される鵠沼の風景を作品に描くスタイルが起こったりと、緑豊かで文化的な湘南のまちとしての鵠沼のブランディングは「民」の領域で主導された。

半世紀に渡る「官」主導の景観保全の試行錯誤

別荘地としての鵠沼は、震災・戦災を経て住宅地化が進むが、個々の家々では松葉を燃料にしたり、果樹を植えたり等と緑は生活との繋がりが深く、植えて然るべき存在であった。しかし、開発の勢いが増し、宅地の細分化に伴う樹林の伐採や景観の変質が問題となり、１９５５年に神奈川県により風致地区の指定がなされ、この時初めて、鵠沼に緑を守る都市計画が導入された。

また藤沢市も、風致地区指定だけでは不十分であるとして、その後も都市計画の用途地域の見直しや地区計画の検討、指導要綱での規制強化、全市の計画や都市計画マスタープランでの問題明記、緑化助成等を図っていった。しかしながら、高度経済成長における宅地開発の需要増と国策も絡む規制の強化と緩和が織りなされることで問題解決の筋道が立たず、鵠沼では半世紀に渡り、景観問題がまちづくりの課題として掲げられ続けることになった。

「生活者の感覚」を大事にした自治会×市×研究者

ニコニコ自治会のまちづくりは、２００２年度末の組長会議の場で、〃最近、乱暴な開発が増えてきている〃〃鵠沼からやすらかさをなくさないようにしたい〃と盛り上がったこと、それを当時の自治会長が〃何が出来るか分かりませんが、住んでいる人たちがここまで問題視されているなら…〃と自治会の問題として向き合ったことがきっかけになった。翌２００３年度からまちづくり担当の役員を新設し、まずは現状把握から始めることになった。

初動時の取り組みで後押しとなったことが２つあり、１つは藤沢市役所の都市計画課との勉強会であった。当時の職員は市の計画や地区計画や建築協定等の方法を紹介するだけでなく、生活者感覚の率直な疑問に向き合い、そこに市の取り組みでできること／できないこと、今後取りうる手段をわかりやすく説明してくれたことにある。鵠沼ではそれまでにも乱開発に対して事業者や市役所に抗議をする活動が度々起きていたが、このコミュニケーションが意識の切り替えを生み、抗議型まちづくりからの脱却に繋がった。

もう１つは慶應義塾大学ＳＦＣ研究所の研究者（筆者）が参画して行った全世帯へのアンケート調査であった。多くの関係者に影響してくるこの種のまちづくり活動に自治会として取り組むことの是非は、人により見解が分かれるものである。

そこで、最初は景観まちづくり云々ではなく、防災や防犯等も含めた鵠沼での生活における課題を総点検する調査として行ったところ、景観への不安が1位との結果が確認された。〝景観はニコニコ自治会にとって1番の問題〟というポジショニングが明確になったことで、いよいよ本格的に景観まちづくりに取り組むことになった。

図表 3-28「第1回アンケートの結果報告」

2004年1月

ニコニコ自治会の皆様へ　　ニコニコ自治会

「鵠沼の住み心地に関するアンケート」へのご協力、有難うございます。アンケートは過半数の方が" 住み心地は良い"、" 静かで暮しやすいところ"、" おだやかで気候に恵まれた土地"、といった意見から、" 昨年の賀来神社のお祭りに楽しく参加できた" といった自治会の活動まで幅広いご回答を頂きました。（回答率６７.８％）

一方で住み心地に関する不満や問題へのご提案も多数頂き、その中でも次の２点は、集中的に取り組む課題として考えております。

まちの景観への不安　　地域としての防犯対策

この他、防災問題、鵠沼の狭い道での交通事故の危険性、ゴミ問題、ペット糞尿の問題、近隣商店街の衰退などのご意見も頂きました。

自治会でできることには限りがありますが、今回のご意見に対し、できるだけ多くの回答ができますよう努めますので、今後皆様方の更なるご協力をお願い申し上げます。

アンケート回収状況	
実施時期	：2003年12月
配布件数	：513件
回収件数	：348件
回答率	：67.8%
自由意見	：104件

関心の高かった設問		
1位：	「5年後、10年後のまちなみに不安を感じる」	（景観）
2位：	「地域として防犯対策をした方がよい」	（防犯）
3位：	「景観に関するルールを検討した方がよい」	（景観）
4位：	「最近、空巣等の犯罪被害をよく聞く様になった」	（防犯）
5位：	「自然災害や防災の工夫の実例に関心がある」	（防災）

（２枚目にアンケートの詳細結果があります）

協力：慶應義塾大学
卒業生＆学生有志

「総論のレベル」を段階的に高めていく「自治」のプロセス

次に課題となったのは、まちづくりの進め方であった。鵠沼は新興住宅地ではなく、１００年近く人口増加を続けている住宅地であり、人によって景観意識も様々で、総論賛成・各論反対になることは容易に想像できた。手探りとなることは覚悟しつつも、同じレベルの取り組みを繰り返さないようにするためには、自治会としてどのようにまちづくりを進めるかを議論し、〝住民が必要と思うことを、住民のできることを組み合わせながら、無理のない範囲で進める「自治」の活動として進めること〟〝鵠沼の住民の持つ様々な知恵や経験を活かしていただくためにも、判断の視野を広げる取り組みを行うこと〟をまちづくりの原則とすることにした。振り返ると、ニコニコ自治会の取り組みが鵠沼のまちづくりの転換点となったのは、この原則に基づく選択の積み重ねにあったと思う。

具体的な取り組みとして市都市計画課からも紹介のあった地区計画や建築協定の検討を始めると、住民が抱く問題に対してどんな効果やリスクがあるのか、複雑化している権利

図表 3-29「ニコニコ通信 第1号」

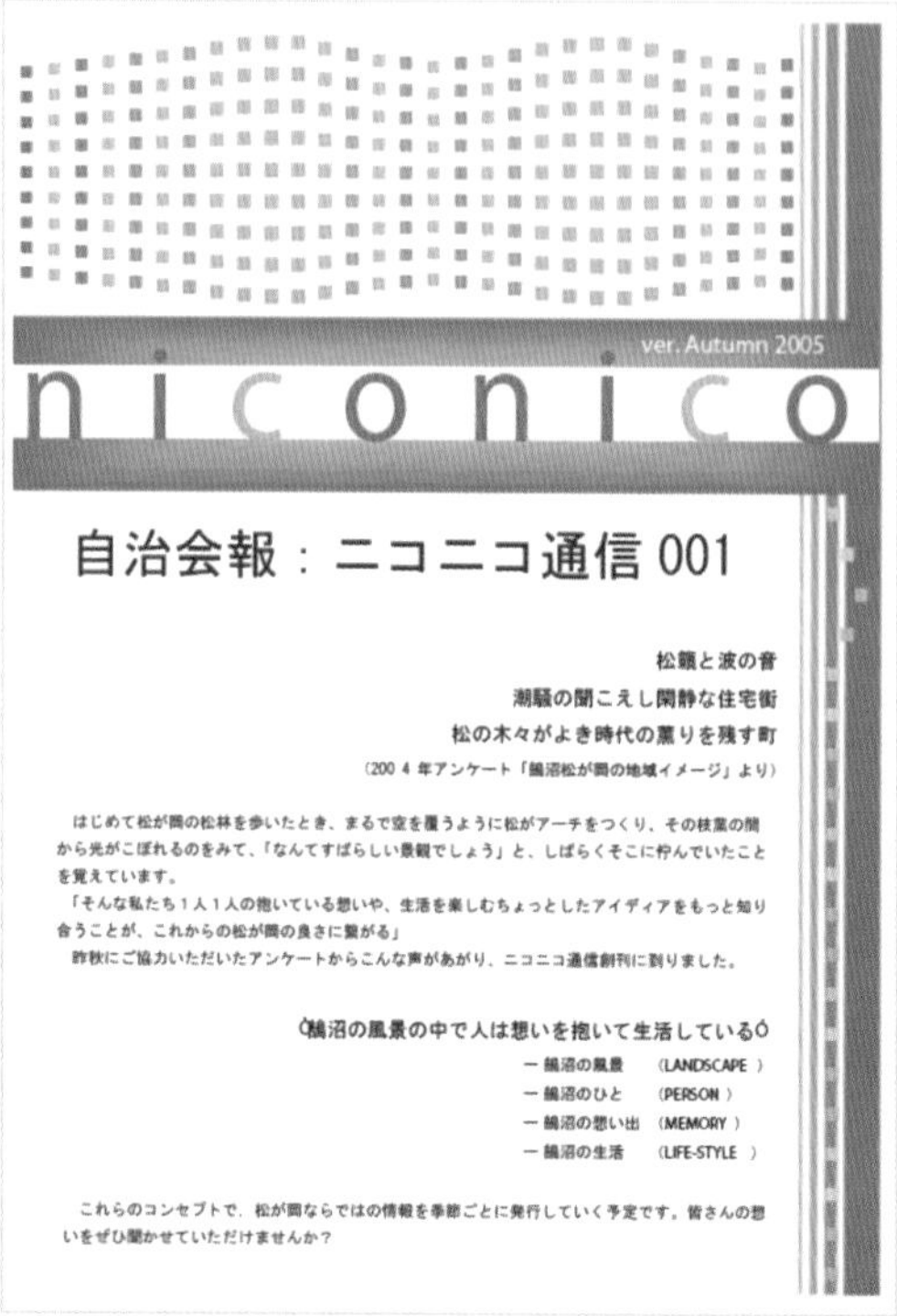

ver. Autumn 2005

niconico

自治会報：ニコニコ通信 001

松籟と波の音
潮騒の聞こえし閑静な住宅街
松の木々がよき時代の薫りを残す町
(200 4 年アンケート「鵠沼松が岡の地域イメージ」より)

はじめて松が岡の松林を歩いたとき、まるで空を覆うように松がアーチをつくり、その枝葉の間から光がこぼれるのをみて、「なんてすばらしい景観でしょう」と、しばらくそこに佇んでいたことを覚えています。
「そんな私たち１人１人の抱いている想いや、生活を楽しむちょっとしたアイディアをもっと知り合うことが、これからの松が岡の良さに繋がる」
昨秋にご協力いただいたアンケートからこんな声があがり、ニコニコ通信創刊に到りました。

鵠沼の風景の中で人は想いを抱いて生活している
ー 鵠沼の風景 (LANDSCAPE)
ー 鵠沼のひと (PERSON)
ー 鵠沼の想い出 (MEMORY)
ー 鵠沼の生活 (LIFE-STYLE)

これらのコンセプトで、松が岡ならではの情報を季節ごとに発行していく予定です。皆さんの想いをぜひ聞かせていただけませんか？

関係の中で誰にどう合意を得ていくのか、現実的なＨＯＷが分からないことだらけであった。そこで、原則に立ち戻り、鵠沼の景観のイメージや問題意識、考えられる取り組みの方法等を住民に尋ねる全世帯への深掘りアンケートを改めて行った。大変ボリュームのある内容であったが、世代を問わずお住まいの方が如何に鵠沼に愛着を持っているのか、まちに必要なことは何なのかを具体的、多角的にご回答頂き、景観まちづくりへの確信が生まれた瞬間となった。また、同時にまちづくりのボランティアを募ったところ、30代~70代までの多世代混合のまちづくりチームを発足することができ、発想力・行動力の厚みに繋がった。

以降の取り組みは試行錯誤の繰り返しとなるが、ニコニコ自治会のひとの力が十二分に発揮された。大切なことを明文化した「ニコニコ憲章」や、鵠沼のイメージの共有のための「ニコニコ通信」等は、一見するとまちづくりのよくある手法ではあるが、そこに広告のプロフェッショナルである方や、読み手への高いリアリティを持った方々の参画により、旧来の自治会のイメージの刷新に大きく作用した。また、自治会役員も、景観は見た目や感性の範囲に留まらず、防災や防犯、福祉なども含めた住み心地の表れとの意識を持って各担当の連携が行われ、総論賛成・各論反対になるリスクに対して、「総論」のレベルを高めていく自治会コミュニケーションを展開していった。

想いと知恵を組み合わせた「住民協定」の締結

活動を積み重ねていくと、改めてニコニコ自治会独自のルールが必要であるとの考えに至った。最たる理由はトラブルの予防にあった。道路が狭く、街路樹のない鵠沼の景観は、今もなお個々の御家庭の想いや努力により成り立っており、ご当主が健康の内は良いのですが、ご主人に先立たれた高齢女性等は維持することが難しくなるだけでなく、安価な条件で開発業者に買われ、その後の十数件に分割する開発により、近隣の住環境の急変や衝突に発展するといった望ましくない流れが実際に起こっていた。都市計画マスタープランでまちのビジョンを示し、県や市が風致条例や指導要綱を設けても起こる問題である。自治会で予防や交渉しようにも、明文化したものがなければどうしようもありません。

それまでにもルールについて検討し、様々な案が出ていたが、先のまちづくりの原則に則り、まずは生活者に根差した自治会のルールとする方針にした。この考えを市都市計画課と共有したところ、「住民協定」と名付けることで事業者や行政での取り扱いに重みが増し、それを定着させるための方法についての助言があり、自治会では「ニコニコ住民協定」として検討を進めることになった。その内容も色々な議論があったが、今までの鵠沼の景観づくりのルール（特に風致条例や指導要綱）を自治会としても大切に思っていること、それを全域で守っていくものとした。また、自治会では通常、総会出席者で意思決定を行うが、この時は「紙上総会」として全世帯への意向を受けて決定するとし、結果9割を超える合意が得られたため、２００６年度に「ニコニコ住民協定」の締結と相成った。

図表 3-30「ニコニコ住民協定のお知らせ」

「ニコニコ住民協定」締結のお知らせ

このたび、鵠沼の緑ゆたかな生活環境を尊重し、この無形の財産を次世代に継承するため、わたくしたちは「ニコニコ住民協定」を締結いたしましたのでご案内いたします。

この協定は松が岡一丁目１～１１番、二丁目１～１１番、三丁目１及び７番の住民の同意によって作られたもので、今後とも藤沢市周辺地域と協力して、鵠沼の住み心地をよりよくするために取り組んでいきたいと思います。

“美しい町・鵠沼、平和な町・鵠沼”をつくるため、皆さま方のご協力をお願い申し上げます。

ニコニコ自治会

「ニコニコ住民協定」の効果と課題

２００７年度からは藤沢市役所と自治会が連携した住民協定の周知・運営が始まった。

運営当初の事業者の姿勢はピンキリで、住民協定に加えて自社基準を重ねてより良い案を提示してくる有名老舗企業、守る義務はないと強硬な姿勢を押し通そうとする中小事業者、より良いルールとするための助言をする個人事務所の建築家等、対応にも様々なケースが発生した。同じ企業でも支店が変われば対応も異なったり、営業担当と設計担当とで対処が変ったり、とコミュニケーション上のポイントの発見もあった。

時間が経つにつれて、住民協定が付加価値として喧伝され、事業者との話し合いも円滑にできるようになっていった。

よく〝住民協定は規制力が弱いのでは？〟という声が寄せられるが、問題が10あるとしたら7〜8くらいは予防できる効果があった。全てがベストな結果に至ったわけではないが、〝住民協定がなければゾッとするような開発を事前に調整・修正できた〟というのが、当時のまちづくり担当役員の率直な感想であった。

一方で、住民協定の課題も明らかになってきた。1年間で100回以上の事業者との調整が発生し、特に軽視する事業者との交渉は、相当な負担が生じた。また、協力的な事業者や市が関係者との調整を図る過程で、より強い位置付けのルールを望む意見が寄せられた。更には、第一種低層住居専用地域で風致地区と住民協定のある最も規制が厳しく、鵠沼らしいイメージが色濃い土地で、新興の一部上場企業が自社ブランドを強調するあまり、数多の既存樹木を全伐採し、まちの大きな問題となった事案もあった。

ニコニコ自治会では、まちづくりチームを中心に住民協定を運用しながら効果と課題の確認を行い、自治会役員会ではそれを踏まえて、無理なく続けられる形で住民協定の効果を高めていく改善を次のまちづくりのテーマとする「自治」的経営判断を行った。

藤沢市景観条例の適用に向けた「民」の踏ん張り

住民協定が成立するタイミングで、藤沢市役所では景観法の成立に伴う景観条例の改定と景観の専属部署の設置を行い、ニコニコ自治会の取り組みの担当者も都市計画課から景観まちづくり課に移っていった。住民協定の改善の検討にあたり、改めて地区計画や建築協定の勉強も行ったが、市政として力を入れている景観まちづくりとして行うことで取り組みの可能性やインパクトがより高まると考え、藤沢市景観条例で検討していくことになった。

自治会と市の協働の積み重ねもあり、早い段階から共に景観条例の適用方法や改善内容の検討を始めた。具体案が出来た後は自治会主導で生活者（自治会員）の合意の確認を行い、その後は市主導で藤沢市景観条例の景観形成地区の指定を進める予定で活動をしていたが、市側の体制変更に伴い、自治会側で地権者合意までも行うという方針変更が示され、数カ月の協議を経て、市の方針に則って進めることになった。

住民協定の運用と並行しての生活者合意と地権者合意のコミュニケーションの負担はとても大きく、自治会のまちづくり予算と景観条例にある活動支援だけでは進めることが困難であったが、この時に神奈川建築士会かながわ地域貢献活動センター基金の助成や住宅生産振興財団の住まいのまちなみコンクールに入賞等の後押しがあり、大変助けられた次第である。また、市民募集で行われた「わがまちふじさわ景観ベストテン」でニコニコ自治会エリアの景観が選ばれたり、第1回ふじさわ景観まちづくり賞を受賞する等、景観と取り組みの両面で公的な評価を頂けたことも踏ん張る力となった。

ニコニコ自治会のエリアは定住志向の低層住宅地であるが、100年も経つと地権者も複雑化している。自治会員のようにコミュニケーション頻度を高めることが難しく、結果、自治会主導では限界があったが、市の担当者の奮闘や計画建築部長と都市景観審議会の強い後押しもあり、2012年度に市主導での景観形成地区指定が成立した。

図表 3-31「ふじさわ景観ベストテンに選ばれた景観」

地域で連鎖する住民協定

先に、ニコニコ自治会のまちづくりが鵠沼地区のまちづくりの転換点となったと述べたが、その理由は活動の影響が1自治会に留まらなかったことにある。

ニコニコ自治会の住民協定成立後、災害時の避難所を同

図表 3-32「鵠沼地区の住民協定」

鵠沼地区における住民協定の取り組み

鵠沼地区では、緑豊かな住環境を次世代に継承していくため、住民によるまちづくり活動が行われています。地区内の一部の自治会では、良好な住環境を守っていくためのルールを住民間の協定として締結し、建築物の建築等の際に運営委員会との協議を行うこととしています。

藤沢市では、自治会からの依頼により、これらの住民協定を周知しています。なお、住民協定の具体的な内容や協議の方法については、各協定の運営委員会へお問い合わせください。

1.ニコニコ住民協定（PDF：593KB）

2.五友会住民協定（PDF：1,026KB）

3.鵠沼藤が谷会住民協定（PDF：981KB）

4.鵠南みどり会住民協定（PDF：495KB）

5.一照会住民協定（PDF：705KB）

※対象区域は、各住民協定のパンフレットにおける「住民協定対象エリア」をご参照ください。

［出典：藤沢市ホームページ（2020年6月時点）］

じとする近隣の５つの自治会やまちづくりに関心のある自治会・住民団体とも情報交換を始めた。うち４つの自治会（五友会・鵠沼藤が谷会・鵠南みどり会・一照会）では住民協定の締結に至り、今日も継続的に情報交換を進めている。取り組みには、それぞれの自治会の生活者であり、鵠沼をよく知る建築家の活躍も見られ、自治会ごとの個性を活かした運営がなされている。

また、隣の茅ヶ崎市の松風台団地でも鵠沼との交流をきっかけに住民協定が締結されるにいたった。その丁寧な運営には、ニコニコ自治会も受賞した、住宅生産振興財団の住まいのまちなみコンクールで普遍性の高いまちづくりモデルとして高い評価を頂いた。この松風台団地と鵠沼の６自治会は、住民協定をご縁に、年１回の情報交換会を開催するようになった。

防災と景観とコミュニティ拠点の両立を実現

東日本大震災を契機に、鵠沼でも災害対策が大きな関心事となった。

特に問題となったのは避難場所で、指定の避難施設の私立学校では、移動が難しい距離の人達もいた。そんな中、ニコニコ自治会内にあったＮＴＴの独身寮を、ＮＴＴ都市開発がサービス付き高齢者向け住宅として再活用する計画が起こった。

ニコニコ自治会では、住民協定と景観形成地区があったことから計画段階からコミュニケーションがとられ、当時の自治会長とまちづくり担当役員、そして市の防災責任者と共に調整が進められ、景観と防災とが共存し、コミュニティの拠点としても活用できる施設づくりが実現できた。

この計画にあたっては、ＮＴＴ都市開発が従前よりも良好な住環境を生み出すことに配慮し、建物の外観や緑の選び方・植え方にも丁寧な近隣調整を図っていたことが印象的であった。

図表 3-33「ウエリスオリーブ鵠沼松が岡」

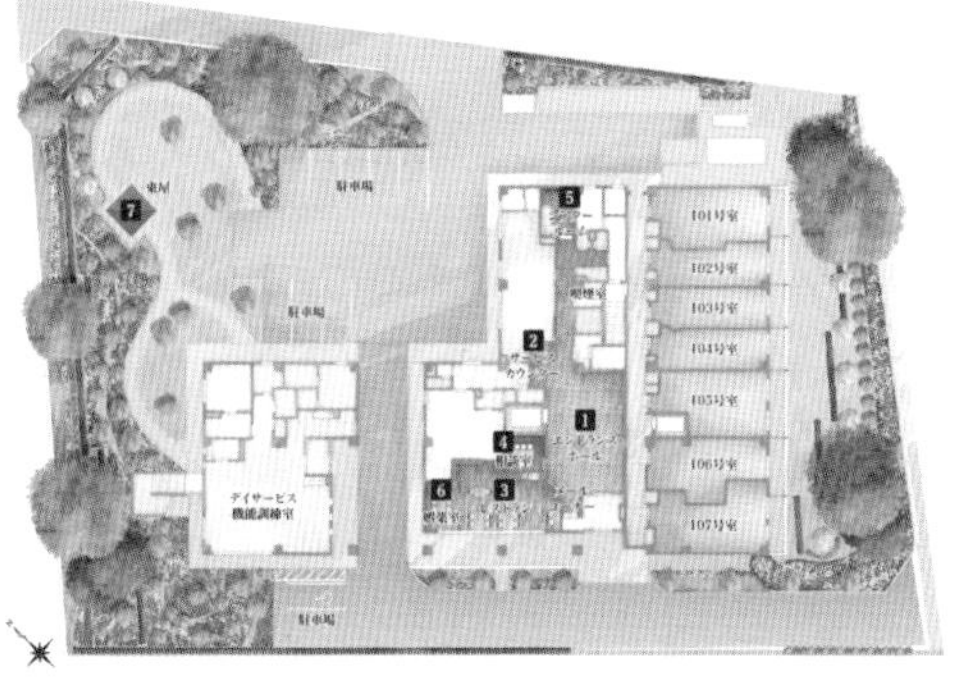

［出典：同施設ホームページ］

不動産広告のアップデート

景観まちづくりの過程で〝ルールがあると売れなくなる〟という都市伝説も度々耳にしてきたが、鵠沼に関わる不動産広告にも変化が生まれてきた。住民協定のある土地を求めたり、住民協定があることを付加価値としてアピールしたり、という広告も珍しくなくなってきた。

その中でもコスモスイニシア社が行った広告は印象的で、戸建て分譲の開発であったが、当初の広告はニコニコ住民協定や景観形成地区をアピールすることに紙面の大半が割かれていた。

同社の担当者に尋ねると〝鵠沼や片瀬を選ぶ人を調べたら、元々同じ地域に住んでいた人が７割近いという結果だった〟〝このまちでは親が子供に薦められるような家づくりとコミュニケーションが必要と考えた〟との答えがあり、鵠沼の景観まちづくりを考える上で、不動産広告の考え方がアップデートされる機会にもなった。

これからの景観まちづくりに思うこと

ニコニコ自治会を始めとする鵠沼の景観まちづくりは、生活環境をつくるまちづくりとして進められ、住民1人1人が持つ経験やネットワークが、更なる可能性を生み出している。言い換えると、鵠沼の生活者目線の景観まちづくりは、都市計画や建築の制度で考える範囲よりも幅が広く、かつ現実的に考えられている。

一方、具体的な活動より見聞きした情報が多い人達にとっての景観まちづくりの捉え方は古く、住民・市・専門家の中でも、まだまだ半世紀前の固定観念が当たり前のように飛び交っている。何とかしたいと思って動いている住民は、本来であれば、公的な仕組みとして解決しなければいけないことも抱え込み、その解消に向けて大変なエネルギーを費やしている状況である。

よく「景観のルールづくりは本当に必要なのか」「もっと他にやることがあるのではないか」と問われるが、住宅地においては小さな景観づくりを積み重ねることはとても価値があることではあるが、1つの乱開発が起こると吹き飛んでしまう。住民のエネルギーを魅力づくりに活かすための安全弁として、まちのルールが必要である。

鵠沼の景観まちづくりは現在進行中である。外から新しく住まいに選ぶ人、生まれ育った鵠沼を自分の代でも終の棲家として選ぶ人と、鵠沼を選ぶ人は様々であるが、いずれの人にも景観は選ばれるまちにとって大切な要素になっている。ただ、集まった人の景観への価値観が無秩序のままでは衝突を生みやすく、また何のコミュニケーションもなく理解や取り組みが深まっていくものでもない。そこには高度な約束事に基づく多様性の尊重が望まれ、その一翼を担うのは、まちに根差した建築家や専門家であると思う。ニコニコ自治会を含む鵠沼の各自治会の景観まちづくりを振り返ると、エリアマネージャーとは異なり、生活者のまちづくりに安心感を生み出す「まち医者」としてのポジションの確立の必要性と可能性を感じている。

5 「教育」——建築・まちづくりの教育活動

神奈川県建築士会子ども環境部会（県内全域）

関口佐代子

子ども部会の活動

神奈川県建築士会　子どもの生活環境部会（以下、「子ども部会」という。）の活動は１９９４年、当時の女性部会の分科会として「子どもたちを取り巻く環境の調査研究」から始まり、その環境の変化の激しさを身近に感じてきた。そしてその後、技術支援委員会の部会にとなり２００３年から子ども達への発信も活動の重要な位置付けとして取り組みを始めた。

図表 3-34
「ワークショップの子ども達の様子」

・学校での授業支援
・学童保育での建築体験
・建築に関心のある子どもたちにワークショップや建物探検
・小・中・高校生に向けてのキャリア教育

多くの子どもたちと建築やまちづくりワークショップを通してふれあってきたが、当初はまだ珍しかった建築ワークショップも今はさまざまなところで頻繁に開かれるようになり、日本建築学会建築教育支援会議など建築と教育の橋渡しも進んできた。

授業支援

教育における分野としては、小学校の授業支援から活動が始まった。

小学校の授業の「住」に関わる際は、指導要領を確認し、担当の先生と相談をしながら内容を決めていく。

地域性や学校の特色、先生の方針など、様々な要素を踏まえて検討し、そのたびに違った形のオリジナルな授業を行ってきた。

学校との関わり方は、授業に出向くだけではなく、建築の仕事の関する子ども達の質問に回答するなど、先生方の授業研究会で教材づくりの講師をする場合もある。

図表 3-35「横須賀市立山崎小学校
３年生　総合学習　学区の地図でまちづくり」

２００９年に助成金を頂いて行った活動としては横須賀市立山崎小学校・藤沢市立新林小学校で、３年生対象に地域の今を知り将来を考える授業を企画した。

藤沢市立新林小学校では、それぞれが作った自分の家を

図表 3-36「藤沢市立新林小学校　３年生　総合学習
海・山・駅　私たちの家そしてまちができた」

体育館の大きな街の中のどこに住むのかを考えた。
自分達が住むエリアに何が必要かを考え、まちを作り上げた。何回も話し合いを重ねるうちに「まちは自分達が作っていくもの」ということに気づいた子ども達だった。

図表 3-37「藤沢市立新林小学校マイハウスづくり」

図表 3-38「新林公園長屋門復元工事現場にて」

地域と子ども達の結びつき

藤沢市立新林小学校では、２００９年の前年から3年間にわたり、高学年を対象とした家模型製作教室の講師を子ども部会で務めてきた。地域のおとなが子ども達へ何かを伝える場が持てることは素晴らしく、地域と学校をつなぐ場の重要性を大いに感じた。

新林小学校と同じ地域にある学童クラブ「かもめ児童クラブ」では2004年から毎年、夏休みにワークショップを開催してきた。自分の居場所を考える模型づくりや、古民家探検など、毎回工夫し、楽しみながら「知る」「考える」時間を作ってきた。図表3—38の写真「土間たたき体験」は地域で保存し公開する長屋門の改修工事に実際に使われる材料を使わせてもらえることができた貴重な機会だった。

中学生・高校生へのキャリア教育

小学校では、地域との繋がりを強く感じながらまちづくりを考えることが出来たが、中高生になると地域との関わりはとても希薄になってくる。是非その中学生・高校生に自分のまちに関心を持ってほしい、という依頼があり、川崎市中原区の事業として「中高生のための建築講座」を2年にわたって行った。

建築やまちづくりについて、より具体的に伝えるとともに、キャリア教育としての側面を持たせた。建築を知るこ

図表 3-39「特別に高層ビルの屋上に上がることができ、新しい武蔵小杉のまちの全貌を見まわす。この後の中高生からの質問には、古くから住んでいる人達の事に言及しているものが多くあった」

とを通して、正解のない課題に自分の答えを見つける経験ができれば、と企画を考えた。

武蔵小杉のまちづくりについて、異なる視点からの話を聞く機会も設けた。行政の立場として川崎市の担当から、デベロッパーの立場として東急電鉄の担当からまちづくりの仕事の話を聞き、その後参加者からは質問がたくさん寄せられた。

まちの成り立ちを学習した後に、武蔵小杉のまちを高層ビルの屋上から眺めた。改めて見たその風景感じたことがあったようだ。

面や線で作った空間を体験するコーナーでは、地元建設会社の協力を得て製作。仕事の紹介も兼ねて組み立てを見学した。

図表 3-40
「スタイロ板をカットして組み立て」

面で囲まれた空間を作ったのは、大学生ボランティアスタッフだった。スタイロ板を使って段取り良く作っていった。

大学生スタッフの存在は、子ども対象の企画では大変大きい。子ども達が身近な存在として学生スタッフに親しむことにより、良い結果につながる助けとなっている。また、学生スタッフにとっても、子ども達に建築を通して接することで、気づく

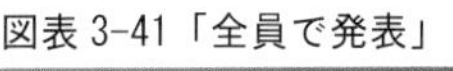
図表 3-41「全員で発表」

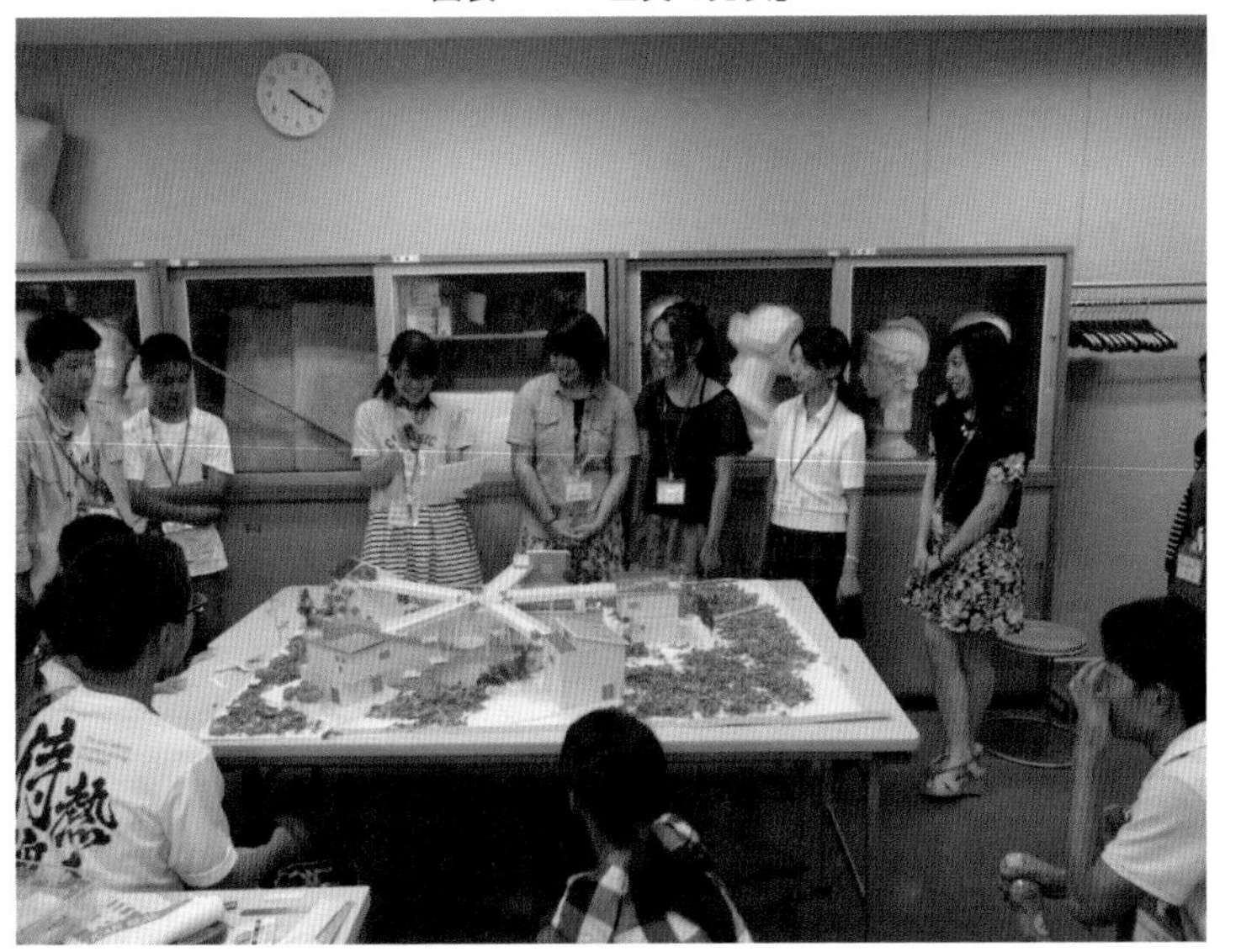

ことも多い。参加者だった小学生が大学生スタッフとしてまた関わってくれることも貴重な繋がりである。

「中高生の建築講座」では、ワークショップでまちづくり提案を班ごとに行った。中高生参加者は、模型で具体化することで自分達の考えをどう伝えるか、とても工夫していた。

高校でのキャリア教育授業

最近では、キャリア教育に関わる機会を増えてきており、「建築と建築の仕事」について、どうやったら関心を持ってもらえるかに頭を悩ませている。

一番最近行った高校での社会人出張講義では、地域にまつわる事や建替えられた新校舎にまつわるクイズ、資格や進路に関わる話などをおりまぜながら、建築の仕事について具体的に紹介した。

今回のこの講義は、神奈川県建築士会が２０２０年から参加している神奈川県の「県立高校生学習活動コンソーシアム協議会」を通じて依頼があったものである。

多摩高校はこの仕組みを使って、例年はインターンシップで行っていたキャリア教育を、「社会人出張講座」として行ったということだった。

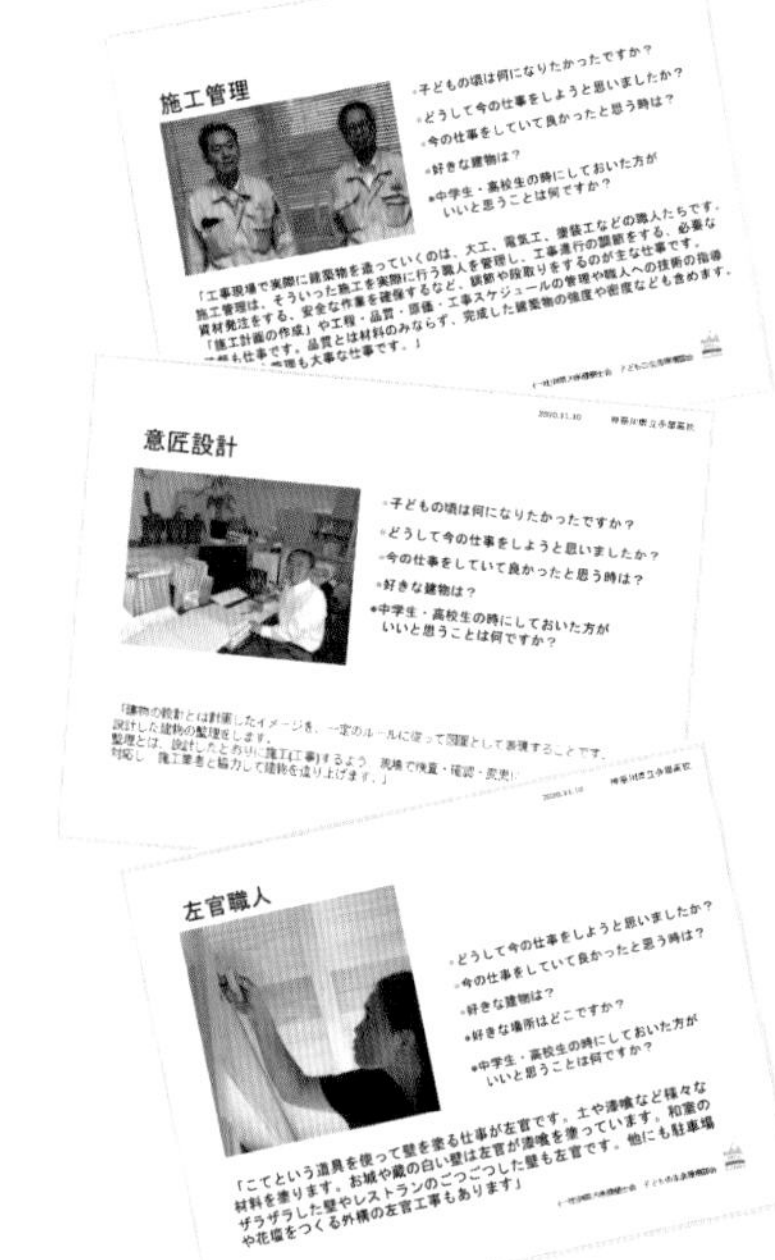

図表 3-42「紹介したプロの方々
意匠設計・構造設計・施工・左官など」

講師は様々な業界から参加しており、終了後にシステムエンジニアや救急医師など直接お話を聞ける交流が持てた

図表 3-43「建築士会会議室でガイダンスの様子」

ことも大変勉強になった。

神奈川県建築士会独自の高校生建築コンクール

神奈川県建築士会では、県内の高校全部を対象に「熱闘建築甲子園」という建築コンクールを開催している。全国の工業高校を対象に行なわれている「建築甲子園」とは異なり、建築系以外の普通科の生徒など、対象の幅を広げている神奈川県独自のものである。

インターンシップや建築士試験会場でのスタッフ経験もプログラムの重要な位置づけとなっているが、建築コンクールに向けた高校生へのガイダンスを子ども部会で行っている。

ガイダンスは、「建築のいろいろ」世界の建築の多様性や建築のなりたち、「建築士になるには」進路や資格、「建築の仕事」建築に関わる多岐にわたる職業を柱にした話を行い、それに基づいて、コンテストの提案のしかた、伝え方、表現方法等について紹介している。

その場で高校生からの質問や意見を聞くことができるので、私達にとっても、コミュニケーションが楽しい機会となっている。

キャリア教育としての職業の紹介

建築の仕事を実際に見たり体験したり出来ることは、子どものみならず、親子参加の保護者や、学校での先生方も興味を持ったり驚いたりする機会となっていると感じる。

○製材会社・林業のプロによる木の皮むき体験

小田原林青会協力　子ども部会活動報告会にて

図表 3-44「木材の皮むき体験
木の香りの違いも教えて頂いた」

○建設会社のプロの道具体験（横浜市立藤が丘小学校）

川崎市の工務店　吉田建工協力　丸ノコ体験

図表 3-45「丸ノコで 30 角材カット体験
後ろの順番待ちの男子たちも興味津々」

○表具のプロの障子張り替え体験

藤沢市の守谷表具店協力　藤沢市蔵まえギャラリーにて日本家屋の木と紙の文化とちょっと昔の風景を体験。

図表 3-46「障子紙をはがして新しい紙を貼る。
大切にする気持ちを知る」

○茅葺のプロの木舞かきと藁葺屋根づくり体験

茅葺職人の市川さん協力　藤沢市かもめつばめ学童にて

図表 3-47「昔の家のつくりかたを体験
2008 年には同じ学童で土壁・土間三和土を体験した」

活動のための学習

子ども対象のワークショップを主宰するにあたって、子どもへの接し方や心構えを学ぶ活動のひとつに、ファシリテーター講座がある。ファシリテーター講座は、2014、2015、2017年にも開催し、様々な分野の方にご参加いただいた。

活動の発表・普及啓発活動

子ども部会では、毎年その年度の活動を報告書としてまとめ、報告会の場で発表している。また、ホームページやフェイスブックで発信活動を継続している。

2008年度の活動報告書や報告会、及び全国女性建築士連合会の場でのコメンテーター発表、建築士会全国大会でのブース出展においては、地域貢献助成金を活用させて頂き、その後の活動に繋がる年とすることが出来た。

これからの活動の可能性

2020年11月にオンラインを利用したワークショップを実験的に協力企画として開催した。主催は地域で活動している団体で、子ども部会は企画の提案、コーディネートを担当した。親子実験ワークショップ「パスタブリッジを

図表 3-48「横井先生がリモートで製作中からひとりひとりにアドバイス最後の講評をしているところ」

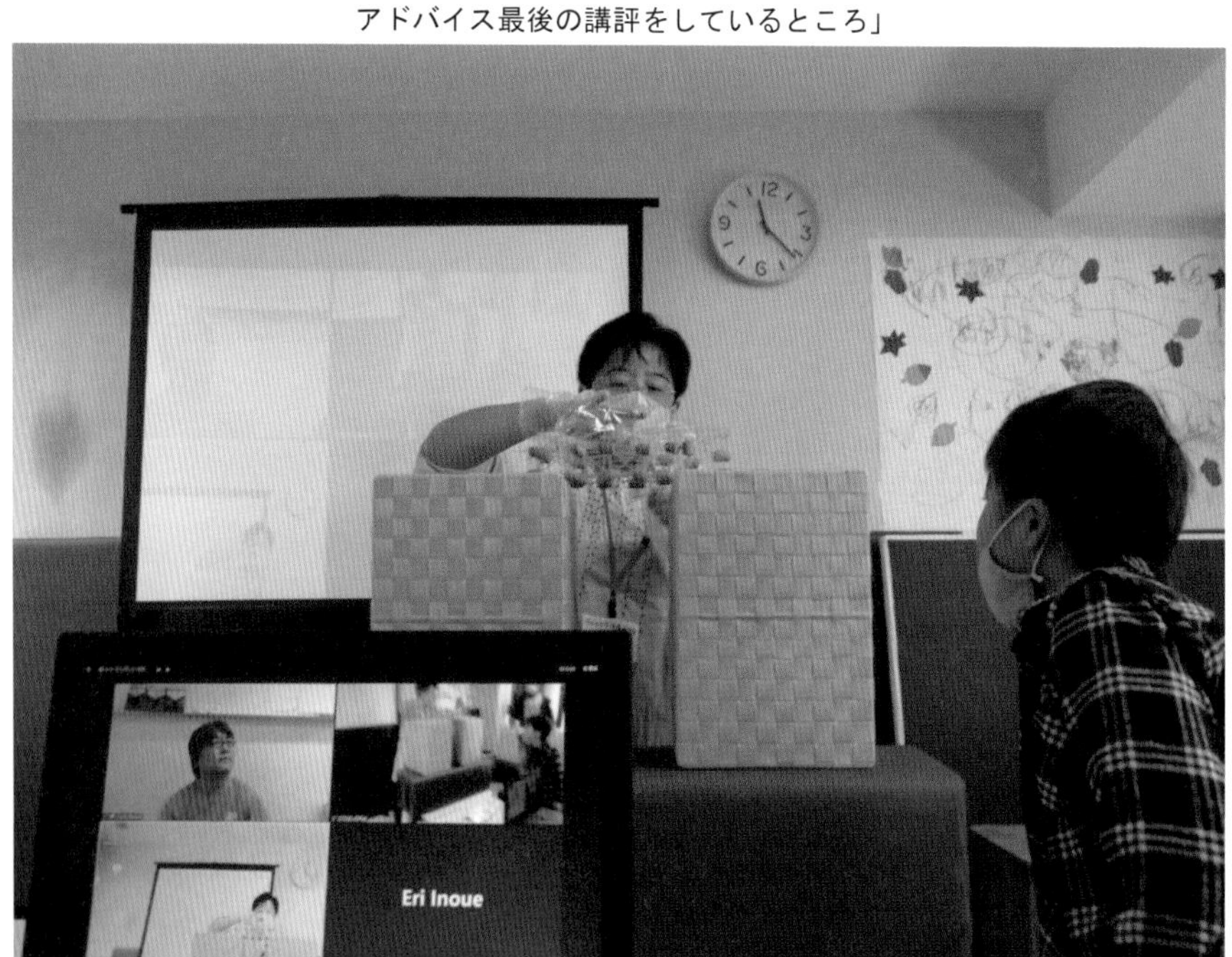

つくろう！」対象は小学生親子。アドバイザーとして東海大学の横井先生がリモートで引っ張ってくださった。

この企画は、リモートの長所を活かせたワークショップとなり、これからの活動にも大いに可能性を見出すことが出来た。

今後の活動について

２０２０年は、コロナ禍での活動としてができるのか模索していた１年間だったがその中でも、

・緊急事態宣言の真っ只中の子どもの生活アンケート調査、
・県立高校でのキャリア教育
・リモートを使ったワークショップの可能性を実施、開催できたことは大変有意義であった。

この激変ともいえる環境の下で、子ども達の生活を見守り、おとなとして建築士として出来ることを考えていきたい。

変化する社会の中で「変わらないもの」を見つめ続け、地に足の着いた活動を通して丁寧に向き合っていく姿勢を心掛けたいと考えている。

6 「学習」
―こどものまちづくり体験学習

ふじさわこどもまちづくり会議実行委員会（藤沢）
三原栄一

Story of 23years
ふじさわこどもまちづくり会議　23年の証

暮らすまちが自慢の学校になっていた

こども目線の教育とは、伝える教育ではなく「伝わる教育」である。

そしてこどもの感性から、我々大人が教えられる教育なのである。

目的

こどもたちの感性のすばらしさと集中力のたくましさを、地域教育の中で育み、こどもたちが大人になったときに、「自分が暮らすまちを自慢でき、愛着を持ってもらうきっかけをつくること」が目的である。

そして、他の小学校や学年の違うこどもたちといっしょに、まちづくりの基本である「人との関わり」を学んでもらうことも、この事業の特徴である。

図表 3-49「2020 年第 24 回ふじさわこどもまちづくり会議参加児童」

具体的な内容

この活動は１９９７年に実行委員会としてはじまり、翌年１９９８年の第１回から、毎年１回（第12回・13回は同年春秋開催）開催し、２０２０年秋に、コロナ感染防止対策を万全におこない第24回目を開催した。また、２００９年第13回および２０１７年第21回から、連続して藤沢市との共催事業として開催している。

毎年１回秋の２日間、藤沢市内で行われている。藤沢市は市内13地区に区分され、各地区に市民センターが設置されている。また公立小学校・中学校は、南部・中部・北部に振り分けられている。この事業は、その学校エリア区分を更に東西に分け、６年間で６箇所のちがう地区にて開催している。すなわち、６年間でその６地区のまちづくりを通して、藤沢のまち全体を体験してもらうことを基本としている。

スタッフは、コアの社会人20人程度に、大学生20数名と小学校時に参加したＯＢ・ＯＧの中高生で組織されるジュニアスタッフ数名からなる。平常時のこども参加者は、藤沢市内在住の小学生40名が対象である。

一日目に概ね７～８班に分かれて、午前中自己紹介からはじまり、こどもたちがスタッフとともに開催地区を散策して「現在」を知り、地域を熟知するスタッフからそのまちの歴史について講義していただき、併せて資料を通じて「過去」を学ぶ。そしてセンター会場に戻っての昼食は、多いときには百人以上での会食となる。

その上で、こどもたちが自分のお父さん、お母さんの年齢になった時、そのまちがどんなまちに変わっていたら良いか会議にて議論して一つの結論を決定する。

図表 3-50「藤沢市地区別構想より出展」

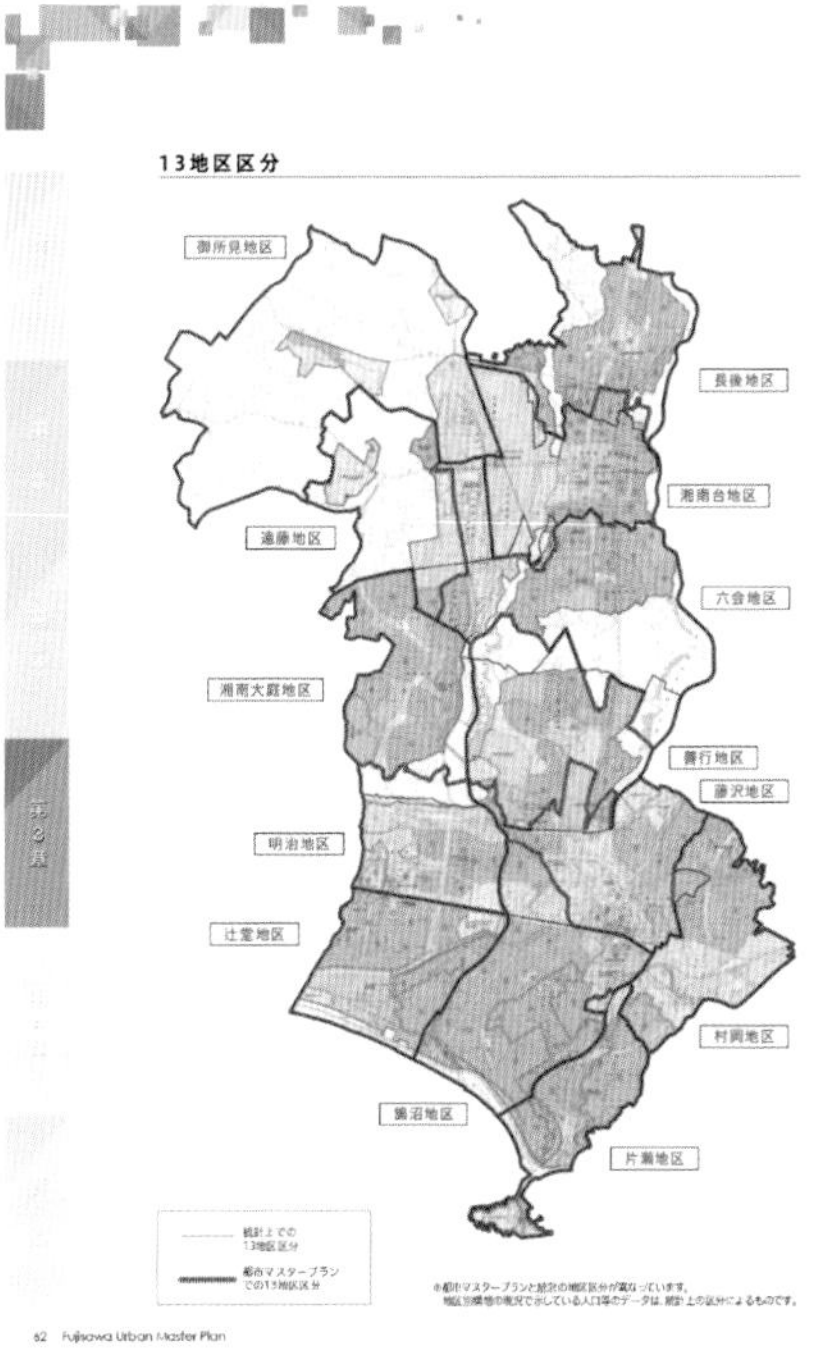

図表 3-51 「2020 年開催・片瀬地区での初日散策、クイズ形式でこどもたちの感性を引きだす」

散策後各班単位で、散策して気付いた地区の長所短所、こうなればもっと良くなる点等を付箋に書いて分類分けし、最後に班別の報告発表がおこなわれる。

その年々によって企画内容は異なるため、散策の各班が、最後まで同じ年もあれば、一度班を解散して、景観（緑化）班や、住宅班、商業施設班、工場施設班、鉄道班などの分類で希望の班に入って進めることもある。そして30年後のまち模型が完成までの間、少なくとも7～8回の全体ミーティングをおこない、細部を修正していく。

図表 3-52「散策後の作業風景」

1日目後半から模型制作が始まる。

※今回は2日目午後から

その間各班の学生代表と、社会人スタッフでの確認ミーティングもおこなわれることも多々あるので、常にタイム・キーパーの役目に負うところが大きい。

初期のころは、予定終了時刻を越えてしまうこともあったが、来賓の方々（市長、議長、教育長等）の予定来場時刻が近づくと、経験者を中心に完成に向けて参加者全員で完成へと突き進む姿に、来賓の方々からも感心される言葉を毎回頂いている。

図表 3-53「その決定に従った「未来」のまちを、１日目後半から２日目に掛けて制作する。（1/500 の都市計画模型、1800 × 2400）」

成果・実績

楽しかったことはいつまでも記憶に残る。回を重ねるごとに複数回参加のこどもたちが、率先してより地域の未来を考えた提案が議論される。なかでも低学年のこどもの方が感性溢れるアイデアも多く、先輩たちを論破していく姿に、毎回スタッフは驚く。

そのため、主に企画を担当する学生たちも質の高い企画を立案する様になり、結果としてまちづくりの質の向上に繋がっている。

- 2004年（財）まちづくり市民財団「わたしの〃まち〃を美しく」アウトドア・クラスルーム登録　授与
- 2006年全国小学校の教職員に配布される「教室の窓・小学校図画工作」副読本に紹介例として掲載
- 第4回子ども環境学会・神奈川全国大会での招待スピーチ
- 第7回日本都市計画家協会特別賞「まちづくり教育部門賞」受賞
- 第1回ふじさわ景観まちづくり賞　まちづくり部門　受賞
- 2012年度～教育出版社刊：中学社会　公民　掲載（4年間）

図表 3-54「市長、副市長、副議長、教育長、市民センター長、そして片瀬地区自治連会長等来賓社からの講評風景」

・２０１３年度（公財）あしたの日本を創る協会 あしたのまち・くらしづくり活動賞 振興奨励賞受賞
・２０１４年ＪＩＡ公益社団法人日本建築家協会 ゴールデンキューブ賞 組織部門 優秀賞 受賞
・２０１６年都市景観大賞 景観まちづくり活動・教育部門 優秀賞 受賞
・ＪＩＡ関東甲信越大会 地域に根ざす建築作品・活動カタログ ２０１６地域特別賞・まちづくり委員会賞 ダブル受賞
・第１回ＪＩＡ神奈川デザインアワード２０１７優秀賞受賞

継続は力なり＝楽しかったことは記憶に残る＝参加者全員が楽しかったと思う事業

この事業が継続するための根幹をなすものは、こどもたちの感性をいかに導き出すか、である。

それは同時にフレッシュマンスタッフの新鮮な企画力にかかっている。

経験豊富な社会人スタッフだけで運営していたら、マンネリ化し参加したこどもたちから見放され、当に終了している事業であるとも言える。

成果物と評価

成果物：会議で決定した30年後の未来のまち模型（１／５００ １８００ｍｍ × ２４００～２７００）

評価：～足かけ24年続けてきた成果～〝人をつくり、まちをつくる〟ことを全員で共有されている。

①こども目線が地域を動かしている

その芽吹きを感じはじめている。多くの学生スタッフが、確実に自分の学校で論文等の発表をしている。そして参加したこどもたちから保護者への報告から、この活動の高評価を得だしたため、現在では抽選による参加となっている。併せて藤沢市をはじめとする、関係機関からもその評価をいただいている。

②こどもたちが大学生、社会人スタッフとして支える側に

一度は育ったまちを離れ、社会へと旅立ったこどもたちが、中心的なスタッフとして藤沢に戻ってくるようになりはじめている。またこの事業を体験した学生たちが他地域でも同様の開催をはじめている。

③ジュニアスタッフ制度を創設

卒業して中学生になったこどもたちが、ジュニアスタッフとして新しい学生スタッフに助言できる存在となっている。継続して参加するジュニアスタッフは、概ね皆勤賞・精勤賞を授与された、いわば“小さなまちづくり講師”である。はじめて参加する大学生たちを相手に、藤沢のまちなみの歴史や景観について説明している姿もたびたび見受けられる。

図表 3-55「第 24 回片瀬地区での皆勤賞 2 名、精勤賞 2 名の表彰式風景」

④学生スタッフ卒業生の継続的なサポート

ＯＢ・ＯＧとして委員会や当日社会人スタッフとして後輩たちの良きアドバイザーとしてサポートしている。この継続参加により、現役学生スタッフの協調力・企画力・忍耐力が養われている。

図表 3-56「第 24 回スタッフ」

⑤〝まちづくり〟は生ものである〟

ＩＴ技術の発達により、世の中が変化するスピードが増している中、こどもたちの感性を引き出す企画力にもスピード感ある対応が必須となっている。

安全におこなう企画だけでは、あっという間にこの手の事業は陳腐化することを、こどもたちの感性から学んでいる。

いまや、小学生がスマートフォンやタブレット、ＰＣを駆使して大学生以上に学んでいることは学生スタッフも驚いている。我々社会人のこども時代には考えられないことであるがこれが現実である。

いつでも大人たちが感じる「いまどきのこども」は不変なのである。

⑥もう一つの〝継続は力なり〟

助成や協賛を提供くださる団体、企業のみなさまのおかげでこの事業は成り立っているからこそ、継続できていることに、この紙面を借りてお礼申し上げる。

⑦23年間継続している建築士の役割

第１回大庭地区に参加し、第２回片瀬・新林地区開催前

に逝去した我が師、故佐賀和光が言ったことばがある。
「この事業が継続するために絶対に守らなくてはいけないこと、それは〝建築家は黒子に徹する〟ことだよ。数多のおとなたちによるまちづくりの失敗例を見れば、一目瞭然だろう。」
このことばは、彼を知るスタッフの胸に刻まれ、後輩スタッフに伝承しているからこそ継続しているし、また主役のこどもたちに愛されていることが何よりの財産なのである。

参加したこどもの年齢層：7歳～12歳（小学生）
参加したこどもの人数：１９９８年からのべ９３３名、２０２０年度21名（コロナ渦人数制限）
こども参加者が一番多かった年：２０１５年第19回湘南台地区55名参加

２０１７年第21回大会から、藤沢市と共催事業（市共催事業による優先開催市民センター・ホール予約のため）となる。併せて、先着順申込であった２０１４年頃から参加申込が募集人数の２倍以上となったため、保護者アンケートを実施した。その結果により参加者の抽選募集および傷害保険・資料・材料費として参加費１０００円を徴収することとなった。

活動期間：２０２０年片瀬地区は、11月14日（土）・15日（日）２日間午後（コロナ渦対応）に開催
スタッフ構成：社会人（建築家・行政職員・会社員他）15名、大学院生３名、大学生11名、高校生３名、中学生１名、合計33名

過去スタッフ参加した大学（院）生の在籍校名
慶應義塾大学・大学院、早稲田大学・大学院、日本大学、東海大学・大学院、関東学院大学、千葉大学大学院、中央大学、明治大学・大学院、東京理科大学、法政大学・大学院、東京大学大学院、湘北短期大学、東京工業大学、桜美林大学、目白大学、九州大学大学院、日本女子大学、産能大学、文化学園大学、東洋大学、上智大学、白百合女子大学、岩手大学、芝浦工業大学
以上21大学（短大含む）・８大学院

共催：藤沢市、湘南ボード
後援：藤沢市教育委員会

２０２０年度の活動報告

第24回ふじさわこどもまちづくり会議“片瀬地区”
参加したこどもたち数：21名
参加した出身校数　：12校
そのうち初参加者数：２名
皆勤賞受賞者　：２名
精勤賞受賞者　：２名

百年に一度の災禍
コロナ渦での開催

一時は中止も覚悟しながら、オリンピックと同じく２０２１年への延期を視野に入れての実行委員会を立ち上げた。そして、いまでは高齢者も利用するテレワーク・ミーティングを活用し、現地散策もスタッフ人数をしぼっての準備をおこなった。

幸いにも、藤沢市からも開催了承が得られ、保護者アンケートからも藤沢市基準に則ったコロナ予防対策をしての参加であれば、是非参加したい旨の報告を受け開催した。広報活動は、昨年参加者への手紙と藤沢市広報、そしてホームページでの記載のみでおこなった。

通常は、上記広報活動のほか、市民まつりにおいて前年制作のみらいのまち模型を展示してのチラシ配布、および藤沢市小学校校長会での紹介と、開催地付近の小学校と参加者が多い小学校への全生徒へのチラシ配布（８校程度）、その他メディア媒体からの取材がある。

今回の片瀬地区は１９９９年の第2回、２００５年の第8回、２０１１年の第15回に続いて、今回4回目の開催である。片瀬地域の特徴は、湘南のへそである景勝江の島を含む歴史に刻まれた観光スポットと、片瀬東浜、西浜のビーチ、片瀬漁港、そして武蔵野台地の最南端として、地形学上も価値がある地域である。もちろんこどもたちが大好きな鉄道、江ノ電、小田急線、湘南モノレールの停車駅を要していることもわすれてはならない。

今回参加したこどもたちは、通常の半分参加且つ半分以下のタイムスケジュールで例年以上の未来のまち模型を完成させた。

時短で完成できるか、正直スタッフは不安であったが、昨年までに参加した経験者を中心に募集（保護者同意）したからであり、みんなの経験が短時間で結果を出せたのだと思う。

結果、すばらしい30年後の片瀬のまちが生まれた。

そして、これからの新しいまちづくり基準がつくられた。
これはおとなたちのまちづくりにも大きな指針となる。

継続は力なり
コロナに打ち勝って、大きな財産を得た。

はじめて参加した大学一年生は、新たな校友を持たない中での参加で大変だったと思うけど、この経験を活かして学業に、そして次回のＦＣ３スタッフとして活躍することを期待している。

さて次回第25回のＦＣ３は、24年目にしてはじめて開催することになる善行地区を予定している。

新しく建て替わった善行市民ホールでの開催である。

当然、経験豊富な社会人スタッフも初めての開催地で楽しみにしている。

図表 3-57「30 年後の未来のまちの模型」

7 「支援」――建築市民相談ネットワーク活動

ＮＰＯ法人かわさき住環境ネットワーク（川崎）

永島優子

かわさき住環境ネットワークの誕生

かわさき住環境ネットワークがＮＰＯ法人（以下、「かわ住ネット」という。）の登記を完了したのが、２００４年８月でした。ちょうど「かながわ地域貢献活動基金」が運用を始めた時期にあたり、基金助成に応募し、２ヶ年連続で助成を受けた。助成金はパンフレット、住宅相談資料などの作成に活用したことに対し、あらためて、御礼申し上げる。

おかげさまで当会も、今年で、設立17年目となった。設立当初は、「少子高齢化」「住宅・建築物ストックの有効活用」などが問題となっており、優良なストックを形成するために、耐震化やバリアフリー化リフォームを行うことが、スクラップ&ビルドの終焉と共に、主流となっていくと思い始めた頃であった。並行して、消費者（居住者）の工事に関するトラブルも増えており、悪質業者によるリフォーム詐欺が、社会問題になっている頃だった。

阪神淡路大震災の記憶も新しく、安全に対しての不安が募る中、市民の方が安心して相談できる住宅相談窓口の必要性を考え、有志の建築士が手を挙げて、設立した。

住宅相談は、複雑な問題が絡まっていることが多く、一方向の専門家では、対応が難しく、解決まで至らないため、建築のみならず、医療、福祉、法律の専門家との連携を図る必要があり、マンパワーを集める手段として、ＮＰＯ法人設立を選択したのだった（図表３―58）。

かわ住ネットは、川崎市内を主な活動の場として、「誰もが安全で安心して暮らせる住環境の形成を目指す建築・医療・福祉・法律などのSpecialist Group」である。特徴として住宅・建築物・まちづくりなどの相談に応じ、そのニーズに的確に応える情報の提供や支援等を行うことにより、消費者の利益を保護し、高齢者など誰もが安全で安心して暮らせる住環境の形成に寄与することを目指している。

その活動目的を次のように定めている。

・まちづくりに関する地域活動に参加する。
・住宅建築相談を通じて消費者保護をはかる。
・様々な専門家のネットワークを構築する。
・住宅・建築物のストック活用に関する提案を行って行く。

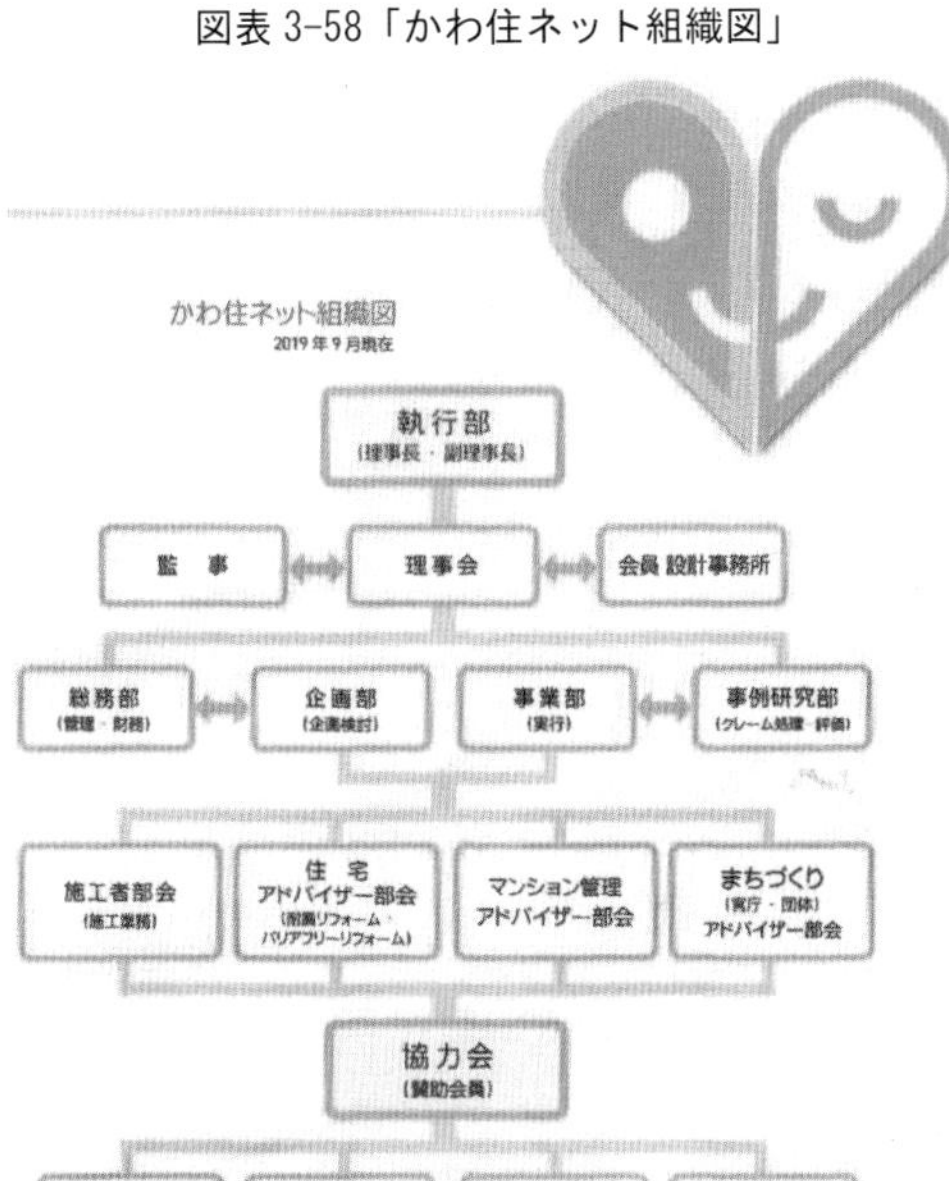

図表3-58「かわ住ネット組織図」

社会状況による相談業務の変容

設立から17年経過しても、諸事情は変わらず、それに伴う当会の活動方針、活動内容も変わっていないのだが、相談内容については、その時に起こった衝撃的な事故の影響が強く、その方面の相談内容が増えるということを繰り返してきたように思う。

最近では、２０１８年の大阪北部地震によるブロック塀倒壊による小学生の死亡事故や、２０２０年逗子市で起こったマンション敷地の斜面崩れによる高校生の死亡事故などが発生すると、ブロック塀や擁壁の相談が増えることになる。本来、私ども専門家は、常日頃から、問題を提起し、転ばぬ先の杖にならなくてはと、このような痛ましい事故があるたびに、強く思うところである。

かわさき住環境ネットワークの活動紹介

かわ住ネットの事業は、「住宅相談（窓口相談・現地相談）」「調査診断業務（耐震診断、不具合調査・アスベスト等）」「セミナー等の開催（市民向けセミナー・講師派遣・住宅相談会）」「育成事業（住宅相談アドバイザーの育成・リフォーム等施工業者母育成）」が主要な事業である。

当会の現状として活動は、「住宅相談」と「市民向けの啓発セミナーの開催」が中心となっている。

〈住宅相談活動〉

相談窓口の設置は、雑談に近い状態で川崎市に相談したところ、市が、住宅情報の施策における行政の、「市民へのワンストップサービスの実現」を検討している最中で、市民の住宅相談の在り方の見直しを行っていたため、興味を持っていただいたようで、結果としては、相談員の派遣を当会に依頼されることになり、活動の場を確保することができたという経緯があった。

住宅相談は、個人情報の問題だけではなく秘密主義的なところもあり、相談者が安心して個人的な相談ができる環境をつくることが重要である。よって、当会が、川崎市と連携しているという背景があることは、相談者にとっては信頼できる相談窓口となり、当会にとっても、活動を続けられる基盤になったと思っている。

〈市民セミナー開催〉

市民向けの啓発セミナーの開催は、住宅建築工事トラブル防止の目的と住宅相談窓口の周知のために実施している。ありがたいことに、本セミナーは、川崎市委託事業として、年2回行っている（図表3—59、60）。

このように、「住宅相談」と「市民向けセミナー」開催

図表 3-59 「2016 年市民向けセミナー開催会場」

は、車に例えれば両輪の関係であり、どちらも欠けてならない活動であると考えており、設立当初から今日まで、続けている次第である。

図表3-60 「2020年市民向けセミナー開催会場」

住宅相談の実施

住宅相談は、（一財）川崎市まちづくり公社ハウジングサロンにおいて、毎週火曜日と土曜日の午後1時～4時で窓口相談を行なっている（図表3―61）。

相談は予約制だが、無料。窓口相談で、現地相談が必要と相談員が判断した場合は、相談員が現地に赴き対応する現地相談の実施も利用可能である。これも初回のみではあるが、無料となっている。

相談員は、当会の一級建築士が、輪番制で担当している。現地相談において、建築士以外の専門家が必要と判断した場合は、当会の会員や賛助会員に同行いただき、対応することもある。

また、法律問題に発展する場合や、法律家の介入が望ましいのではと思われる場合は、当会会員の弁護士を紹介するなどして、問題解決のための連携をとっている。このように住宅相談のフィードバックの仕組みも充実させている（図表3―62）。

その他、川崎市民以外の相談や、相談対応に関する要綱に合わない方の相談については、当会の自主活動として対応している。

相談件数は、直近5年間を平均すると、窓口相談80件程

図表 3-61「ハウジングサロン」

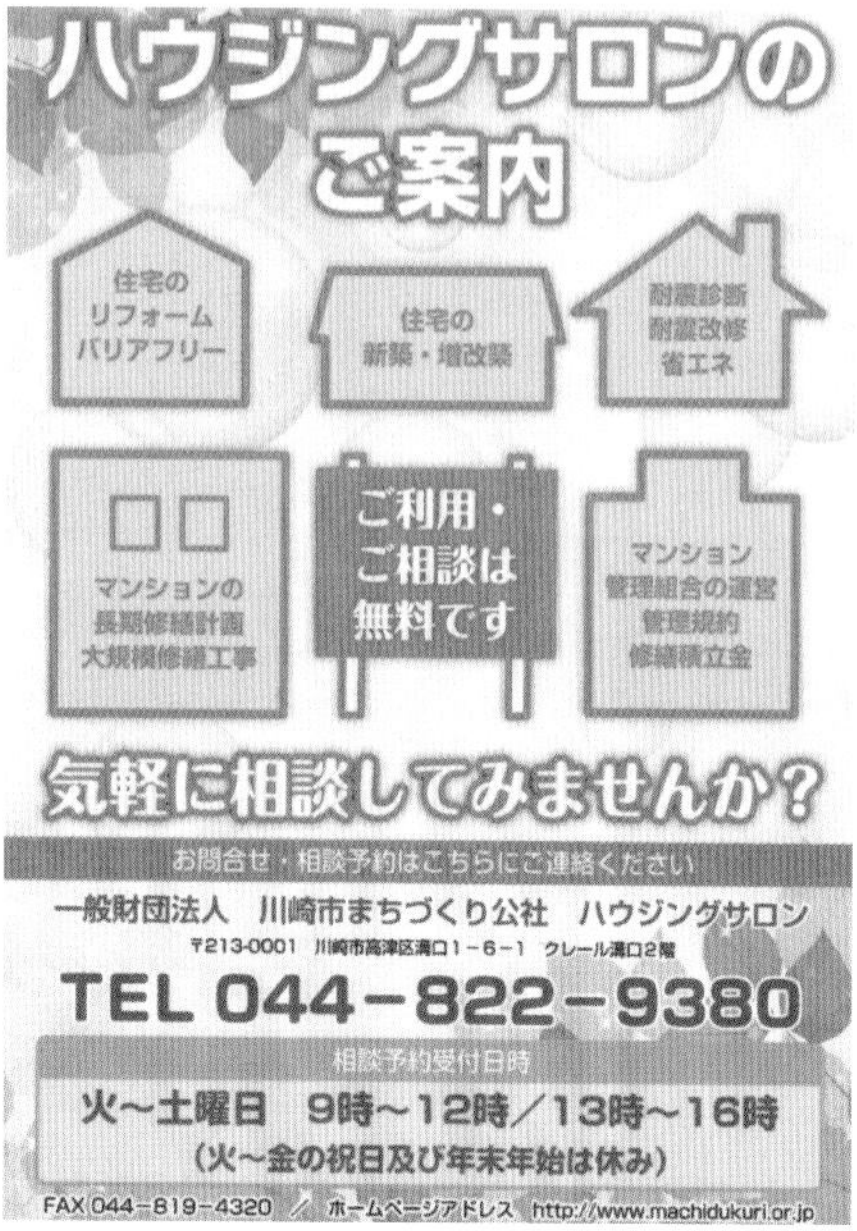

ハウジングサロンのご案内
住宅のリフォームバリアフリー
住宅の新築・増改築
耐震診断 耐震改修 省エネ
マンションの長期修繕計画 大規模修繕工事
ご利用・ご相談は無料です
マンション 管理組合の運営 管理規約 修繕積立金
気軽に相談してみませんか？
お問合せ・相談予約はこちらにご連絡ください
一般財団法人 川崎市まちづくり公社 ハウジングサロン
〒213-0001 川崎市高津区溝口1－6－1 クレール溝口2階
TEL 044−822−9380
相談予約受付日時
火〜土曜日 9時〜12時／13時〜16時
(火〜金の祝日及び年末年始は休み)
FAX 044−819−4320 ／ ホームページアドレス http://www.machidukuri.or.jp

度、現地相談は15件程度で、年間平均合計100弱の件数であるが、2011年の東日本大震災の時には、年間合計300件を超えていたのだから、どれだけ、世の中が混乱していたかが思い出される。

住宅相談員の業務

相談対象建物は、木造戸建て住宅から、団地型の分譲マンションの相談も対応しているので、一人の相談員に求められるスキルは、かなり範囲が広い。

建築基準法のみならず、関連法規や、建材認定工法の変

図表 3-62「住宅相談のフィードバックの仕組み」

住宅相談の流れ フィードバック体制
電話相談
電話での相談は、当番アドバイザーが担当します。
電話にて相談予約を受付します。
相談対応に反映させていくフィードバック体制をとっています。
フィードバック
相談窓口
相談者に相談窓口に来訪いただき、相談を受けます。
窓口相談は、無料です。
設計・工事など
現地相談実施
窓口相談の結果、必要であれば現地相談を実施します。
現地相談は、初回無料です。(1回3時間以内とします。)
提案書、見積書が承認されると契約をしてから、設計や工事など業務を行っていきます。
提案書(見積)提出
相談内容の解決方法として提案書を提出します。
設計、工事が必要な場合は、概算 見積を提出します。

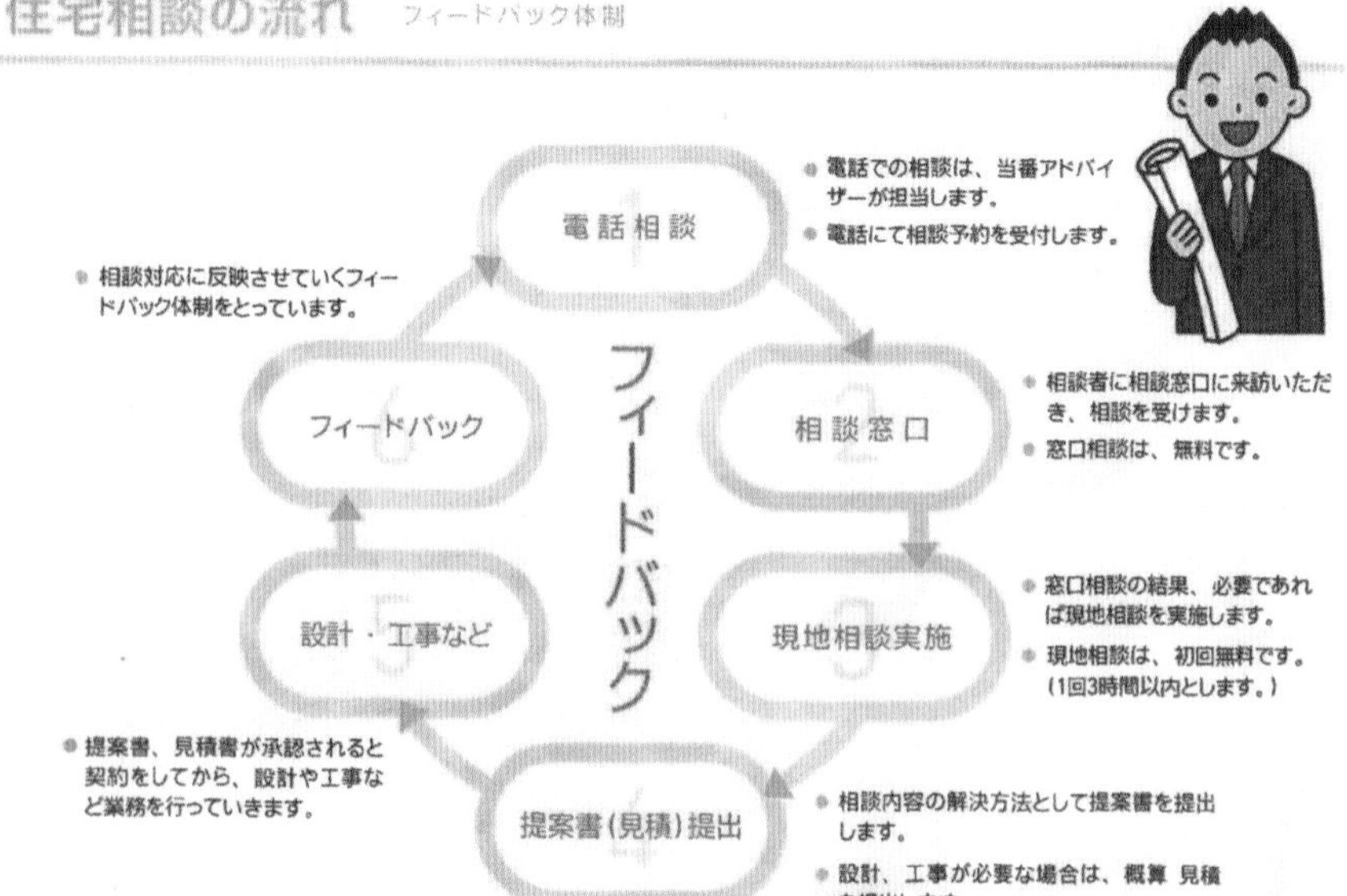

更なども、既存不適格に関係するので、リフォームの知識としては必要であるため、毎月行う会の定例会では、賛助会の協力もいただきながら、勉強会も実施している。

相談から、業務解決の手段として業務に移行する場合については、当会契約ではなく、相談員の個別契約で対応するようにしているが、それは相談と業務を別にすることが、第3者機関としての会の客観性を担保するためには必要だと考えているからだ。

しかしながら、相談を仕事に誘導することのないように内部チェックを行うことも重要である。受けた相談は、相談員同士で共有し、毎月行っている会の定例会で、相談対応の検証を行っている。

市民向けセミナーの開催

住宅リフォーム等のトラブル防止対策、市民の方への提案や啓発活動の一環として、年2回ほど行っている市民向けセミナーの開催だが、昨年の2020年度は、コロナ禍のため、オンラインによる開催を行った。

当会は、川崎市の委託事業として、今までに2007年と2015年に、「住宅リフォームのポイント」と題したリフォーム事例集（冊子）を発行している（図表3―63、64）。

図表 3-63「リフォーム事例集」

図表 3-64「住宅リフォームのポイント」

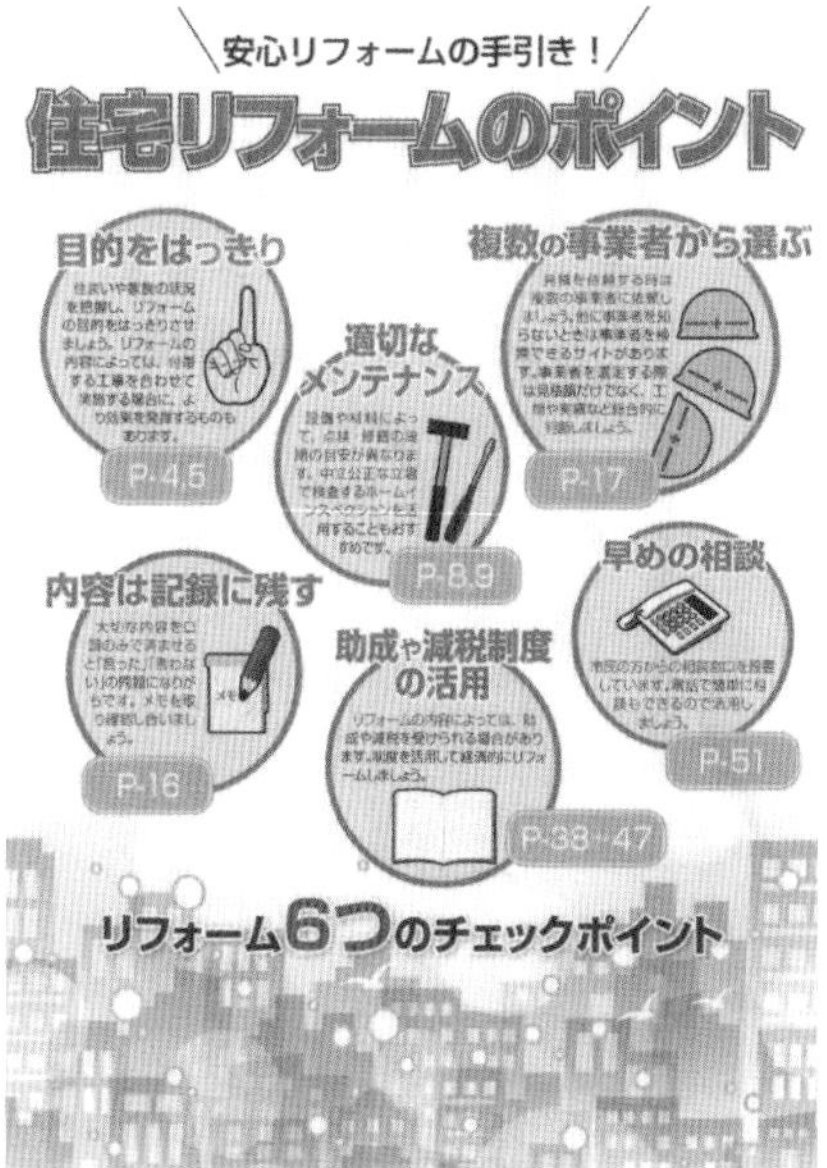

内容は、耐震やバリアフリーの必要性、工事発注の注意点、助成制度の活用、トラブル回避に必要な知識などを盛り込んでいる。

リフォームを検討している方の一助になればと考え、編集しており、市民向けセミナーでは、その冊子を教材として、活用し、解説を加えている。

２０２０年度では、第１回は「リノベーションで実現する理想の住まいづくりセミナー」（図表３—65）と題して、中古住宅のリフォーム事例や住まいづくりの方策について開催した。

第2回は「シニアいきいき！健康で安心な高齢期のための住まいセミナー」（図表３—66）と題して、高齢期に適したすまいづくり、初心者でも気軽にできる健康体操を開催した。

川崎市の委託事業以外では、出前講座として、講義することもあり、今年の10月には、高齢者施設での、「シニア向けの住宅リフォームのポイント」と題したセミナー講師を依頼されていることである。

これからの活動展望

相談者は、悩みを抱え、心労で健康まで害されてしまっ

図表 3-66
「第２回高齢者のための住まいセミナー」

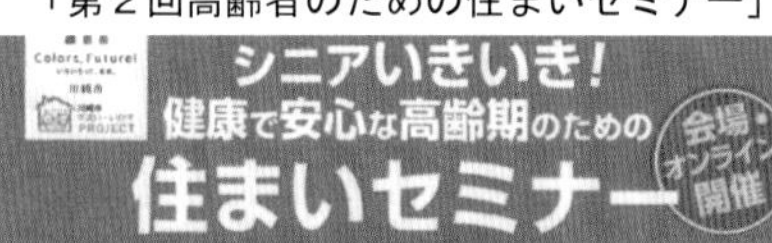

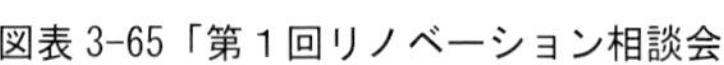
図表 3-65「第１回リノベーション相談会」

た方も少なくない。また、同じ建築技術者として、恥ずかしく思う関係者と関わることもあった。

このような経験から、住宅相談員に求められるスキルは、建築の知識だけはなく、人と人が、顔を合わせて行うのだから、どこかで、人としての心遣い、寄り添う気持ちと、技術者としての信念のようなものを持ち合わせることではないかと考えるようになった。

私も、相談を受けながら、「自分もやっているかもしれない」と、他人事だと笑えない事例が何度もあり、仕事でトラブルになることは、実は、紙一重であることを教えてくれる一面が、相談業務にはある。

このようなことから、相談員は、今までは経験豊富なベテランの方がやるものとしていたと思うが、逆に、相談から学べることも多いので、若い方に経験いただき、ぜひ、実務に役立てていただきたいと思っている。

建築士の社会貢献、地域貢献として、また、生きた建築技術を学ぶ場として、この相談業務を、受け継いでいただく担い手を増やすことが、私個人の目標かもしれないが、今後の役割であると思っているところである。

さらに、当会の活動主旨に賛同いただける会員と共に、長く続けていくことに意味があると考えているので、引き続き、ご支援よろしくお願いしたい。

４章

地域貢献活動・情報インデックス（履歴編）

1　歴史的建築物保全の活動履歴

（1）NPO法人　横浜山手アーカイブス

（旧山手歴史文化研究会）

松田典子

NPO法人横浜山手アーカイブスの活動

横浜山手に関わるすべての人々及び地域住民に対して、横浜山手に関連する歴史文化情報の収集及び提供に関する事業を行い、横浜山手の歴史文化の継承に寄与することを目的に「NPO法人横浜山手アーカイブス（代表：嶋田昌子）」が２０１０年６月に誕生した。

http://www.bluff.yokohama

NPO法人横浜山手アーカイブス（以下、「山手アーカイブス」という。）は２０１０年、山手２３４番館の実験活用に携わった市民を中心に、山手への広範な関心が契機となり、集まった建築、歴史、造園、都市計画、西洋館関係者など様々な分野の人々による勉強会からスタートした。

設立当初は「山手歴史文化研究会」という名称だったが、

図表 4-1「山手 234 番地で行われた展示会チラシ」

２０１８年にＮＰＯを取得し、現在の山手アーカイブスとなった。

活動は、展示会や講演会、相談会（よろず相談的な）を行ったり、冊子の作製や様々な問い合わせに答えしたりしている（図表４―１、図表４―２）。

中でも一番特徴的なのは、ＷＥＢサイト「BLUFF Archives」を運営、資料を随時更新している事ではないだろうか。

「ＢＬＵＦＦ Ａｒｃｈｉｖｅｓ」とは、２０１７年に山手居留地が１５０年を迎える事を機に、地域の歴史資料や記録を体系的に整理し、ブラフディレクトリ（住民録）の情報とともに、地番別にＷＥＢ上で公開しているサイトである（図表４―３）。

図表 4-2「展示会の様子」

１８６７年に外国人居留地に編入され、「BLUFF（ブラフ）」と呼ばれていた横浜山手地区は、外国人の住まいや公共施設などが建てられた場所で、関東大震災では壊滅的な被害を受けたが再興し戦前まで多くの外国人が暮らしていた場所である。

横浜山手の地番は、居留地時代の地番が現在に引き継がれ、ほとんど変化していない。それゆえ、その地番を歴史的に追っていけば過去に住んでいた人物やその土地にまつ

図表 4-3
「地番毎の居住者データベースと関連資料をWEBサイト「BLUFF Archives」として公開」

図表 4-4「山手の古地図」

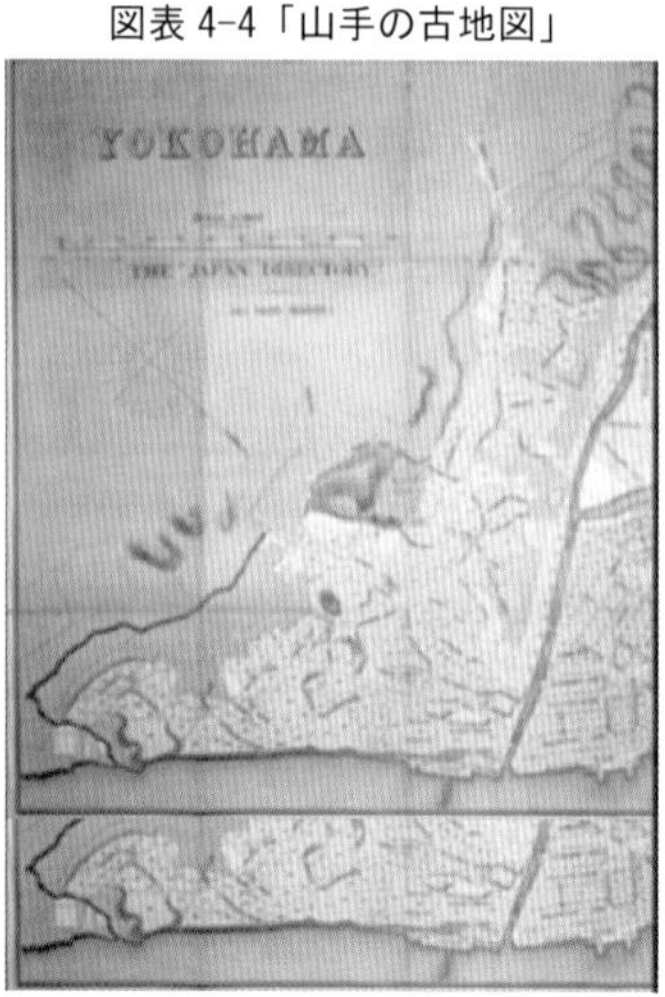

「現在の地図を検索」

わる様々な事が分かる（図表４―４）。

その地番の歴史が分かると、暮らしていたのが名前の知らない外国人であっても壮大な時間の流れと歴史のロマンを感じる事が出来る。それは、ロマンと共に地域としての価値も上がることではないだろうか？

助成金を受ける意義

神奈川県建築士会との関係は、山手歴史文化研究会時代に一度、山手アーカイブスとなった後も再度、地域貢献の助成金を受けて活動報告をしている。

助成金は主に、歴史資料を収集するのにかかった費用と「BLUFF Archives」のサイト運営に利用している（図表４―５）。このサイトには英訳も載せており、最近もニュージーランドからの問い合わせなど、年間数件問い合わせが来る。自分の先祖が日本に居住していた事を知り、どこにいてどんな生活だったかを調べている外国人は多い。WEB上サイトでは地球の裏側に住んでいる方とも簡単に会話できて、様々な事を簡単に調べる事が出来る。

そんな時代なのだ。オリンピックなどでさらに日本に関心が集まる今だからこそ、日本だけでなく世界に向けて発信し横浜の価値を高めるよい時期なのではないか。

横浜の中でも山手は歴史的に貴重な場所にも関わらず、関東大震災、戦災、高度成長期の開発など時代の流れの中で大きく変化した場所でもあり、開発記録など整備されていない事が多い。また、居住者や研究家、収集家の高齢化など、人々の記憶から失われていく危機に見舞われており、これらの歴史を整備することは急務である。

建築士が関わる事について

山手アーカイブスは社会の縮図のように様々な分野の人々が関わっているが、数名の建築士がいる事でよい結果

図表 4-5「ブラフアーカイブス情報」

※横浜山手の外国人居留地について WEB で検索できるおしらせと情報提供のチラシ

を生む。

相談を受け関わった事例で、敷地境界石に外国人名と番地が書いてある１９３９年築の家があった。調べると居留外国人の奥様が建てた家だった。戦前の古き良き時代の建物が残されている！　案の定、小屋裏には棟札が残されていた。建物の価値を見出し具体的なアドバイスが出来るのは、建築士という専門職であるからこそ。建築士冥利に尽きるシーンだ（図表４―６）。

また、写真などの資料から考証することもできる。専門家の目を持ってわかること、また建築以外の視点から推測なども合わせて行うことでの幅が繋がっている。

今後の展望について

毎月行っている定例会は常時10人ぐらいが集まる。どのような活動でもそうだが続ける事が大事。重荷ではなく楽しく活動できるかどうかがカギだ。

現在住んでいる土地の歴史を知り、それが歴史的価値を守っていく事であるという事を伝え、さらなる情報を集めサイトを充実させる。地域住民や行政、他の建築士などの関心を喚起し、社会的に認知されて貢献していく活動にしていきたいと考えている。

現在、地域や町内会から連携をしたいという問い合わせもある。かかわる人間が熱い思いを語れる活動は、土地だ

図表 4-6「新聞報道」

山手の居留地 探訪を

住人の変遷、建物画像

市民グループがデータベース化

※この活動は新聞でも取り上げられた。地域交流拠点 BLUFFInformation 暫定開設

けではなく、そこにその活動に関わる自分達の価値も上げる事になるのであろう。

(2) 住んで良し、来て良し、元気な町「藤沢宿」を願って　旧東海道藤沢宿まちそだて隊

湯本　敦

はじめに

旧東海道藤沢宿まちそだて隊は２０１１年9月、旧東海道6番目の宿場町であった藤沢宿をもっと元気なまちにしたいと思う地元商店や住民の方々等が集まり、商店街や行政等の協力・支援を受けて発足した、地域のボランティア団体である。「お蔵入りした藤沢宿のお宝を再び活かす、歴史ロマンを感る本物のストーリーづくり」を目標に、主に「地域資源を発見し、回遊する仕組みづくり」や「ノスタルジックから新しい『まち育て』への移行」を担うべく、発足当時から携わるメンバーに新たな賛同者を加え、チームワークを発揮した活動を続けている（図表4―7）。

かながわ地域貢献活動センターの助成を受けたのは２０１４年度から２０１６年度である。

図表 4-7「まちそだて隊の活動」

助成を受けて取り組んだ代表的な取り組みは３つである。1つに、藤沢宿の歴史的な建物や史跡、話題の個性的なお店等を取材し「Local Wiki」やSNS等を使って発信すること（マッピングパーティ）。2つに、昭和初期建造の町家で伝統的な染め体験（藍染や泥染）を開催し、歴史的な建物に触れる機会を提供すること。ともに、地域の発信拠点「蔵まえギャラリー」の協力を得て実施した。3つに、宿の「むかし、今、これからのものがたりを探して」を題目に「藤沢宿」冊子を作成すること。宿が歩んできた歴史、寺社・蔵と町家・老舗・歳時記に、お店や寺社の協力を得て

作成した記事やすてきな写真・手書きの絵地図・宿をめぐるすごろくを交え、宿の魅力をまとめている。

旧東海道藤沢宿まちそだて隊の活動

①発足とこれまでの取り組み

２０２１年は、旧東海道藤沢宿まちそだて隊（以下「まちそだて隊」という。）が発足して十年の節目にあたる。藤沢宿周辺に多く残っている「地域資源（蔵や町家、寺社、史跡等）を活かしたまちそだて」の実現に向けた活動を実施し、旧東海道藤沢宿を地域ブランドにしていくことを目的としている（図表４―８）。

図表 4-8「藤沢宿とまちそだて隊」

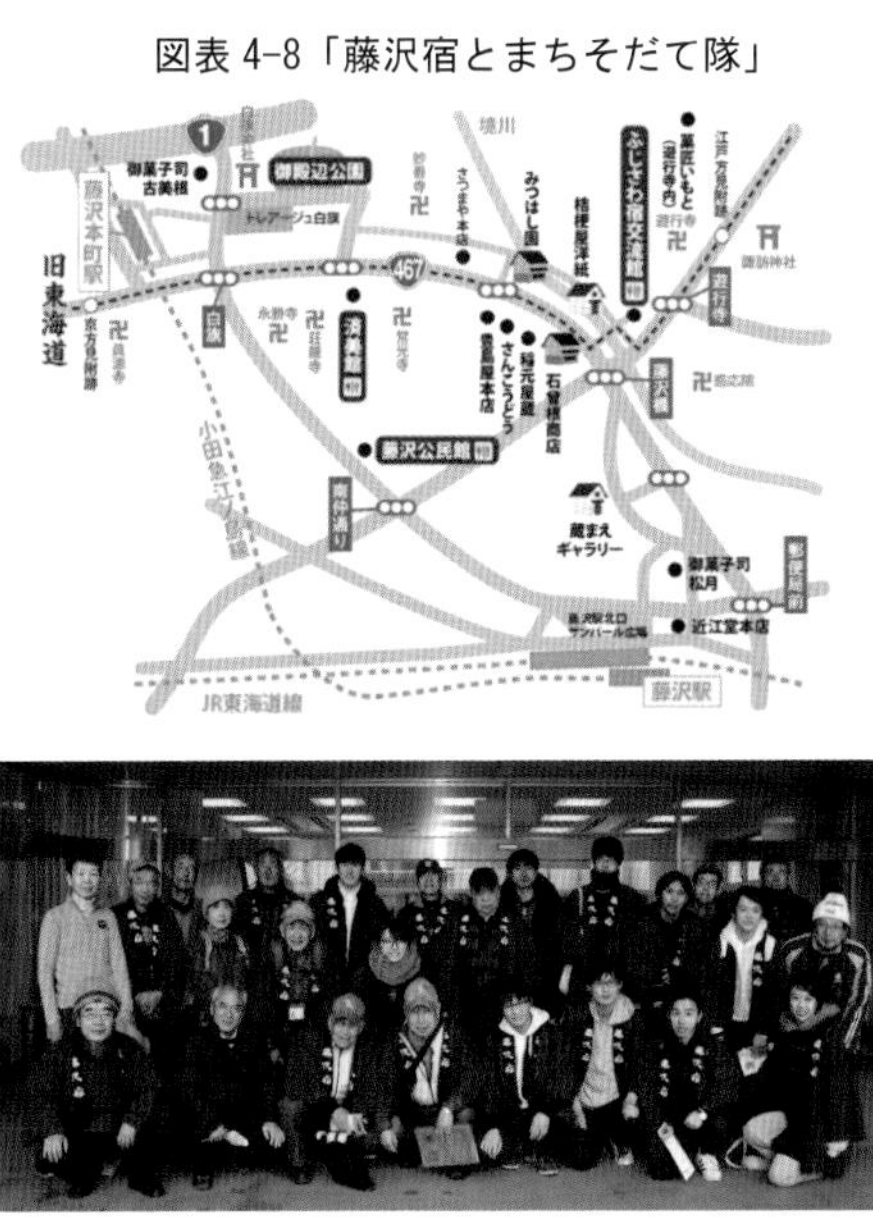

活動スタート時は、街を歩いて地域資源を再認識する「街歩き調査」に取り組んだ。藤沢駅から藤沢本町駅までを何回も歩き、商店街のお店や寺社等へのインタビューを重ね、地域資源を発見した。

これまで、職人技術を体験するワークショップの実施、ガイドクラブと連携したガイドツアーの実施、地域商業者による朝市の開催、ＳＮＳ等を活用した歴史資源や魅力ある商店の情報発信等に取り組んできた。なかでも代表的な取り組みである「藤沢宿まつり」は、こうした様々な取組みを総合化した、毎年の恒例行事として開催を続けている。

②地域との関わり

まちそだて隊の取り組みは、藤沢宿に係わる多くの団体や学校、商店街・商店、旧家を守る方々、ボランティア、行政等の協力に支えられ、十年間続いている。これはまちそだて隊の各メンバーが宿への思いを持ち続け、一つずつの取り組みを地域とともに大事に進めてきたことの証である。「藤沢宿まつり」の開催を継続するとともに、その時々に生じる地域や個々の課題に寄り添い取り組んできたことが、隊の現在の立ち処を形作っている。

主な取り組みの概要

①藤沢宿まつり

「藤沢宿まつり」は、毎年初春の頃、まちそだて隊が地元のグループや商店等、地域と協同して開催しているもので、恒例の行事として地域に定着しており、世代を問わず多くの方々で賑わう。かつて付近にあったという徳川家康や家光が宿泊した藤沢御殿の名を残す「御殿辺公園」を中心に、藤沢宿全体を会場としている（図表4―9、10）。

図表 4-9「御殿辺公園会場」

御殿辺公園会場では、地元の名産品や食べ物を扱う屋台が並び、ステージでは地元の子どもたちによるお囃子やマーティングバンドの演奏をはじめ、キッズダンスのグループがまつりを盛り上げる。

商店や市の施設では、地元の方を講師に招いて、古くから受け継がれる技を体験する「なりわい体験ワークショップ」を開催している。毎回人気あるイベントである。また、

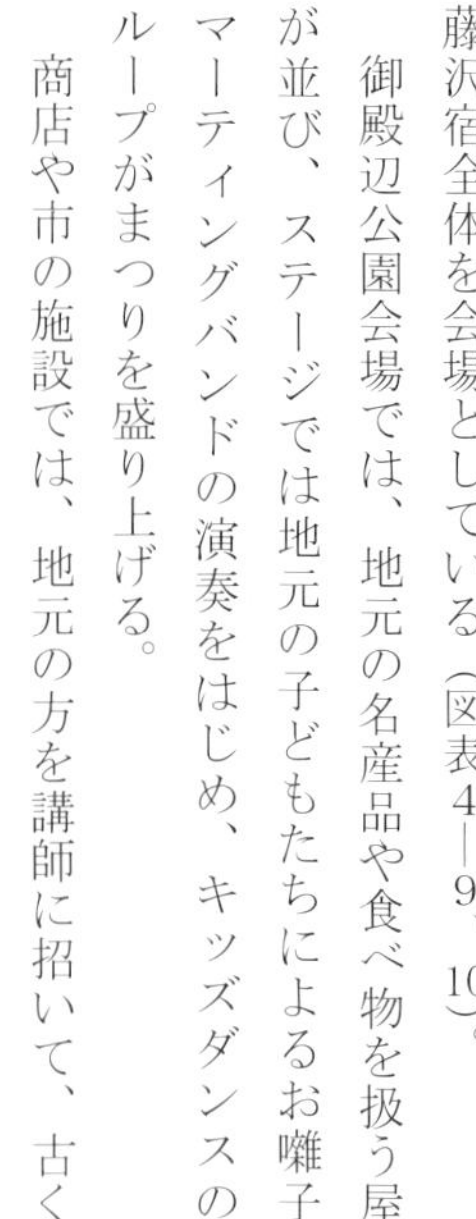

図表 4-10「様々な体験学習」

宿を楽しく回遊してもらえるよう、蔵や町家をめぐるガイドツアーや、老舗店舗等をめぐるスタンプラリー、宿の歴史を紹介するパネル展、お雛様めぐり等を実施している。

まつりの開始イベントには、藤沢宿の魅力を様々な角度から知ってもらうために、外部講師を招いた講演会を開催するとともに、中学生による研究発表に合わせて、地元ならではの身近な昔話を聞く機会を設けた（図表4―11）。

②通りを飾る赤い布看板（旗）

地元作家の協力を得て、藤沢宿の目印とする赤い旗を制作したものである。藤沢宿まつりに合わせて通り沿いのお店に掲げ、宿全体でまつりの雰囲気を盛り上げた。

図表 4-11「講演会・藤沢宿の赤い看板」

③藤沢宿絵図

２０１９年、ふじさわ宿交流館と共催して「藤沢宿絵図」を作成した。散策に便利でチャーミングなパンフレットである（図表4―12）。

図表 4-12「藤沢宿絵図」

発行：ふじさわ宿交流館
（公益社団法人藤沢市観光協会）
制作：旧東海道藤沢宿まちそだて隊

これからの活動

かつてこの地域が宿場町として栄えたこと、いくつもの店蔵が並んでいたことなど、「藤沢宿」というまちのものがたりを、ここで育つ子供たちに伝えるために、活動を続けていく。

発足して十年を経過したいま、少しずつ変わりゆく街並みとともに歩む中で、これまでの活動を振り返るとともに、「旧東海道藤沢宿を地域ブランドにしていく」ための取り組みを進めていく。

【参考文献・出典】

旧東海道藤沢宿まち育て隊「藤沢瓦版」（第8号）

（3）神奈川まちづかい塾

相馬立夫

鎌倉明月荘とまちづかい塾の誕生

まちづかい塾（以下、「まち塾」という。）は、２００８年6月から明月荘の清掃と茶の湯を行っていた市民と、神奈川県の邸園（歴史的建造物）保全活用推進養成講座修了生（ヘリテージマネージャー）有志が集まり、２０１０年1月30日、明月荘に於いて発足した。

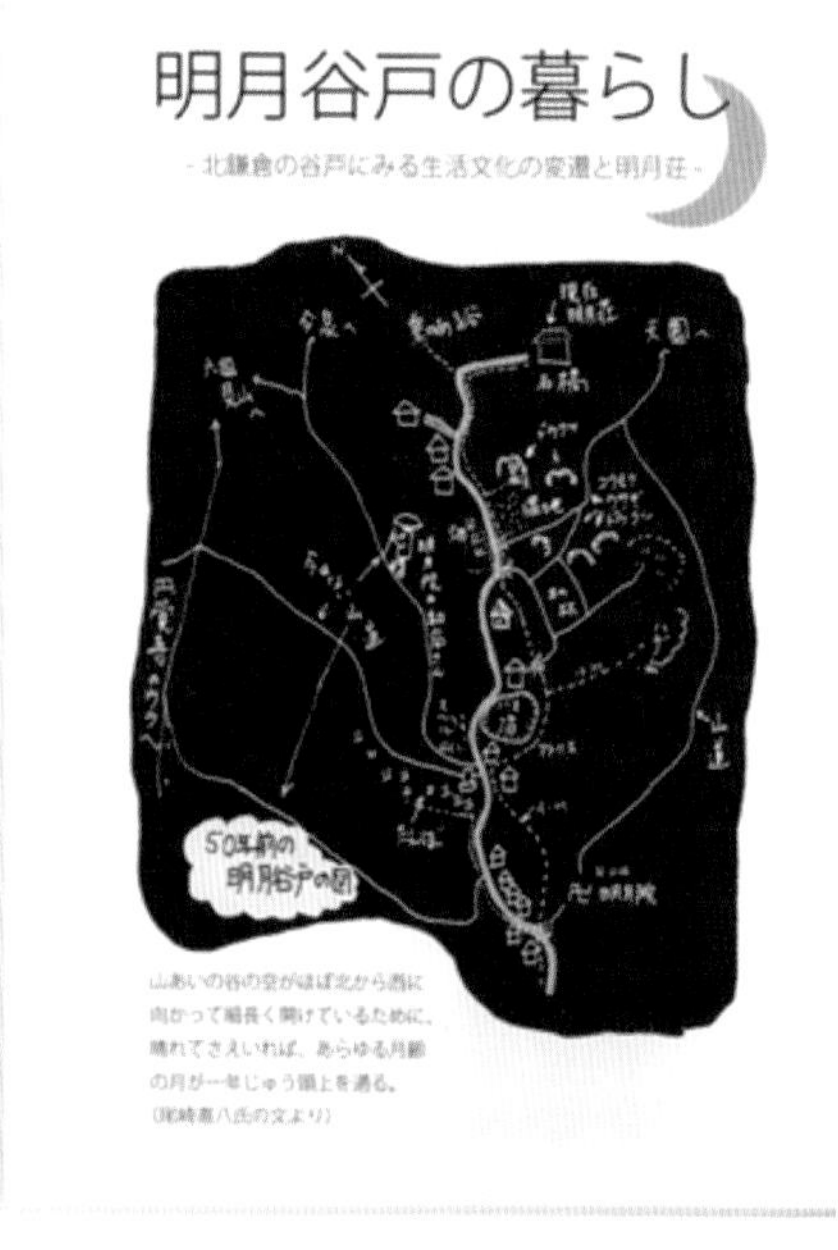

図表 4-13　小冊子「明月谷戸の暮らし」

まちづかい塾の沿革

会発足以前、２００８年6月から2０１０年までは有志で母屋と茶室の清掃、草取り、その後に茶の湯を楽しむ活動を、ほぼ月2回の割合で実施。

２０１０年3月鎌倉市より明月荘の神奈川県への返還及び閉鎖の発表がされた後、近隣住民および市民から、使い続けたいという声を受け、明月荘への関わりが本格化していった。

図表 4-14「明月に係わる人々」

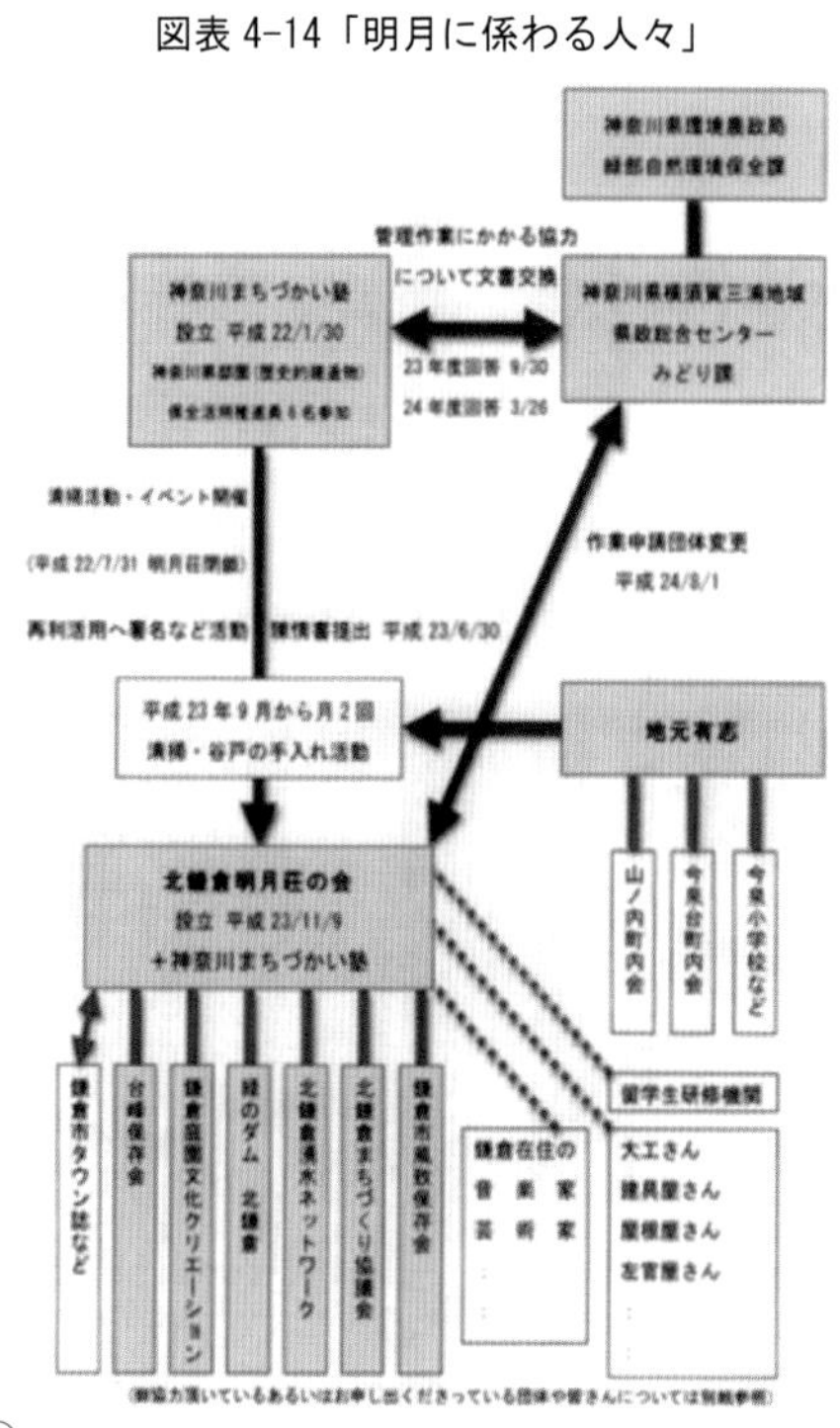

明月荘の再解放・再利用を求める署名活動、神奈川県議会への陳情書提出、同陳情書の審議結果が保留事案となったことを受けて、神奈川県に対し手入れボランティアの申し入れを行った。

また、明月荘と地域とのかかわりを記録に残すことを目的に昭和初期から平成に至る地域の生活文化史、・小冊子「明月谷戸の暮らし」を発行した。この小冊子（図表4―13）は活動経費募金活動に大いに役立ったという。発行に際しては、地域貢献活動センターの助成金が活用された。

２０１４年４月には、神奈川県とまち塾は「北鎌倉明月荘県民協働事業協定」を締結、明月荘の維持保全利活用の活動を開始した。

本活動で特徴的なことは、まち塾を核に地域の諸団体、近隣住民、市民と協力体制を組み神奈川県と協働協定を結び、官民協働の広い体制で活動を行ったことである。活動に際して、建物修繕工事に対する県の予算措置はなく、まち塾と県民・市民が協力し明月荘に於いて募金イベントを実施し調達された。

この間の活動は多彩かつ充実したものであり、その主な内容を以下に挙げる。

①毎月の母屋と茶室の清掃及び小修理工事、周辺の水はけ整備、竹林・周辺樹木林の手入れ活動
②ほぼ毎月募金イベントを実施（図表4―15）
③募金活動に並行して建物修繕に関する工事及び予算関係資料を計画立案
④募金額が目標に達すると修繕工事計画案に沿って工事を実施
⑤県産木材による修繕工事の可能性と段取りについて関係各所と検討協議、現地視察、「北鎌倉明月荘における県産木材の利活用に関する協定書」締結
⑥緑地ゾーニング計画立案

⑦明月荘を市民・県民に広く一般公開し利用を開始できるようにするための検討協議
⑧県立東部総合職業技術校に対し、実務教材として明月荘を提供し、庭木選定整備を実現
⑨各種助成団体・財団への助成金申請
⑩他団体との幅広い提携と交流

となる。これらの活動の詳細は、２０１５年10月発行の「北鎌倉明月荘保全利活用報告書２００９〜２０１５年３月２２日」に詳しくまとめられている（図表４―16）。

これらの活動は活発、順調であったが、２０１５年３月22日未明、まったく火の気がなかったにも拘わらず出火、明月荘は母屋、茶室ともに全焼した（図表４―17）。

このため、先述の北鎌倉明月荘県民協働事業協定は県とまち塾双方合意のもと、破棄され明月荘での全活動は終結した。

同月、予てからの県の要請を受け、まち塾は特定非営利活動法人となった。

図表 4-15「明月荘で行われた様々なイベント」

図表 4 -16「明月荘修理の記録」

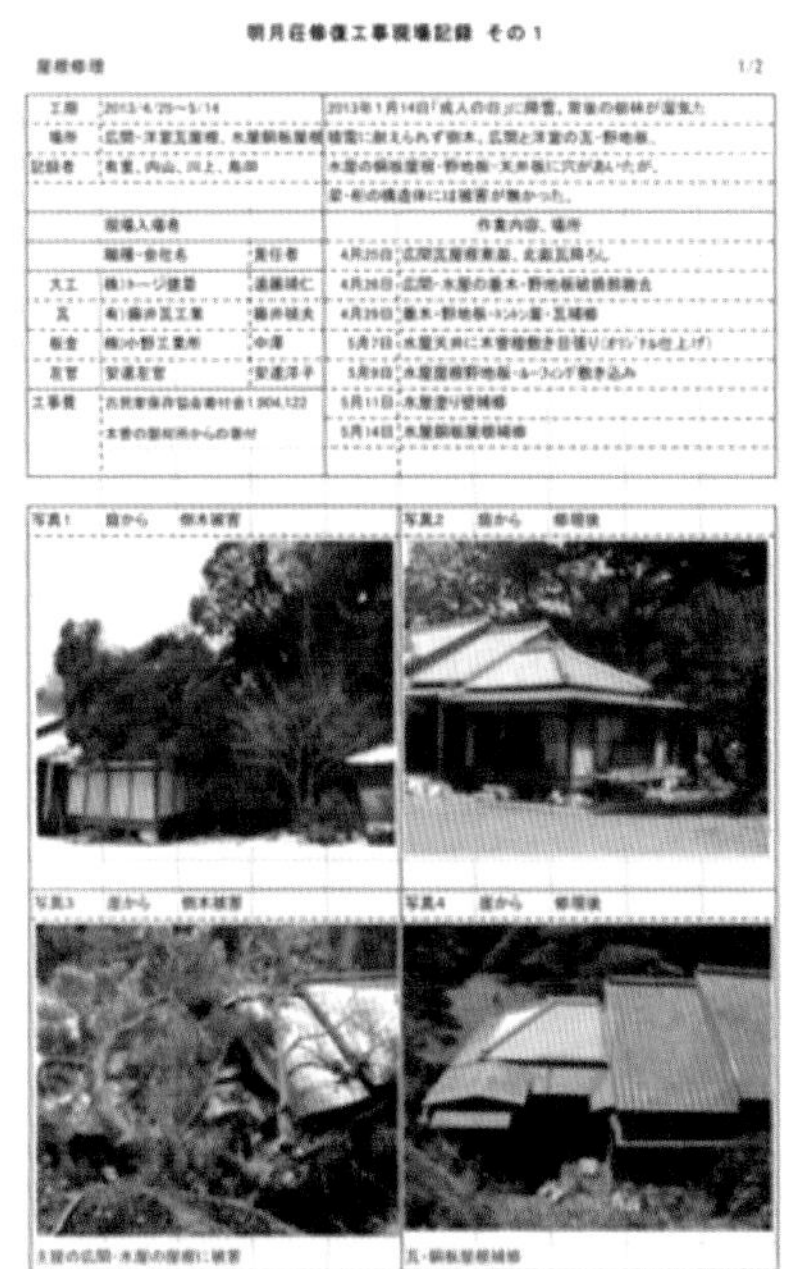

明月荘修復工事現場記録 その１

屋根修理 1/2

屋根修理 2/2

図表 4-17「明月荘の現状と焼失」

※明月荘の焼失

※明月荘の焼失前

小田原板橋内野邸での活動

内野邸は小田原市板橋で三代にわたって醤油醸造業を営んでいた旧家である。まち塾は２０１１年11月から内野邸の見学予備調査、所有者内野氏との意見交換を経て、建物を保存する方法をともに考えることで一致、活動を始める。

２０１２年初頭には数度に及ぶ清掃、埃払い、家財具の整理整頓を行い、３月に内野邸の専門家への公開、５月からは一般公開、イベント開催にこぎつける。

ここでの活動内容は多彩、多岐にわたり、地域の特性・歴史性、地域の住民との交流、茶の湯や畳等の日本文化、伝統建築等、様々な切り口で内野邸及び板橋を紹介し多層なネットワークを紡ぎあげ、内野邸の価値を発信する基礎を築いた。

この間の活動記録は「小田原板橋の内野邸保全利活用活動報告　２０１１年１１月～２０１２年12月」に詳しく記載されている。この報告書の作成にも地域貢献活動センターの助成金が活用された。

内野邸は店舗兼主屋他が２０１７年10月27日　登録有形文化財に登録されている。

図表 4-18
「小田原内野邸の保存利活用活動報告書」

小田原板橋の内野邸
保全利活用活動報告
2011年11月～2012年12月

神奈川まちづかい塾

この活動の一部は、(社)神奈川建築士会「かながわ地域貢献活動センター」の助成金により実施されました

現在の活動　小田原豊島邸他

まち塾では、この他に、小田原市豊島邸において、２０１６～２０１７年にわたり実測調査、劣化調査、沿革踏査、残存財調査、周辺環境調査、利活用計画等の提案等を行っている。豊島邸（一月庵）は現在小田原市により整備活用事業が進められている。

２０２１年現在、昨年よりの新型コロナ禍の影響により対面での活動等ができにくくなっているが、まち塾ではほぼ毎月のペースでウェブ上の勉強会を開催しており、歴史的建築物の保存活用、かながわの歴史や文化についての研鑽を図っている。今後とも、着実でしなやかなで深度のある活動を期待したい。

【参考文献・出典】

特定非営利法人　神奈川まちづかい塾「北鎌倉明月荘保全利活用報告書２００９～２０１５年３月22日」（２０１５年10月22日発刊）

特定非営利法人　神奈川まちづかい塾「小田原板橋の内野邸保全利活用活動報告　２０１１年11月～２０１２年12月」（２０１３年５月）

図表 4-19 「小田原豊島邸　一月庵」

※豊島邸立面図

２ 環境・景観まちづくりの活動履歴

（１）邸園文化を守り育てる 鵠沼の緑と景観を守る会

長瀬光市

邸園文化を守る活動の誕生

東海道線が１８８９年（明治22年）に開通し、さらに、１９０２年（明治35年）に藤沢～片瀬（現江の島）間に江ノ島電気鉄道、１９２２年に小田急電鉄の江ノ島線の開通により、鵠沼地区の利便性が高まり、それまでの大規模別荘地から住宅地として開発されていった。

大規模な別荘建築が織りなす邸園文化（邸園とは、「別荘等の歴史的建造物と緑豊かな庭園や周辺の自然環境」総称）と、中小の和風建築が重層的に黒松と織りなす変化のある湘南の景観を創りだしてきた。これらの建造物の敷地は豊かな緑に覆われ、玉石や竹垣など特色ある外構を形成した。

バブル経済崩壊後、持ち主の相続や企業資産処分などを背景にその多くが失われはじめた。１９３２年に築造された洋風別邸建築である「渡辺邸」が、２０００年に取り壊すという話が持ち上がった。

この動きを契機に、鵠沼在住の有志により、歴史的価値のある建造物を保存するために「渡辺邸と文化財を考える会」が発足した。その後、渡辺邸は取り壊されたが、鵠沼の緑と景観と由緒ある建造物の保存運動を維持していくことになり、「鵠沼の緑と文化財を守る会」が２００２年４月に発足した。

その後、文化財より「景観」を主張すべきとの会員の総意により２００４年に「鵠沼の緑と景観を守る会（以下、「守る会」という）。」に名称を変更した。

守る会の目的は、鵠沼に残された緑と景観を守り、鵠沼らしさを大切にした住民参加のまちづくりを継続的に行うことである。発足以来、２００５年３月には、会員数１４５名と着実に運動の輪が広がっていった。

鵠沼の緑と景観を守る憲章の制定

守る会の機関誌「鵠沼の緑」から、活動状況を読み解くと、２００５年～07年にかけ、次のような活動方針を掲げ、積極的な取り組みが行われてきたことが伺える。

①意識向上のための学習手段としての「景観シンポジウム」の開催。

②歴史的建造物である「旧後藤医院」などの保存運動の展開。

③鵠沼のシンボル「黒松」を植えよう運動と鵠沼住民への苗木の配布活動。

④鵠沼地区内にある2箇所の邸園清掃活動。

⑤鵠沼地区内のニコニコ自治会・松風会・松波会・五友会などとの「景観を守る」地域ネットの形成。

⑥邸宅・邸園に関する情報収集活動。

⑦「鵠沼の居住環境に関するアンケート調査」「景観資源マップ調査」の実施と結果報告会の開催。

⑧機関誌「鵠沼の緑」の毎月の発行。

⑨「緑の憲章」の実現を目指した会員や地域住民との意見交換などである。

２００５年10月、鵠沼公民館まつりで提案した「鵠沼のみどりと景観を守る憲章案」について、会員や地域の皆さんから様々な意見を頂き、内容を精査した上で、同年10月に「鵠沼の緑と景観を守る憲章」が定められた（図表４―20）。

図表 4-20 「鵠沼のみどりと景観を守る憲章」

鵠沼の緑と景観を守る憲章

「未来に希望が持てるまち　　鵠沼」

私達「鵠沼の緑と景観を守る会」は、緑多い良好な住宅地として鵠沼の魅力を活かしつつ、次世代まで住み続けることが出来るように、鵠沼に住む人達と事業者、そして行政の協力のもとに「豊かな緑と景観を守り、人々がふれあい、ほっとする未来に希望が持てるまち」づくりを目指し，鵠沼の文化を究め、次世代に語り伝える努力をいたします。

「良好な景観は国民の共通の資産である」との景観三法の基本理念のもとに、鵠沼にお住まいの皆さんに、広く呼びかけ、

松の木を守り，増やし，緑が多く、安心して暮らせるまち
鵠沼の歴史や価値ある伝統を受け継いだ建造物の残るまち
住んでいる人もこれから新しく住む人も暮らしやすいまち

をつくることを宣言し、「鵠沼の緑と景観を守る憲章」とします。

平成１７年１０月１６日　鵠沼の緑と景観を守る会

出典：「鵠沼の緑」第 14 号

この憲章を旗印に、鵠沼地区に残された緑の景観や歴史的建造物などの文化財を守り、鵠沼らしさを大切にした緑の普及と景観づくりに向けた活動を継続的に行うこととした。

このように市民が連携し、地域資源である鵠沼の緑と歴史的景観を守る活動に対して「かながわ地域貢献活動センター」は、守る会に対して2005年～2007年の3年間に45万円を助成した。助成内容として活動始動期の緑と景観を守る住民アンケート調査、歴史的建造物調査などに対して地域貢献活動センターが、後方支援を行った。

一方で、相続に伴う広大な敷地跡地の細分化が頻繁に行われ、黒松や敷地内の緑が次々と伐採さる状況下にあった。守る会は「土地・建築・みどりの心配事いろいろ」相談ホットラインを設け、みどりの会や緑の専門家とのネットワークを強化した。

この活動を通じて、植栽の移設や開発事業者に対する貴重な樹木保存に係わる協議を通じ、少しずつ活動の成果が現れた。

歴史的建造物である旧後藤医院の保存・活用の実現、

守る会の活動方針である歴史的建造物の保存運動に、2007年、旧後藤医院の保存・活用の朗報がもたされた。

図表 4-21 「旧後藤医院」鵠沼橋市民の家

「旧後藤医院」（図表4―21）は、1933年の建設で入母屋造、銅板瓦棒葺、外観は杉板の洋風下見張り、開口部に二重窓が取り入れるなど和洋折衷のつくりとなっていた。戦前の鵠沼の風景を思いださせる、きわめて重要な景観資源である。所有者から売却の意向が示され、かねてからこの建造物を高く評価していた「守る会」や「鵠沼を語る会」

などの市民団体が、2007年2月、「市民の社会活動に幅広く役立つ場にしてほしい」と藤沢市に要望書を提出し、保存運動を展開した。

藤沢市は、所有者から旧後藤医院を借り受け、「市民の家」として保存・活用するために修繕費・借地料等を盛り込んだ補正予算を同年6月市議会に提出した。

保存運動の中心的役割を担ってきた守る会の北村裕彦は「守る会が2002年に設立されたきっかけは、邸宅を文化財にしようという運動だった。旧後藤医院は入院用に考えていたのか、小部屋が並び、放課後の子ども達の学習の場にも使えるのではないか」と、新聞社のインタビューで語っている。

2008年1月に旧後藤医院は「鵠沼橘市民の家」として生まれ変わり、「市民が自由に集い、語らい、学びそしてふれあう場」として、多くの市民に利用されている。

2010年には、和風と洋風の要素がうまく混ざりあった建物外観や、戦前期の医院建築を残す貴重な建物でもあることから、国の登録文化財となった。

2013年10月「旧後藤院医院」の所有者、塩原芳雄氏から藤沢に建造物と敷地が寄贈されることになった。

社会的問題を解決する「市民団体」への深化

守る会は、みどりと景観を守り育てる活動を通じて「自分ごと」を「みんなごと」の好循環に変えることで、地域も社会も良くしようと5年間、市民活動を展開してきた。

藤沢市都市景観条例の改正に伴い、地域住民による地区の都市景観形成に寄与することを目的とした、一定条件を満たす団体を、市が認定する「都市景観市民団体」制度が創設された。

「鵠沼の緑と景観を守る会」は、鵠沼地区を中心として活動し、松の苗木の配布や鵠沼の邸園住宅に関する調査などを行ってきた。このような継続的な、まちなみへの啓発・啓蒙に取り組んでいることが評価され、2007年5月景観市民団体第一号に認定された。

また、鵠沼のみどりと景観を守り、歴史的建造物を守り大切にする住民参加のまちづくりを推進してきた活動が評価され、2007年7月、財団法人「まちづくり市民財団」から、「まちづくり人」として認定された。

守る会は「松と邸園が残るまち」を目指して、神奈川県建築士会、NPO法人邸園文化調査団などと協力して歴史的建造物を調査し、詳細な設計図や部材データを作成・蓄積してきた。独創的なのは、建造物の解体が余儀なくされたとき、建物の部材、庭の木や石を引き取り、市民に斡旋する活動を行っている。

それはガラス1枚でも再利用し、鵠沼邸園文化の片鱗を次世代に残したいとの思いであった。このような活動は、地域住民を信頼関係でつなぐことからはじまり、地域内・県内の他の市民団体とのつながりの地域ネットワークへと人と情報の輪が広がっていった。このような情報収集と発信、鵠沼地区内の自治会や活動団体とのつながりづくりは、守る会代表の北村氏の温厚な人柄と人を引きつける魅力があったからこそ、人と人の関係性を持つ、つながりのネットワークが形成されたと思われる。

景観市民団体第一号認定を契機に、守る会の組織である「みどりの会」を通じて、みどりと景観の問題に対応できる「市民景観アドバーザー」認定制度をつくり、担い手の養成をはじめた。その活動は、市民が文化・景観・みどりを守ることの大切さを体系的に学習・体験し、緑のパトロールで地域が抱える情報を一元化することにより、美しいまちなみを次世代に継承することを目的にしている。

具体的な活動事業は、①「みどりの講座」を開設し、初級〜上級の3段階で学習を行う。その内容は専門家によるワークショップで体系的な学習。②市民景観アドバイザーによるみどりのパトロールの実践活動。③「みどりの手帳」は、市民景観アドバイザーなどに配布され、学習履歴、ボランティアへの参加記録が記入でき、みどりと景観に関する日常活動の指針、注意事項などの情報が記載されている。

邸園文化の継承を目指した活動の展開

尾日向邸は、1928年に経営者の別荘としてた建てれた建造物を1953年に尾日向竹重の手に渡り、良質な別荘建築が庭園とともに、今もその姿が現存する貴重な歴史的建造物である。守る会は、2008年頃から尾日向邸の邸園の清掃活動を毎月行っている。一方で、尾日向邸の洋館・和館は、戦前期の湘南中規模別荘建築の様相を良く伝える邸宅として保存すべきと、歴史的価値を評価し、登録文化財としての保存運動を推進してきた。

その後、所有者の理解を得て、守る会の推薦と藤沢市教育委員会の協力、建築士会などの専門家による調査書の作成、文化庁による審査などを経て、2018年3月に尾日向家住宅（図表4—22）は、念願が叶い「登録文化財」の仲間入りを果たした。

高木和夫氏は1919年から鵠沼に居住して「鵠沼を語る会」の古くからの会員で、1995年から2期4年間会長に就任し、後に顧問となった。高木氏が死去し、遺言により、旧高木和男邸が「高木ふれあい荘」（図表4―23）として利活用されることになった。「高木ふれあい荘」は、地域の会合やサークル活動の場、ボランティア「ささえ」の鵠沼地区の拠点になっている。守る会は、高木ふれあい荘の邸園の清掃活動に参加し、邸園文化の継承活動を担っている。

２００４年４月に「守る会」が発足して以来、代表を16年間にわたり努めてきた、北村裕彦氏が勇退することになった。

代表代行を、３０代の原悠樹氏に引き継ぎ、守る会の仲間数人とワーキンググループを運営し、今後の守る会の活動のあり方を模索はじめている。

図表 4-22「登録有形文化財尾日向邸」

図表 4-23　「高木ふれあい荘」

戦中生まれ世代と団塊の世代が連携し、鵠沼の邸園文化の危機を感じて「鵠沼の緑と景観を守る会」を発足させた。その活動は、地域資源を守り、地域価値を地域住民と共有するための運動であった。

つながりのネットワークを継承して老壮青の連携と若い世代のエネルギーを注入することにより、これからも「みどりと景観」の価値共創の好循環を生み出すことを期待したい。

本文は原代表代行とのヒアリングや提供を頂いた資料をもとに筆者が執筆したものである。

【参考文献・出典】

北村裕彦「鵠沼のみどりと景観を守る会の活動・季刊まちづり」（学芸出版社、２００７年12月）

鵠沼のみどりと景観を守る会「鵠沼の緑」（第１号～14号、第16～45号、第１４９号）

北村裕彦「都市のルネッサンスを目指して、鵠沼を鵠沼らしく～緑と小径の佇まいを守る」（月刊地方自治職員研修、２００８年８月）

（2）ＮＰＯ法人葉山環境文化デザイン集団

相馬立夫

くれ竹の郷 葉山構想

２０００年度に葉山町は、「くれ竹の郷　葉山」（歴史的建造物保全活用事業支援業務）と銘打った構想を打ち出し、行政と町民の協働型「地域創造プロジェクト」として、歴史的建造物の保全と活用に関する調査・研究、ワークショップ等による周知活動、試験活用計画の検討を行った。

部会活動として、公募町民を中心に建物巡りツアー懇談会、保全活用フォ ーラム、実験活用など、町民を巻き込んだワークショップを行った。

ＮＰＯ法人葉山環境文化デザイン集団

部会活動終了後、葉山環境文化デザイン集団（以下、「ＨＤＩ」という。）が２００１年５月に発足。２００４年12月に神奈川県からＮＰＯ認証され、以下の理念で現在まで活動を続けている。

〈保存〉　葉山の歴史的建造物や景観を大切に保存
〈活用〉　葉山に醸成された固有の文化の維持活用
〈継承〉　葉山らしさを求め、次世代へ継承
〈創出〉　新しい葉山の魅力の創出

地域貢献活動センターの助成金は、会発足初期の２００４年より３か年にわたり助成され、町民、葉山町、ＨＤＩの協働による、調査研究、まちづくり構想の提案に活用された。

図表 4-24 「別荘文化セミナー」

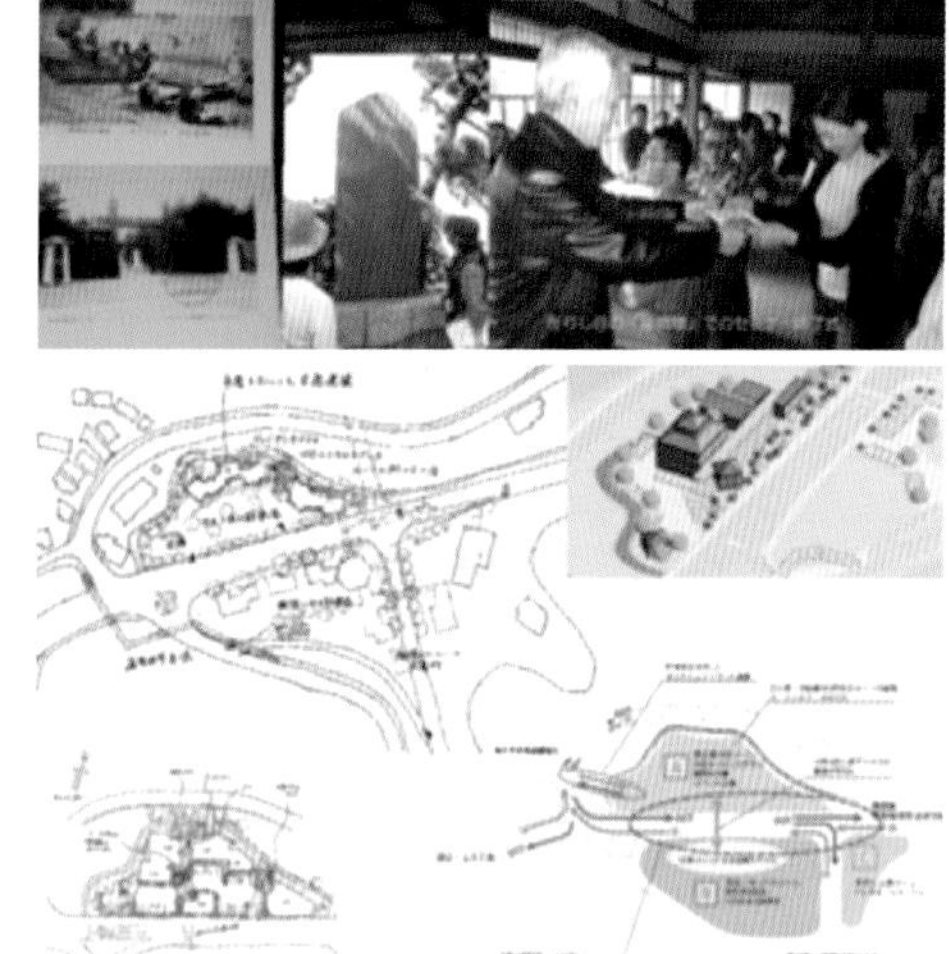

※グランドデザインの提案・南郷活性化プロジェクト」

その後ＨＤＩは、まちあるき・別荘文化セミナー（図表４―24）景観ワークショップや様々なイベントを名とし続け、その流れは、２００６年、官民協働により、新たな文化発信や地域住民と来訪者による多彩な交流の場として保全活用し、地域の活性化につなぐ「邸園文化圏再生構想」の事業として、「湘南邸園文化祭」へともつながってゆく。当文化祭でＨＤＩは毎年多様なイベントを企画し、歴史的建造物及び庭園，まちなみ等の保全と活用に関する情報を発信し続けている。

葉山の別荘　葉山のこみち　他の出版

ＨＤＩはまちあるき、景観ワークショップ等の成果を、葉山のこみち（２００５）、葉山の別荘時代（２００６）、葉山の別荘（２００７）等の本として出版し、葉山らしいまちなみ、歴史的建築物等、はやまの原風景のヴィジュアルの発信、価値の共有化に貢献している。

葉山の別荘時代、葉山の別荘については、２０２１年版が出版される（図表４―25）。

「葉山の別荘時代」
改訂版 2021

「葉山のこみち」2005

「葉山の別荘」2007

図表 4-25
「景観ワークショップの
成果の出版」

歴史的建築物の追跡調査

街歩き等を通じて、別荘他歴史的建築物等の記録、気づかれない逸品・佳品の発見、間隔を置いた建造物等の残存滅失調査、所有者への声掛け、等も行っている。ちなみに、葉山の別荘（２００７）掲載21棟のうち２０１９年６月現在、滅失７棟、現存14棟となっている（図表４—26）。

旧玉塚栄次郎別荘（元音羽楼）跡地開発の景観保全活動

森山神社に隣接する、御用邸を建設した大工が手がけたという貴重な別荘建築は残念ながら解体されてしまったが、せめて参道沿いの樹木を保存するなど、葉山らしい原風景を残した利用ができないか、意見交換を経て、区画分譲ではなく賃貸としての開発に変更、敷地分割を避け、既存の樹木を可能な限り維持しつつ、参道の鎮守の森を保全することができた（図表４—27、28）。

図表 4-26 「歴史的建築物追跡調査・別荘等の残存生滅失状況」

※別荘等の残存滅失の状況

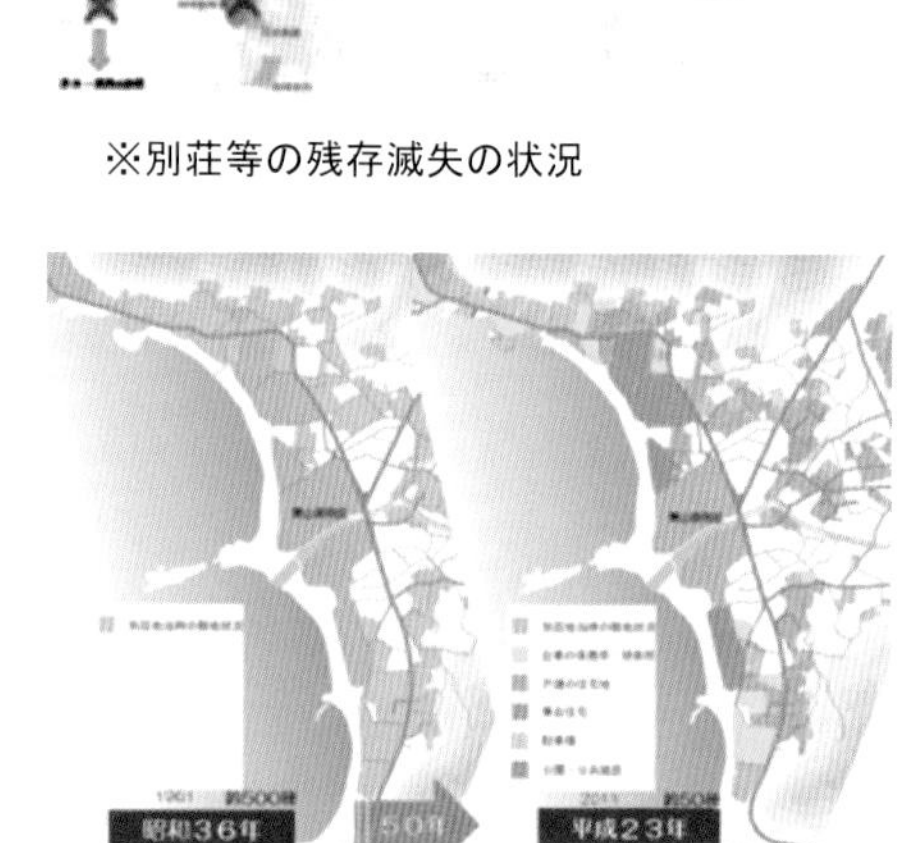

※歴史的建築物追跡調査

図表 4-27 「旧玉塚次郎別荘跡地の開発景観保全活動」

図表 4-28 「旧音羽邸跡地の開発への提言」

音羽楼跡地開発への提言／音羽楼跡地開発を考える会との協働

御用邸

※音羽邸跡地開発を考える会との協働

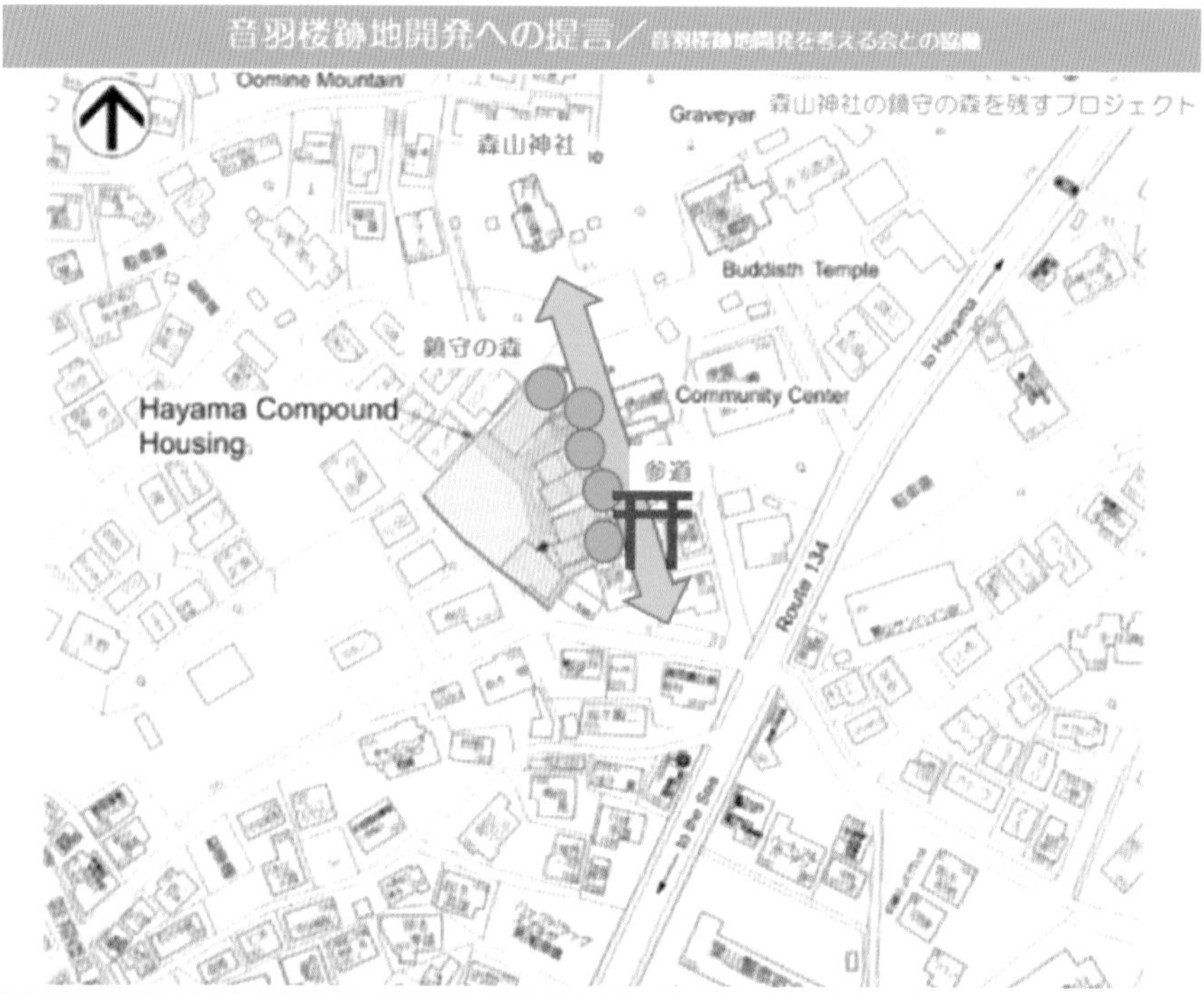
音羽楼跡地開発への提言／音羽楼跡地開発を考える会との協働
Oomine Mountain
Graveyar
森山神社の鎮守の森を残すプロジェクト
森山神社
Buddisth Temple
to Hayama
鎮守の森
Community Center
Hayama Compound
Housing
参道
Route 134
to the Sea

音羽楼跡地開発への提言／音羽楼跡地開発を考える会との協働
区画分譲から賃貸住
宅開発に変更し、
森山神社の鎮守の森
を残すことができた。
A
C
保
B
鎮守の森
創
A
C
B

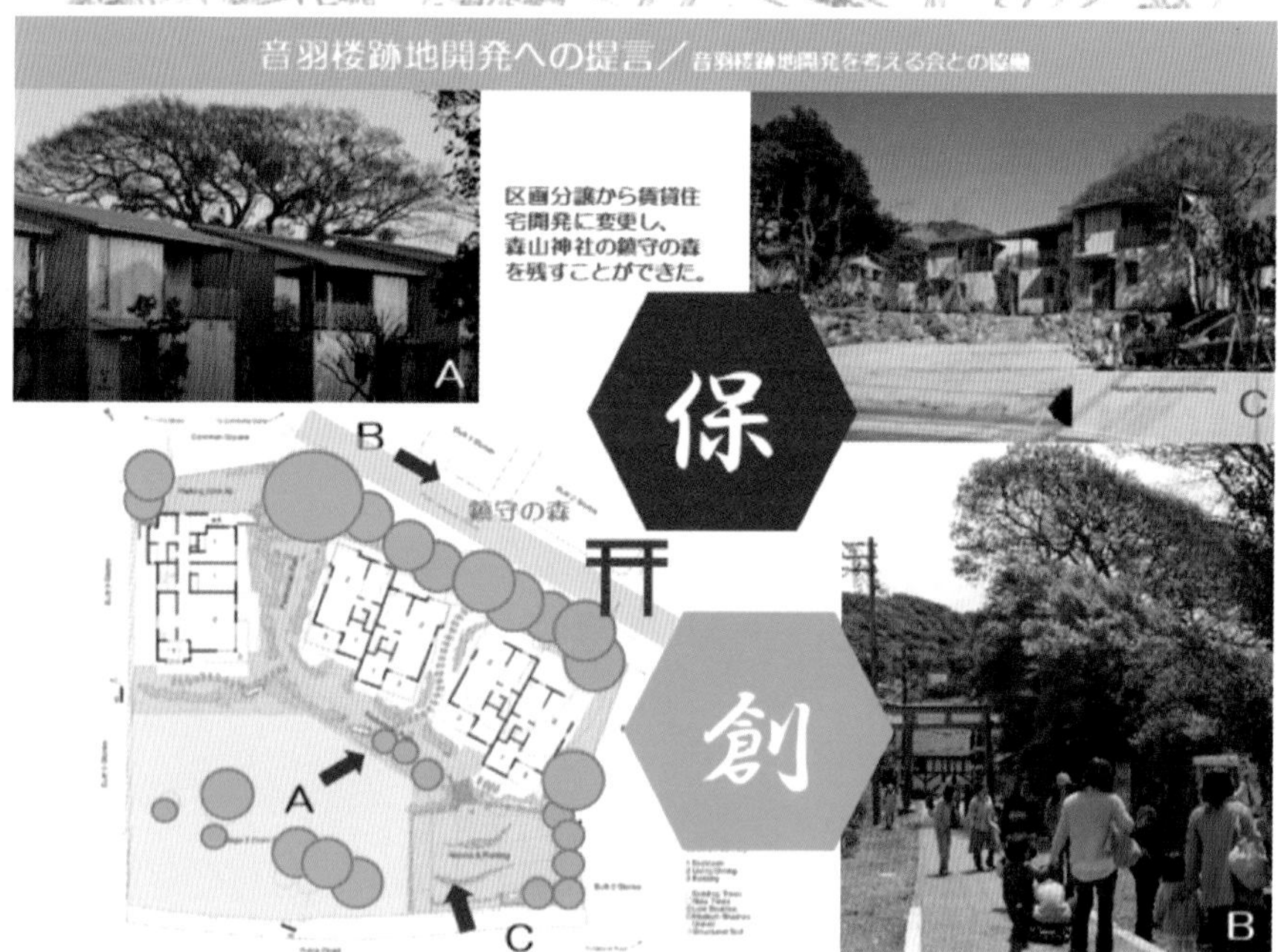

旧平野邸ーワークショップ・クラウドファンディングを利用した保存活用

旧平野邸は築約90年の日本家屋、ＨＤＩ現代表の高田明子さんが所有者の姪から高齢で施設に暮らす叔母の思いを受けとめこの家を残したいと相談を受けたことから活動が始まった。

ひろく参加者を募った「平野邸いいとこ探し」、「むかしのくらしをまなぶワークショップ」「こみちツアー」等さまざまなイベント・ワークショップで幅広い層への情報拡散・意識共有，浸透をはかってきた。同時に、鎌倉市のまちづくり会社エンジョイワークスに協力を仰ぎ、「宿泊」も「スペース利用」もできる、参加型一棟貸しの宿泊施設として、２０１９年11月より、投資型クラウドファンディング（図表４―29）の参加者を募り、２０２１年1月より運営を開始している。第一期の運用期間は２０２５年３月までの予定である（図表４―30）。

図表 4-29 「旧平野邸保存活用のクラウドファンディング提案」

平野邸 Hayama

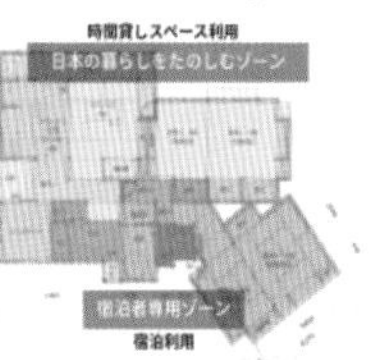

平野邸 Hayama

「宿泊」も「スペース利用」もできる、一棟貸し宿泊施設

■ 宿泊料金：定員14名　(チェックイン16:00～/チェックアウト～11:0

10名様まで一律40,000円～70,000円

※曜日や季節、ご利用人数によって変動します。

※10名を超える場合は1名につき、2,000円追加となります。

■ スペース利用料金(12:00～18:00)

6時間利用（一般の方）20,000円　（葉山在住の方）6,000円

3時間利用（一般の方）10,000円　（葉山在住の方）3,000円

投資家特典

★投資家限定！ 利用割引券・無料券

*特典の有効期限は１年間。「宿泊」も「スペース利用」もご利用いただけます。

投資額	割引率	利用回数
10万円	10%引き	1回使用可
30万円	30%引き	1回使用可
50万円	無料	1回使用可
100万円	無料	2回使用可

特典のご利用要件は下記の通りです。

・ご利用期間　：2021年 1月 1日～2021年12月末日

・ご利用不可日：金曜日、土曜日、祝祭日前日

2021年 1月 1日～2021年 1月11日

2021年 4月28日～2021年 5月 5日

2021年 7月 1日～2021年 8月31日

2021年12月20日～2021年 12月31日

★2口以上の投資でスペース利用料が葉山価格に！

2口10万円以上の投資いただいた方は、葉山価格でスペース利用が可能です。

ファンド運用期間中（2025年3月31日まで）、回数無制限でご利用いただけます。

平野邸 Hayamaの公式ウェブサイトはこちらから！

リノベーションした建物の写真、スペース利用や宿泊施設の利用案内からいままでのイベントにいたるまで多くのコンテンツをご紹介しております。

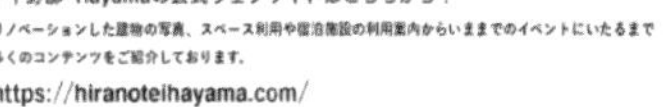

https://hiranoteihayama.com/

募集情報

本匿名組合契約の名称	葉山の古民家宿づくりファンド
出資形態	匿名組合契約（商法第535条に定める匿名組合方式）
営業者	商号 株式会社エンジョイワークス 所在地 神奈川県鎌倉市由比ガ浜１丁目10番９号 代表取締役 福田 和則
取扱者	営業者と同一（自己募集）
出資金募集総額	1,500万円
出資単位	1口金5万円（1口以上1口単位）
申込期間及び払込期間	2019年11月22日～2020年12月15日 ※払込期間のみ、末日が銀行休業日の場合はその日以降最初の銀行営業日までとします。
会計期間及び運用期間	4年3カ月 開始日：2021年 1月 1日 終了日：2025年 3月31日
契約期間	本匿名組合契約成立日（お客様の申し込んだ日によって異なります）から会計期間終了日まで
決算日	分配の基準とする決算日は毎年3月末日として、匿名組合員に対する分配金額の計算を行います。決算報告書（分配明細書）は、営業者所在地に備え付けると同時に、取扱者よりお客様の登録メールアドレスに電磁的方法で送付する、または営業者のウェブサイト上に設けられるお客様専用ページに記載いたします。
利益分配	匿名組合員への1口あたりの分配金額は、以下の計算式により算定します。 分配額＝当期利益/募集総口数
決算報告日	決算日から3か月以内
分配日	決算日から4か月以内
税金	利益部分に20.42%の源泉所得税がかかります。（復興特別所得税を含みます。）
他費用	・管理報酬：匿名組合出資金総額に対して年額3% 年額45万円(税別) ・銀行手数料 ・税理士に対する本匿名組合の決算料 ・弁護士費用 ・その他本件関連契約に基づき本組合が負担すべき費用
譲渡・解約	クーリングオフ期間経過後は、営業者の事前の書面又は電磁的方法による承諾がある場合に限られます。

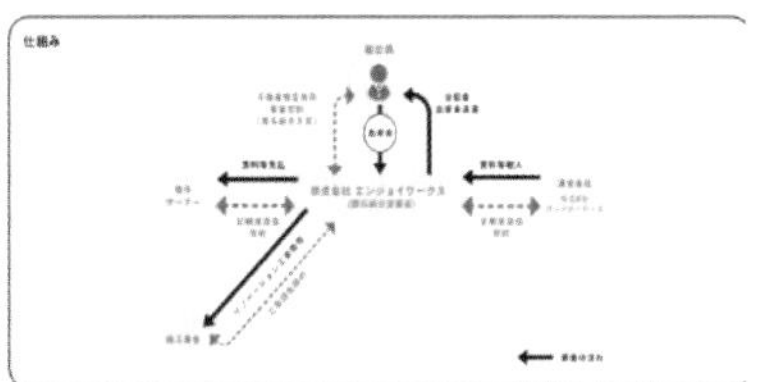

※ 本案内に記載のイベントでは、ご紹介する投資商品等の勧誘を行う場合があります。

※ 出資金から管理報酬を年度毎に、その他銀行手数料等をご負担頂きます。

※ 事業の状況により、利益の分配が行われない可能性及び返還される出資金が元本を割る可能性があります。リスクの 質その他、詳しくは契約成立前交付書面や匿名組合契約書等をよくお読みください。

図表 4-30 「旧平野邸いいね探し WS と改修計画」

旧平野邸の「いいね」探しWS

WSに基づいた平野邸改修

コロナ禍の活動状況

現在、「新型コロナ禍の影響により活動が思うように行かないなか、平野邸を中心として、葉山おためし移住、子育てリアル相談、地元素材のランチ、葉山の暮らし、地元の食材の情報提供や調達、地元料理人による料理提供など様々な情報発信を試みている。

以上の他、加地邸　旧足立邸　旧東伏見の宮別邸　田辺邸他葉山に現存する別荘建築の保存利活用についても、現況の確認・記録、イベント開催、情報周知、マッチングへの関与等積極的にかかわってきており、今後とも継続が望まれる。

【参考文献・出典】

ＮＰＯ法人　葉山環境文化デザイン集団
代表　高田明子／辻 吉隆
ＮＰＯ法人　葉山環境文化デザイン集団　葉山のこみち（２００５）、葉山の別荘時代（２００６）、葉山の別荘時代改訂版（２０２１）、杉浦敬彦著　葉山環境文化デザイン集団協力　葉山の別荘（２００７）

（3）ＮＰＯ法人ときめき箱根

芝　京子

ときめき箱根発足記念ハートフルフォーラム

ときめき箱根は、美しい自然、変化に富んだ景観、きれいな空気、水、箱根十七湯の温泉、各地区特有の文化風土を生かし、心豊かで安心して暮らせる町、来訪者に心から感動と安らぎを与えられる町、住んで良かった、来てよかったと感じられる街づくりを目的としている。

２００３年11月21日、元箱根のレクアリーナ箱根の大

図表 4-31
NPO 法人ときめき箱根
パンフレット

みんなで
箱根の自然を守り育てよう
特定非営利活動法人(NPO)
ときめき箱根

図表 4-32
「ときめき箱根ハートフルフォーラム
チラシ」

ホールに、朗々と響き渡る、特定非営利活動法人ときめき箱根（以下、「ときめき箱根」という。）の趣意が読み上げられた。

２００３年11月17日許可をいただいて、初めての活動、「ときめき箱根ハートフルフォーラム」が開始した。能楽囃子大倉流太鼓　米倉正之助氏の太鼓演奏が、ときめき箱根の船出を祝うかの如く、大鼓から醸しだされる音に、ＮＰＯ法人としての活動や任務など、不安と期待が頭をよぎり、ただ太鼓の音が、大きく、私の心に響いていた。

箱根と自然、切っても切れないつながりの言葉である。手を加えられている自然、まだまだ全くの自然そのもの、その中で私達は日常生活を普通に営んでいる。また、箱根の自然を求めて来訪される方々によっての観光立町という面の箱根町もある。

社会の都合、政治の都合、様々な都合で、環境が変化する今、特に景観に関しましては目を見張るものがあった。その様な話題から、町内・町外の有志によって一年前から小さな活動をしている中、結論として、箱根の歴史、自然環境他、勉強会などをしながら、その中で、「なんとかしたいね!!」この一言がＮＰＯ法人設立につながった。

ハートフルフォーラムにおいて、地域のパネラー、地域外のパネラーの皆様の思いを発言していただいた中の、心に残るパネラーの言葉を紹介する。

まず、アグネスチャン氏「子供達にとって楽しい町になってほしい」。

大倉正之助氏「精神の拠り所のない日本にとって箱根がいち早くそういうものを感じられる場所になってほしい」

翌日は杉並木整備の草刈りを、地域の小学生の児童も共に汗を流した。この杉並木は、あの有名な箱根八里（箱根の山）の歌唱曲に「箱根の山は天下の険…昼猶闇き杉の並

NPO法人ときめき箱根 ボランティア

参加者大募集

箱根は自然がいっぱい・・・
この自然を守るためのお手伝いをしてみませんか！！

- 日　時：平成20年11月23日(日)
  午前10：00～12：00(予定)
  ◇雨天の場合は中止
- 内　容：第11回NPO法人ときめき箱根ﾎﾞﾗﾝﾃｨｱ
  箱根町芦ノ湖周辺の杉並木の手入
- 持　物：飲物・軍手・作業の出来る服装
  小さいシャベルなど
- 集合場所：恩賜箱根公園［駐車場有（無料）］
  アクセス：小田原駅より箱根町行きバス
  「恩賜公園前」下車

ときめき箱根は、

「箱根の森や水のため私達に何かできることはない?」そんな気持ちを持つ人たちが集まったNPO法人です。多くの人と一緒に、自分達にできることから始めていきたいと思います。
「箱根旧街道の杉並木　草刈など整備作業」をはじめ、これまでにシャガ1750株を植栽しました。
一人でも多くの方のご参加を心からお待ちしております。

お問合せ先
特定非営利活動法人　ときめき箱根
事務局　足柄下郡箱根町宮ノ下 111-5
電　話　0460－82－5437
ＦＡＸ　0460－82－5438
Eメール　architect.honda@bj.wakwak.com

主　催：特定非営利活動法人　ときめき箱根
後　援：箱根町・　箱根町教育委員会
協　力：県立　恩賜箱根公園

図表 4-33
「杉並木の手入れ
ボランティア募集チラシ」

図表 4-34、4-35、4-36
「杉並木の手入れ作業風景」

木…」とある通り、非常に鬱蒼としている。箱根は国立公園で、杉並木には民間が手を入れることが出来ないという事であった。自然再生推進法の施行で、地域住民によるこの様な活動が、初めて実現したそうである。この杉並木の手入れ作業は、ときめきボランティアとして、年に二回程度行っていた。

地域の人、地域の小学生の児童、白百合学園の児童、恵明学園の小中学生（付き添いの先生）、建築士の仲間、地域外の方々、多くの参加者によって作業は進められた。

ときめきボランティア活動の合間に、箱根の自然体系、歴史、他地区の杉並木（日光）の見学と研究、夏休み体験学習（小学生対象）、子供主催のウェルカムボランティア、箱根町教育委員会との共同研究会、樹木の勉強会、様々なプログラムを開催し、自己研鑽に励んだ。

活動は他地区からの参加も多くなり、また他団体との交流も広がってきている。

箱根駅伝街道おもてなし交流空間づくり方策検討調査

２００４年秋、西さがみ連邦共和国観光交流推進協議会での活動が始動し始めて、国土交通省関東地方整備局から突然の連絡を受け、慌てふためいてしまった。

図表 4-37「西さがみ連邦共和国観光交流推進協議会会議」

「箱根駅伝街道おもてなし交流空間づくり方策検討調査」（以下、「箱根駅伝」という。）なるものを、私どもときめき箱根で受託業務を受ける事となった。箱根の風土景観として、箱根駅伝、大文字焼き、大名行列、箱根神社鳥居まつりなどが上げられる。その一つ箱根駅伝に係る事であったので、お受けして着手したが、そもそも、これまで各地の応援おもてなし活動については、沿道全体の状況として把握されておらず、「地域全体として選手をもてなす」といった取り組みまでには至っていなかった様である。そこで、箱根駅伝おもてなし、応援空間のさらなる魅力アップを図るため、駅伝応援活動の実施状況と、今後の応援活動にかかわる地域連携のあり方などについて、調査検討を行うとの事であった。

図表 4-38
「箱根駅伝街道おもてなし交流空間づくり方策検討調査業務報告書」［国交省］

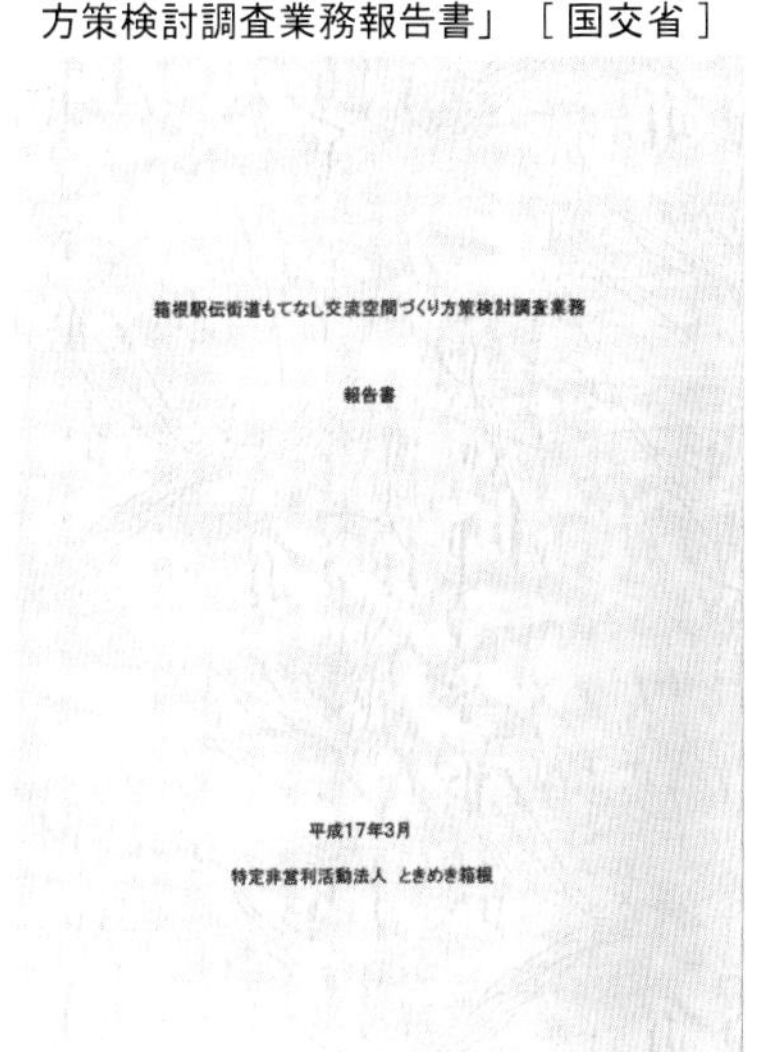

箱根駅伝街道もてなし交流空間づくり方策検討調査業務

報告書

平成17年3月
特定非営利活動法人 ときめき箱根

　駅伝当日は1月2日3日ですが、事前の調査資料集め、箱根の駅伝の歴史の確認等の作業をしなければならない。12月、ときめき箱根のメンバーのそれぞれの担当者は、小田原の押切橋からゴールの箱根まで23ポイントで、駅伝の応援の時間帯と実施主体、おもてなし内容をヒアリングして、おもてなし活動の概要を前もって把握し、当日動ける範囲で、そのポイントの現場状況の確認をして全体をまとめ上げ、なんとか枠組みが出来た。まだよちよち歩きのときめき箱根が、ＮＰＯ法人登録してすぐ国の委託業務をする事自体、青天の霹靂であったが、お正月も返上して、オールメンバー無我夢中で作業した事を記憶している。

西さがみ連邦共和国観光交流推進協議会

　歴史的な結びつきの深い小田原市、箱根町、真鶴町、湯河原町の1市3町の新しい広域連携を探り、歴史が醸成したおもてなしの心など、観光地域づくりに向けた、官民協力の事業を目的とした、西さがみ連邦共和国観光交流推進協議会（以下、「西さがみ」という。）が、小田原市主管で設立された。

図表4-39
「西さがみ連邦共和国案内　冊子」

訪れるたびに新発見・ようこそ「感動リゾート・西さがみ」へ
西さがみ連邦共和国の観光地域づくり

西さがみ連邦共和国観光交流推進協議会

構成団体としては、行政機関（1県1市3町）、観光関係団体（23）、NPO等（15）地元関係者17（観光協会、商工会議所、旅館組合、農業協同組合、漁業協同組合）、小田原市事務局長下の60の構成団体での組織である。会長は原義明（商工会議所会頭）、1県1市3町から副長を選出し、オブザーバーとして行政機関である神奈川県観光課・土木事務所、西湘地域、小田原市、箱根町、真鶴町、湯河原町が参加している。その中で活動の分類として、地域資源活用魅力発信部会と、地域連携おもてなし推進部会とがある。60団体の中、民間監事4名の内1名がときめき箱根に任命され、さらに地域資源活用魅力発信部会の部会長をおおせつかり、あっという間に、ときめき箱根のステージが広くなってしまい、少々戸惑いを感じたものの、主管市小田原市観光課部長（女性）の適切な指導をいただき、汗をかきながら任務をはたした。

「西さがみ」における、様々な活動の中、大変感慨深い話を紹介させていただく。平成２００５年に西さがみ観光まちづくり交流フォーラムを開催した折、基調講演・パネルディスカッションにお招きした観光カリスマS氏（当時大分県議員）が、２０１０年大分の竹田市長になられた際に、西さがみの事務局（小田原市）を介して次のメッセージを頂いた。１６６６年岡藩四代藩主中川久恒公が、参勤交代の折に箱根から持ち帰った白百合は、１９６２年竹田市の市花になっており、１９８０年「市花白百合保護条例」を制定し、保護活動をしている。近年、いのししの被害などで減少してきており、非常に困っているので、白百合の球根を箱根から譲っていただけないだろうかとの内容であった。

箱根でも球根は見つからなかったが、あちこち手をまわして白百合の種をお送りしたところ、何年か後にその白百合が美しく咲いた写真を送っていただき、大変感激をした。また竹田市は滝廉太郎の生地で、箱根八里（箱根の山）は滝廉太郎の曲、これをご縁に箱根との交流を深めたい…、とも仰っていただいた。ＮＰＯ活動のなか最も心がときめいた時であった。箱根に白百合の香りがただよう季節になると、思いだすところである。

神奈川県との協力事業
訪問者にやさしい観光地づくりモデル事業
箱根人　おもてなしの心を磨く（以下、「モデル事業」という。）

西さがみにおいての地域連携おもてなし推進部会の部会長としてのときめき箱根の位置づけは、だんだん重くはなったが、心のおもてなしをキーワードに、セミナー、研究等、関連団体・関係行政、地域の人々の協力で、これがまちづくりと実感した事は、よい経験と思う。

神奈川県においては、多様化する観光客のニーズに対応出来る観光地づくりを課題として、モデル事業を、神奈川県とときめき箱根との協力事業として実施することになり、神奈川県より事業委託を受け、「箱根人　おもてなしの心を磨く」と称して、またまた行動開始である。

―箱根とのご縁が花開く喜び―

謹啓　昨年 12 月に授かった箱根町とＮＰＯ法人ときめき箱根の皆様とのご縁が、球根の植栽を通じて、さらにさらに広がるよう念じていた矢先の大地震は、余りにも無慈悲で余りにも過酷な苦難を私たちに突きつけています。貴町をはじめ東日本の皆様に心からのお見舞いを申し上げます。

震災直後に見せた被災者の「優しさ、思いやり」は、全世界から賞賛の言葉をいただきました。このエピソードを思い起こす度に、貴町を由来とする岡城の箱根百合の根絶を聞くや否や、いち早く球根をお届けいただいた皆様の思いと重ね合わせることができるのであります。

市内各所に植えた百合が艶やかにその姿を競う開花の季節を迎えました。とりわけ岡城跡に咲く、まばゆいばかりの競演は、岡藩主が箱根から持ち帰ったとされる歴史物語を感知していたかのごとくであります。

皆様の温かな心に感謝申し上げますとともに、このご縁が未来へ続いていくことをお祈りし、お礼のご挨拶といたします。　謹白

平成２３年７月吉日

ＮＰＯ法人ときめき箱根

理事長　田　中　隆　明　様

竹田市長　首　藤　勝　次

図表 4-40
「杉竹田市長　首藤氏より
礼状と箱根から送った百合の写真」

図表 4-41
「杉訪問者にやさしい観光地づくりモデル事業　報告書」［神奈川県］

神奈川県

訪問者にやさしい観光地づくりモデル事業
― 箱根人　おもてなしの心を磨く ―
報告書

平成２０年３月
特定非営利活動法人　ときめき箱根
神奈川県

先進地事例として、群馬県草津温泉、山形県小野川温泉の観光振興の取り組みを紹介し、草津町の中澤町長に「伝統の温泉地ブランドに磨く」と題して講演をいただき、箱根の芸奴さんの三味線に合わせて「草津よいとこ一度はおいで～」と合唱!!

箱根町長、㈶箱根町観光協会理事長、神奈川県の皆様にご臨席いただき、シンポジウムにまとめさせていただいた。尚、先進地草津温泉、小野川温泉にはときめき箱根の担当者4名が訪問し、様々な資料を作成し、セミナーにて活用し、報告書としてまとめた。

箱根旧街道の保護と整備は、少しずつ範囲を広め、杉並木全体を整備するようになってきた。見学者が杉の根元にまで足を踏み入れるため、保護植物のシャガが枯れてしまっている。そのシャガを補充植栽するのであるが、費用は当初、ときめき箱根の会員の会費から出費していたが、箱根町の教育委員会で対応していただき、ご協力に感謝している。

地区の杉並木はほとんど整備出来たが、歩道としては険しい地区もあるため、見学者等、人の歩く姿はあまり見られませんが、三百年前から凛と佇んでいる様は、とても神々しいほどである。高さは平均一本三〇メートル、一番高い

図表 4-42「杉並木の杉」

木は三〇メートル以上だと思うが、ぜひ、お分かりの方は、ときめき箱根までお知らせ頂きたい。

かながわ地域貢献活動センター基金助成

神奈川県建築士会から地域貢献活動センターの助成金の情報をいただき、申し込みを行った。応募者は6団体。他の団体は、建築の保全活動など、建築そのものとの係わりが強い、立派な内容であった。我がときめき箱根は、自然景観、住民・子供などをテーマとしており、会員は住民のほうが多く、今回自信のない旨を御住職の理事長に告げたほどであった。

おかげ様で、助成金の決定を受け、3年間継続していただいた事は、日の浅いときめき箱根にとって、とても心強く活動が出来た。

当時、私たちのときめき箱根の進む方向に自信が持てたことは、その後の活動の励みになり、資金援助をしていただいた事は忘れることは出来ない。また、活動を評価していただける事は、何よりも増してうれしい事であった。あらためて、心から感謝申し上げる。

図表 4-43「ときめきフォーラムに参加した小学生からの礼状」

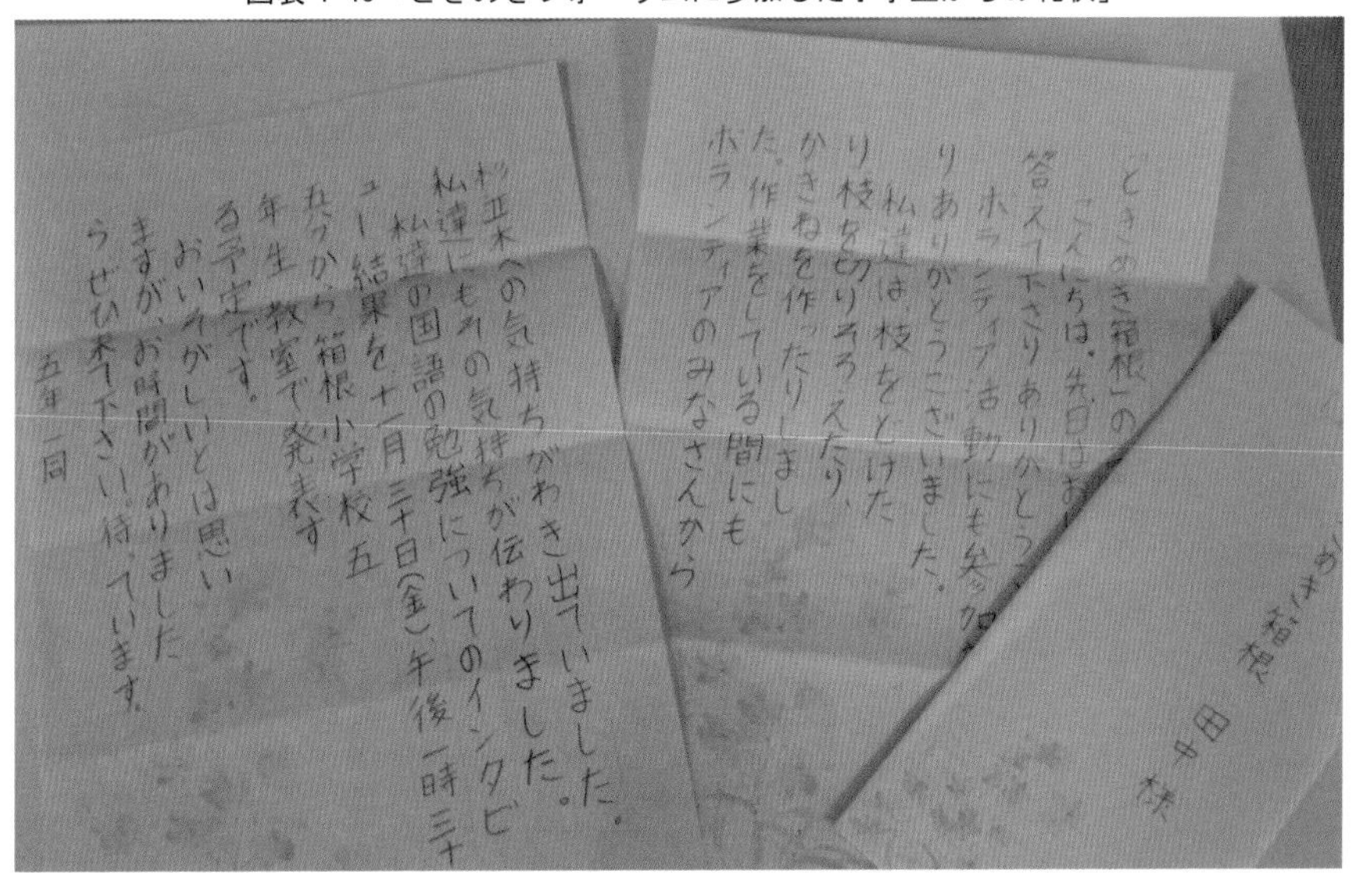

「ときめき箱根」の
こんにちは。先日はお
答え下さりありがとう
ボランティア活動にも参加
りありがとうございました。
私達は枝をとげた
り枝を切りそろえたり、
かきねを作ったりしまし
た。作業をしている間にも
ボランティアのみなさんから

杉並木への気持ちがわき出ていました。
私達にもその気持ちが伝わりました。
私達の国語の勉強についてのインタビュー結果を十一月三十日(金)、午後一時三十
分から箱根小学校五年生教室で発表する予定です。
おいそがしいとは思いますが、お時間がありましたらぜひ来て下さい。待っています。
五年一同

ときめき箱根
田中様

図表 4-44「箱根 welcome フェスティバル　チラシ」

'05 09/05 MON 15:00 FAX 0460 3 6310　ハコネ ショウガ ツユウ　004

箱　根
Welcomeフェスティバル

【1日目】

日時　**平成16年11月12日(金)**
午前 11:00～午後 3:00(予定)

場所　**杉並木・箱根小学校**
※雨天でも実施します。

内容　**箱根 Welcome フェスティバル**
◇子供達による　和太鼓の演奏
◇　〃　杉並木「詩の展示」
◇　〃　英語の歌メドレー
◇　〃　折り紙教室
◇これまでの体験学習の発表
◇丸太のコースターづくり
（体験できます）
その他盛りだくさん!
クッキー、折り紙などの
プレゼントがあります!!

【2日目】

日時　**平成16年11月13日(土)**
午前 10:00～午後 3:00(予定)
◇雨天の時は 11 月 14 日(日)に延期

集合　**恩賜箱根公園**

内容　**杉並木の手入**

持物　**弁当・飲物・軍手**
※歯の厚いカマ、草刈機などお持ちの方ご協力お願いいたします。

「杉」への想いを大事にしている私達が、手を取り合いました。箱根に住む方はもちろん、箱根に遊びにみえる方にも、「箱根の杉並木」のことをもっともっと知って欲しいと思います。
元気いっぱいの子供たちと「杉」を見にきてください。沢山の皆様のご参加をお待ちしています。

主催　箱根小学校
特定非営利活動法人　ときめき箱根

問合せ先　特定非営利活動法人　ときめき箱根
事務局　足柄下郡箱根町宮ノ下 111-5
電　話　0460－2－5437
ＦＡＸ　0460－2－5438
Ｅメール　architect.honda@bj.wakwak.com

3 地域貢献ネットワーク活動の履歴

（1）湘南藤沢文化ネットワーク

佐藤里紗

設立までのみちのり

２０００年前後、湘南地域では景観やまちづくりに関する市民活動が盛んになり、歴史的建造物の保存活用の動きも活発になっていた。様々な団体がそれぞれの目的を持って設立され、活動している状況にあったが、それらをつなぎ大きなうねりにしようということで２００３年１月に湘南邸宅文化ネットワーク協議会が設立された。その後２００６年に神奈川県の後押しで、庭園と邸宅を合わせた魅力を発信しようと湘南邸園文化祭連絡協議会が発足。藤沢の団体も多く参加したことから、各団体間の情報交換や相互に応援する組織が必要だろうということで、藤沢市内の団体間ネットワークをつくることとなった。

設立趣旨

藤沢は、古くから東海道の宿場町として栄え、明治期からは別荘や保養地が形成され、首都圏で活躍する政財界人や文化人が滞在、交流する地域として発展し、様々な文化を発信してきた歴史がある。また、緑豊かで閑静な邸宅や町家など歴史的建造物の佇まいが湘南文化の息吹を伝えている。しかし近年、その文化を育んできた邸宅、庭園や歴史的建造物が保全の難しさや維持管理の費用負担などから失われているのが現状である。

一方この地域では歴史的建造物の保全活用や新たな魅力の創造を目的とした活動が様々な形で行われている。そこで、藤沢の市民活動グループや個人が集まり相互に交流を深め緩やかに連携し、効果的な活動を行うために湘南藤沢文化ネットワークを設立した。藤沢の歴史文化を育み、人々の心に残る景観を形作ってきた歴史的建造物、庭園、まちなみ等を次世代に継承し、利活用できるよう活動をするのが主な目的である。

湘南藤沢文化ネットワークの概要

○設立　２０１１年１月22日
○会長　廣田邦夫（歴史散策の会）（２０１９、２０２０年度）
○会員　９団体及び個人会員
○事務局所在地　蔵まえギャラリー
（藤沢市藤沢６３０―１）

活動内容

○会議　年１回の総会　月１回の定例会
○講演会、ワークショップ等：専門家を招いて市民向けの講演会等
○写真展や歴史資料展：蔵まえギャラリーを会場に年１回程度歴史的建造を決めて展示するほか、昔の農家で使われた農具や商家のなりわいの品を展示する等もしている。「ふじさわのおひな様」では、歴史的建造物に50年以上古いものを目安に歴史あるおひな様を展示している。
○おとなの遠足：湘南ふじさわ歴史文化めぐり
年３回程度、会員団体の協力でコースを設定し、２、３時間程度のまち歩きをし、身近な歴史文化にふれる。
○湘南邸園文化祭に参加：西は小田原・箱根から東は葉

図表 4-45「総会のようす」

山・横須賀まで相模湾一帯に残る邸宅や庭園を利活用するイベントが毎年9月から12月に行われているが、文化ネットワークでも同時期のイベントで参加している。

○蔵のレコードかふぇ

毎月1回程度、蔵まえギャラリーを会場に、コーヒーを飲みながらジャズやクラシックの名盤を聴く会を続けている。歴史的建造物の活用を主な目的として仲間づくりにもなっている

図表 4-46「レコードかふぇ」

○藤沢ヘリテージの活動

神奈川県邸園保全活用推進員養成講座を修了した当会メンバーを中心に、藤沢の歴史的建物や庭園の保全活用を推進している。また、歴史的建物の改修や庭園の手入れなど実績のある事業者のリストアップもしている。

○書籍の発行

湘南ふじさわ歴史文化めぐり：これまでの活動や「おとなの遠足」のコース紹介を中心にＡ５版の冊子にまとめて発行藤沢の歴史的建造物利活用事例集：

図表 4-47「利活用事例集の表紙」

2019年度藤沢市まちづくりパートナーシップ事業の一環で建物等の利活用事例集を編集発行。

団体会員の紹介

○善行雑学大

善行公民館で生涯学習月例講座を開催。昭和7年築のグリーンハウス保存再生活動を継続している。

○鵠沼の緑と景観を守る会

鵠沼地区に残る緑豊かな住環境と歴史的建造物を守るため活動中。

○蔵まえギャラリー

昭和6年築の米穀問屋の建物を活用してアートスペー

図表 4-48「グリーンハウス」

図表 4-49「鵠沼橋市民の家（旧後藤医院）」

図表 4-50「蔵まえギャラリー」

図表 4-51「旧モーガン邸玄関」

図表 4-52「旧稲元屋蔵」

スを運営。様々な文化の発信源となっている。

○ＮＰＯ法人旧モーガン邸を守る会

昭和６年築の建築家Ｊ・Ｈ・モーガンの自邸（火災で焼損）を再生活用するために奮闘中。

○藤沢今昔まちなかアート実行委員会

現在進行形のアートの制作、展示を通じ、藤沢の歴史

図表 4-53「鵠沼らしい景観」

図表 4-54「盛岩寺昭和文化館」

図表 4-55「長後駅前の仙元塚」

的景観の保全と活用に取組中。

○鵠沼景観まちづくり会

小田急と江ノ電に囲まれた緑あふれる鵠沼の景観や住環境を守り、次世代に受け渡すために活動中。

○東海大学小沢朝江研究室

工学部建築学科の建築史研究室。旧藤沢宿の歴史的建物の調査研究活動を継続中。

○盛岩寺 昭和文化館

大正末建築の旧藤沢宿にあった商家が御所見に移築され再び盛岩寺に移築され、現在は昭和文化館として活用中。(国登録有形文化財)

○歴史散策の会

自然豊かな長後地区の縄文時代からの歴史に目を向け、今後に語り伝えていく活動を展開中。

地域貢献活動センター助成事業

２０１８年度、当会の拠点である蔵まえギャラリー（旧榎本米穀店）の建物が築８８年を迎えることから「蔵まえ米寿祭」を企画した。テーマは「歴史的建造物を次代に継承するための市民活動ネットワークによるイベント」として、助成事業に応募し、実現に至った。

内容は４企画からなり、

① 商いと暮らしの品々・写真展示：６／11〜17

② 蔵イベント：６／11〜15（軒下カフェ、映像紹介、昔話、音楽イベント）

図表 4-56「榎本米穀店等、生業の品々」

図表 4-57「帳場のようす」

図表 4-58「店舗の土間」

③　記念シンポジウム「使い継がれるたてもの」
④　記念ウォーク：湘南ふじさわ歴史文化めぐり、東海道を歩く

展示資料は近隣の方々にも呼びかけて昭和前期の暮らしの品々を展示することができた。ふだんのギャラリー来場者以外に蔵前町内住民の来場があり、目的とするところが概ね達成できた。

◆助成金の使い道としては、広報用のチラシや当日プログラム、展示用のパネル作成費、イベント会場費に充てた。記念シンポジウムは藤沢市街なみ景観課と共催することができたため、会場と講師謝礼を分担していただいた。記念ウォークは通常の歴史文化めぐりと同様の運営でおこなった。

◆建築士の役割としては、歴史的建造物を保存活用することの意味や価値を市民に伝えること、シンポジウムの企画に建築士の視点を生かして所有者、利活用者、マッチング事業者、行政とバランスよく登壇依頼することなどであった。これらは市民活動の一環としておこなっており、建築士が市民として活動に加わることに意味があると考える。建築士がアドバイザーとして参画するのではなく、仲間として活動することで共感が得られるのではないだろうか。

課題と今後に向けて

湘南藤沢文化ネットワークの課題のひとつは会員の高齢化である。年齢や性別で差別しないというのは基本であるが、多世代の会員が活動することが理想であるので、若い方にも魅力のある活動ができればと考えている。

都心で働き、定年後地元に戻って自分の足元に着目して活動を始めた方、地元愛の下、若いころから活動している方、様々なバックボーンを持った会員がいることが魅力で、藤沢市内の景観系の団体がネットワークしているのも特徴である。

発足当初は、藤沢市内の登録文化財も数件だったが、近年では増加して、34件となっており、保全と利活用がますます求められている。湘南藤沢文化ネットワークもこれまでの実績を生かして、歴史的建造物が地域に愛され次代に引き継がれていくような活動を続けたい。

（2）湘南邸宅文化祭連絡協議会

内田美知留

湘南の邸園文化と「湘南邸園文化祭」

神奈川県の相模湾沿岸一帯は、明治期から別荘・保有地を形成し、首都圏で活躍する政財界人・文化人らが滞在・交流する地域として発展してきた。その邸宅・庭園などは当時の風光明媚な景観を生かした庭園と建築技術の粋を集めた建物が融合したたいへん価値が高いものである。その緑豊かで閑静な住宅地の街並みや歴史的建造物の佇まいは『湘南の邸園文化』として今も息づいている。

しかし、近年では地域の歴史・文化を育み、人々の心に残る景観を形成してきた邸宅・庭園や歴史的建造物（以下「邸園等」という。「邸園」とは邸宅と庭園を一体で捉えた神奈川県による造語である）。は、維持管理の負担が大きいことなどを理由に失われつつある。

その一方、各地域では邸園等の保全活用を目的にまちづくりに取り組むＮＰＯ等の市民団体が活発に活動している。

図表 4-59「邸庭とは」

※邸園＝「邸」宅＋庭「園」の造語です。

図表 4-60 邸園分布図

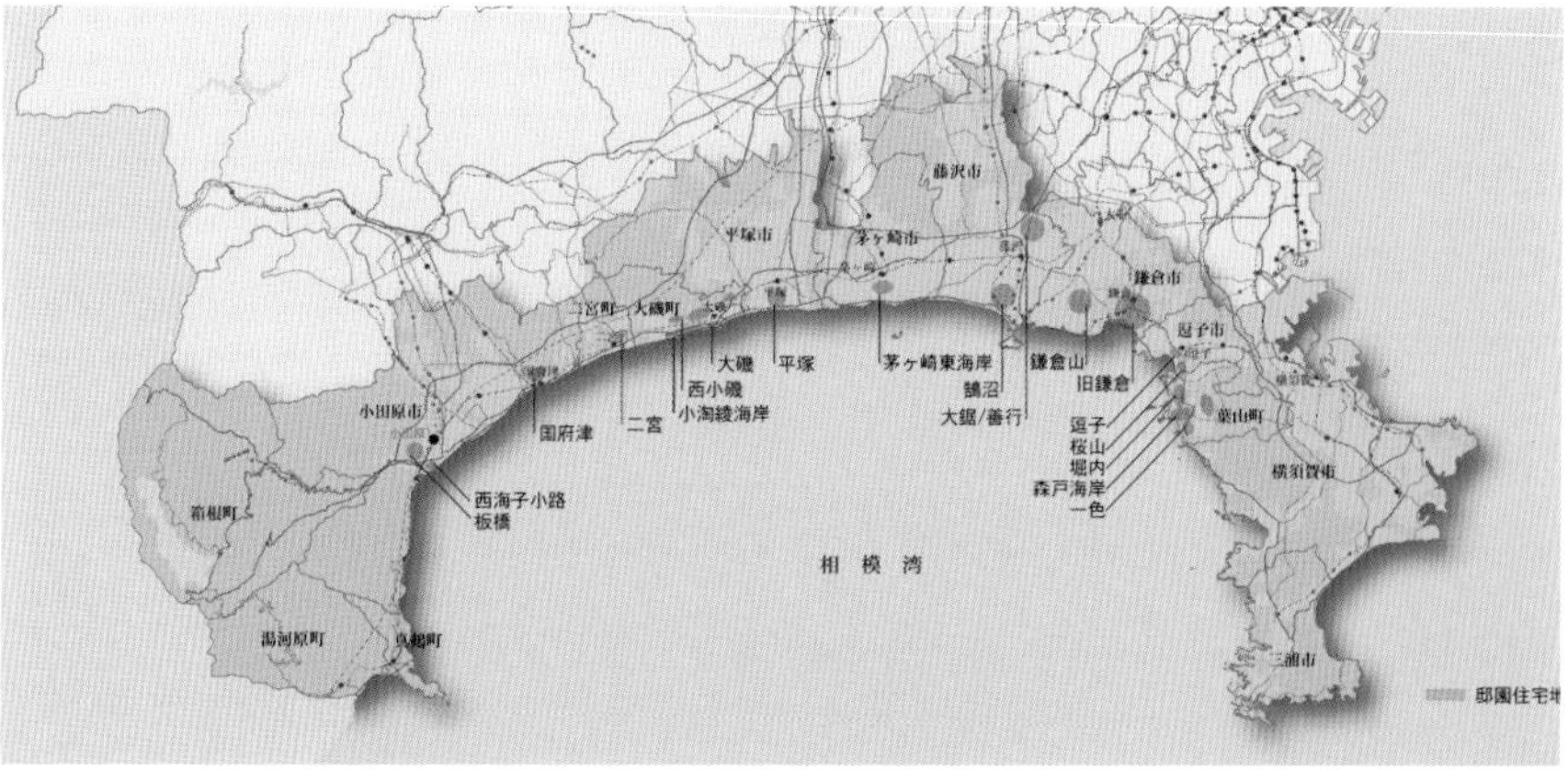

湘南邸園文化祭連絡協議会は、神奈川県の「邸園文化圏再生構想」の一環として、邸園等の保全活用を目的に各地域の市民団体による活発に展開される取組みを、湘南地域で横につなげ、連携による相乗効果を図るため、各地で活動するNPO等と県の協働で2006年に設立された。

この湘南邸園文化祭連絡協議会では、毎年秋に「湘南邸園文化祭」を開催している。『湘南の邸園文化』という一筋の糸で紡ぎ、相模湾沿岸一帯の邸園等を会場として、邸宅・庭園の一般公開や音楽・アート・食などとのコラボレーションした文化的催しを同時期に広域的かつ一体的に開催することで、邸園等の存在とその価値を発信し、地域住民や来訪者に広く再認識していただき、邸園等の保全の機運を高めることを目指している。

「湘南邸園文化祭」の成果

湘南邸園文化祭は2006年から毎年秋に開催し、2020年で第15回目を迎え、6市町での開催から、現在では、14市町での開催となり、広域的に展開する活動に成長してきた。湘南邸園文化祭の開催は、9月から12月までの長期にわたり、多様な人々が各地域の邸園等を巡り、歴史・文化に触れ、その魅力を再認識してもらうきっかけを創出している。さらに、関係市町や関係者との協働意識を強め、継続的な各主体の協働連携による邸園等の保全活用・景観まちづくりに資する取組みを目指すものとなっている。

節目の10回目にあたる2015年には、地域貢献活動助成制度を活用して「湘南邸園文化祭10周年フォーラム」が開催された。フォーラムでは、藤沢市、大磯町、小田原市の3首長の講演と、各市町での取組を紹介していただいた。また、谷中のまちづくりについての基調講演、協議会会員団体による「これまでの活動の成果と今後の湘南邸園文化

図表 4-61「ガイドブック」

祭が目指すもの」と題したパネルディスカッションを行った。フォーラムでは、協議会会員だけではなく、一般の方にも来場していただき、湘南邸園文化祭の開催目的、意義、成果などについて、大勢の方に知っていただくたいへん良い機会になった。

図表 4-62「10 周年フォーラム」

こうした継続的な活動の中で、焼失して失われた旧吉田茂邸（大磯）と俣野別邸（横浜戸塚）が２０１７年４月に再建され、一般公開が開始された。いずれも、２００９年３月に相次ぐ火災で大部分を焼失した建物であった。また、同時期に火災にあった旧モーガン邸（藤沢）も再建に向けた活動を続けている。さらに２０１８年には、「明治１５０年」関連施策の一環として、国と地方公共団体との連携の下、明治記念大磯邸園の設置が決定し、現在整備が進められている。旧陸奥宗光別邸跡・旧大隈重信別邸・旧滄浪閣の邸園等は、建物群とその緑地の一体的な保存・活用を図られる予定とのことである。このように、相模湾沿岸地域一帯に残る邸園等の保全活用の機運は徐々に高まりつつあり、湘南邸園文化祭連絡協議会の継続的な活動は機運醸成の一助となっている。

一方で、湘南邸園文化祭は、これまでの活動について様々な対外的高評価も受けている。２００９年には、第７回日本都市計画家協会賞の審査員特別賞／横浜支部賞を受賞、２０１２年には、日本建築士会連合会の第７回まちづくり賞を受賞、２０２０年には、都市景観大賞、景観まちづくり活動・教育部門、特別賞「都市景観の日」実行委員会会長賞を受賞した。さらに、２０１９年には、国土交通

省のガーデンツーリズムに登録された。15年にわたる活動が様々な方面から評価されていることは、これからの活動

図表 4-63「小田原会場」

図表 4-64「逗子会場」

図表 4-65「横須賀会場」

図表 4-66「平塚会場」

図表 4-67「葉山会場」

図表 4-68「大磯会場」

図表 4-69「箱根会場」

を継続していくための礎となり、大変有意義なことだと思う。

これからの「湘南邸園文化祭」

湘南邸園文化祭連絡協議会の活動の目的は、湘南邸園文化祭という催しを通じて邸園等の保全の機運を高める事であり、その目的を達成するには今後も継続的な開催による魅力発信をしていくことが必要だと思われる。造語である「邸園」が国営公園名に採用されるまでに至ったのは、これまでの協議会らの地道で継続的な活動によるところが大きく、当初より湘南地域の関係団体の発足などに協力してきた景観整備機構委員会スクランブル調査隊にとってもたいへん誇らしいことだと思っている。

これまで本協議会は地域や施設ごとに活動していることが多かったが、今後は、地域をまたいだ連携や、より一層の情報発信、認知度の向上を目指すべく幅広く活動していただきたいと思う。また、地域のヘリテージマネージャーや建築士と連携することで、より奥深い「湘南の邸園文化」の魅力を伝え、より一層の充実と発展につながっていくことを期待している。

このような素晴らしい団体に神奈川県建築士会地域貢献活動助成金制度を活用していただいたことは、建築士会としても喜ばしいことと思っており、これからも、「湘南邸園文化祭」と同協議会のより一層の充実と発展を祈念したい。

(湘南邸園文化祭連絡協議会、戸田啓太氏のヒアリング対応並びに写真提供に深く感謝する。)

4 神奈川県建築士会の地域貢献活動

（1）神奈川県建築士会景観整備機構の活動

金子　成司

きっかけは建築士会のイベントだった

当時、神奈川県建築士会では各支部持ち回りで開催される「活動交流会」なるものを２０１１年は川崎支部担当するにあたり、テーマに「景観」選んだ。これは当時の景観担当課長が士会と近しい関係で川崎地域の景観形成協議会らと川崎市景観行政との情報交換となるシンポジウム形式となった。

開催にあたり活動報告を行った団体は３団体（大山街道都市景観形成協議会・ブレーメン通り都市景観形成協議会・新百合丘駅周辺都市景観形成協議会）同時開催の子ども絵画コンクール「かわさきのまちの絵」表彰式も盛況で士会会員にも川崎の地域性と多種多様な都市景観が存在することが

図表 4-70「活動交流会申込みチラシ」

図表 4-71「成果品　ヒント集」

理解されたと思う。

活動のスタートは国の補助金事業

前段のシンポジウムの実績から、国の補助金事業「長期優良住宅等推進環境整備事業」の推薦を川崎市より受けることになる。活動地域は、中原区元住吉駅前のモトスミ・ブレーメン通り商店街である。活動内容としては、既に作成済の景観形成・基準を一般の方にもよりわかりやすく解説した「ブレーメン通り街なみづくりのヒント集」を作成して周知活動を行った。また、この活動に際して商店街からのリクエストもあった。それは、商店街の担い手と同世代（青年部）で構成してもらえないかというとても難しいものであった。

斯くして、士会で選抜された5名の建築士とコンサル1名はここで出会いモトスミ・ブレーメン通りでの地域の活動は始まった。また、ここでの活動が認められ翌年より景観形成協議会の準会員としても承認されて、当時は、街並みデザインチームとして活動した。

図表 4-72「街並みデザインチーム」

モトスミ・ブレーメン通りでのさらなる活動

ここで、モトスミ・ブレーメン通りについて説明しよう。元住吉駅より西口側約400mあまり、周囲は住宅街が広がることから県内有数の賑わいのある商店街。そうは言っても近年は自転車駐車問題や地域店の減少からナショナルチェーンの進出。店舗のオーナーが地域から不在のケースも増えつつある中なので、景観のルールについて新しく出店される店舗

図表 4-73
「デザインニュースNo.3」

図表 4-74「デザインニュース　№.３」

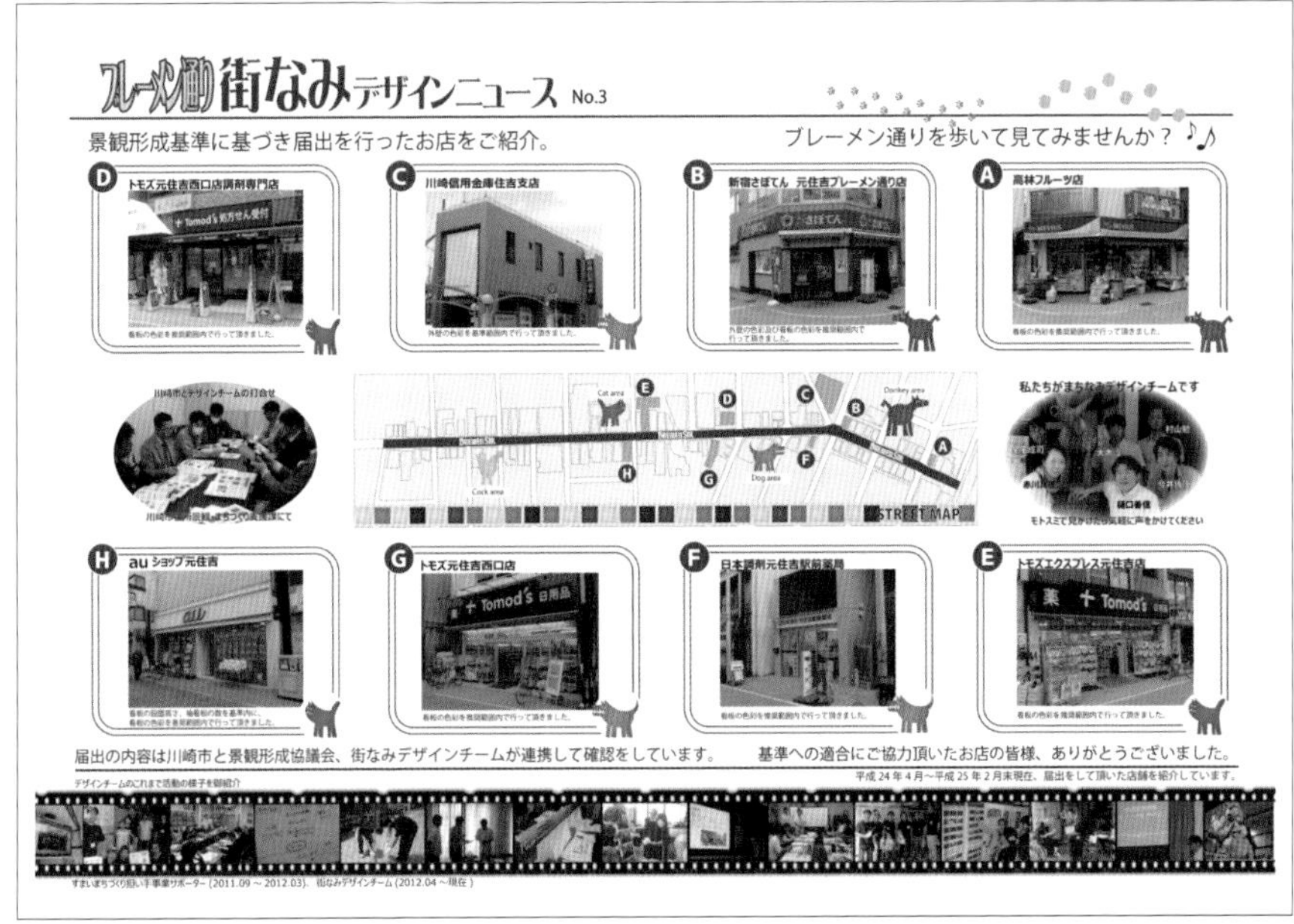

ブレーメン通り街なみデザインニュース No.3

景観形成基準に基づき届出を行ったお店をご紹介。

ブレーメン通りを歩いて見てみませんか？♪♪

D トモズ元住吉西口店調剤専門店

C 川崎信用金庫住吉支店

B 新宿さぼてん　元住吉ブレーメン通り店

A 高林フルーツ店

H au ショップ元住吉

G トモズ元住吉西口店

F 日本調剤元住吉駅前薬局

E トモズエクスプレス元住吉店

届出の内容は川崎市と景観形成協議会、街なみデザインチームが連携して確認をしています。　基準への適合にご協力頂いたお店の皆様、ありがとうございました。

平成 24 年 4 月～平成 25 年 2 月末現在、届出をして頂いた店舗を紹介しています。

に周知もなかなかうまくいかないケースもあるのも事実。

私たちは、第2弾の周知活動として、「ブレーメン通り街なみデザインニュース」を発行し、問題なることが多かった期日前の申請やデザインの提案などをすることも加えた。

また、川崎市からは、窓口相談案件について一定の情報開示をしてもらい、こちらでも商店街関係者としてアドバイスを行った。対応できるスタッフがいるナショナルチェーンや地域店の看板の掛替など内容は様々だ。基準までは難

図表 4-75「デザインニュースの送付」

しくても近づけて頂ける店舗もいくつかあった。このデザインニュースは、協力いただいた店舗の結果報告を含めて掲載することができた。この内容は協議会にももちろんのこと各店舗以外にも地権者郵送することになった。

地域貢献活動基金助成金の活用

２０１３年、私たちは士会の景観整備機構委員会部会とも組み元住吉駅の隣、小杉に舞台を移すことになる。これからの活動については、「かながわ地域貢献活動センター」に補助金申請をしての活動となり小杉御殿町地域でまち歩きワークショップを行い、地域の景観資源について調査、分析を行った。再開発の早い川崎市内とあって昔ながらの光景はかなり少なかったがそれでも他にはない興味深い結果が得られた。

開拓当時には無かった鉄道に町は分断され、それでも昔の様子を感じられる部分も残っていた。この年は、川崎市合同の勉強会もした。市外の会員も多く参加していただき、また川崎地域における景観行政と地域性に理解がより深まったと思う。

図表 4-76「ワークショップの様子」

図表 4-77「募集チラシ」

川崎 中原街道 ワーキング

神奈川県建築士会　川崎支部
景観整備機構委員会景観部会合同企画
景観整備機構自主事業

歴史的景観資源を探す！

景観資源カルテ＋景観マップ作成（景観整備機構自主事業）

平成23年度末、神奈川県建築士会は、川崎市より景観・まち並みづくりに取組む、景観整備機構に指定されました。
その自主事業として、川崎市内の歴史的な街道として位置づけられる、**中原街道とその周辺にて、景観資源カルテ＋マップの作成**を、川崎支部＋景観部会のコラボ企画として行います。

昨今、**歴史的な建造物や景観資源は、全県的に失われつつあります**。単体の建造物としてだけでなく、「まち」としての広域的な捉え方でその記録に取組みます。
まずは**2014年2月16日(日)に、基礎調査となる、まち歩き＋ワークショップ**を開催。
成果物の資源カルテ＋マップは、その調査をもとに、2014年5月を目標に、以降随時作成していきます。
2/16(土)、まち歩きメンバーを募集！

お申込みは、お名前・士会会員番号・お住まいの市町村名・連絡先を明記の上、FAXであれば士会事務局FAX：045-201-0784または、景観部会のメール keikan@kanagawa-kentikusikai.com へ、送信して下さい。
川崎市内の方は勿論、神奈川県や他県の方、建築士会会員でない方も参加OK! **まち歩きや、景観資源調査・ワークショップのノウハウを吸収**して、是非、ご自身の地元で活用してください！

【主催】（一社）神奈川県建築士会川崎支部
＋景観整備機構委員会景観部会
【日時】2014年2月16日（日）
集合：正午(12時)JR南武線武蔵小杉駅改札
【場所】中原街道とその周辺。ワークショップは会館とどろき（概ね17時頃迄を予定）

2013年に行われた、中原街道プレ調査の様子。

**2/16のまち歩きのみの参加もＯＫ！
その後の、景観資源カルテ＋マップ作製からの参加でもＯＫです！**
建築士会事務局　FAX045-201-0784

お名前
士会の方は会員番号
お住まいの市町村名
連絡先

図表 4-78
「景観フォトコンワークショップの様子」

川崎市より業務委託1

２０１４年より始まった景観フォトブック「私の撮っておきの川崎」いわゆるフォトコンでは、ワークショップ当日の運営協力に携わる。翌年からは、川崎市より「景観まちづくり意識普及に係る委託業務」として初めて受けることになる。

ワークショップ「撮っておきの川崎2～武蔵小杉編～」では、参加者向けに座学からレクチャー、撮影のポイントなどまち歩きも同行して行うこととなった。最後には、参加者が撮影した写真をプリントアウトし、参加者の投票による特別賞を設けることとなった。写真の多くは、高層マンションと懐かしい風景が混在する現在の川崎ならではの構図となり、参加者全体で共有できるものとなった。

川崎市より業務委託2

２０１６年は新しい企画の下、「継承される風景～カードラリーでたどる新百合ヶ丘の記憶～」でも業務委託を受ける。対象も子育て層に限定し、親子連れ参加の方式となった。児童がまちに繰り出しカード収集、カードの裏面にはまちの魅力について解説したものとなった。

2017年は地域を宮前区に移し、フォトコンテスト「宮前坂道フォトコン」を実施。こちらは業務委託は他団体であったが、経験値も上がっていたこちらにも運営協力の声がかかる。今回は、SNS(インスタグラム)を活用した応募も行い景観整備機構賞として独自の選考も行い表彰もしました。

写真撮影のルール:「宮前区の坂道」で撮影すること。スマートフォンでの撮影OKです(デジカメ等も可)
スマートフォンのアプリによる加工(上の写真参照)もOKです。

応募方法:Instagram または Twitter に「#宮前坂道」を付けて
宮前区の坂道の魅力が伝わる写真を投稿するだけでOKです。

くわしくは こちらを ごらんください。

賞:坂道景観賞、いいね賞(Instagram、Twitter)、自撮り賞、加工賞

注意事項 自撮りでの応募は保護者の方の確認をもらってからにしてください。
写真を撮るときには、まわりの交通などの状況に注意して撮影してください。

参加無料【フォトコン関連イベント】

2017年11月19日(日)10時~12時
宮前坂道フォトジェニックまちあるきツアー
宮前区の坂道に詳しい地元マスターから
フォトジェニックな場所を教えてもらいながら、
秋の日のお散歩を楽しもう。
終点は区民まつり会場のとなっている宮前区役所です。
事前申し込みをお願いします→

2017年11月19日(日)12時~15時
宮前坂道で自撮りして、コンテストに応募しよう!
富士見坂周辺で、「自撮り棒」や「インスタ映えする小物」などを貸し出しします。
この日に撮影して、応募してくださった方に
先着30名にお菓子をプレゼント!
お友達同士、ご家族で、自撮りしてみませんか?
想い出に残る写真をとるお手伝いをします。
*年賀状にもつかえるよ!!

図表 4-79
「宮前坂フォトコンの様子」

図表 4-80「川崎市景観形成協力者表彰の様子」

川崎市景観形成協力者表彰を受ける

２０１８年以降も地元川崎地域の公立小学校や夏休みの課外授業などに積極的に景観意識普及活動を行った結果、２０２０年には川崎市より景観形成協力者表彰を受ける。通常、ハード面での受賞が多い中、ソフト面での表彰は、本当に嬉しいものであった。川崎地域での活動がスタートして10年余り。様々な景観特性があるこの地域にとって普及活動はまだまだ続く。

川崎市より業務委託３

２０２０年、川崎市の担当者の移動から景観普及活動の相談が入る。ただ、児童を連れて親子参加は変更しない。地域と企画はこちらで発案するものであった。コロナ渦でもあり調整にも時間が無いので、地の利のあるあるモトスミ・ブレーメン通り商店街に相談したところ快諾を頂けることになった。ただ、開催時期が緊急事態宣言機関と重なり、当初三回シリーズの開催も解除後の１日（２回）開催に縮小することになった。しかし、申し込み数を見てみると元々１回あたり５組10名限定の参加数は定員オーバー、お断りの連絡を余儀なくすることとなった。商店街の魅力は本当に計り知れないと改めて気づかされることになる。

図表 4-81「カタチに残るまちあるき募集チラシ」

2回開催

モトスミ・ブレーメン通り商店街を歩いてみよう!

カタチに残る まちあるき

～参加特典として自分だけのオリジナルパズルをプレゼント～

モトスミ・ブレーメン通り商店街を
まちあるきガイドと一緒に写真を撮りながら
散策してみませんか？
「まちの成り立ち・食・環境」をテーマに
商店街で新たな発見があるかも！？

開催日　令和3年3月14日(日)

第①回　午前の部　時間：午前9時30分から12時まで予定
(午前9時20分受付)

第②回　午後の部　時間：午後1時30分から4時まで予定
(午後1時 20 分受付)

●問い合わせ先　川崎市まちづくり局計画部
景観・地区まちづくり支援担当　電話番号 044-200-3022

詳しくは裏面へ！

（2）ヘリテージマネージャー制度の創設

村島　正章

邸園文化圏再生構想

ヘリテージマネージャーを説明する上では、邸園文化圏再生構想について触れないわけにはいかない。

神奈川県の相模湾沿岸地域一帯（三浦から湯河原・箱根も含む）は、明治時代から別荘地・保養地として、首都圏で活躍する政財界人、文化人らが滞在し交流する地域として発展し、様々な文化を発信すると共に、歴史的・建築的に高い評価を受ける邸宅や庭園を数多く残してきた。

その歴史的蓄積は、緑豊かで閑静な住宅空間と、文化、音楽、スポーツなどの湘南文化として息づいてきたが、近年では、建物の老朽化や相続、または、企業の資産処分等で次々に失われていく現実があった。

こうした中、「邸園」の保全活用に向けた取り組みとして、「邸園文化圏再生構想」が生まれた。

この構想は、相模湾沿岸地域の伝統を現代に甦らせ、貴重な遺産である「邸園」を活用し、来訪者と地域住民による多彩な交流により、県民・行政・所有者との協働で「邸園文化」を発信し、滞在型交流を推進することを目指したもので、松沢県知事時代の２００４年に、職員自らが発案し実施する職員提案事業として採択されたもので、当初３年間という時限の中で、事業化に向けた取り組みが２００５年度からスタートしたのである。因みに、筆者もその時のメンバーの一人である。

「邸園」とは別荘等の歴史的建築物と緑豊かな庭園や周辺の自然環境を総称した造語であるが、もはや社会一般で使われるようになってきている。その一つが、２０１７年１１月に「明治１５０年」関連施策の一環として設置することが閣議決定された「明治記念大磯邸園」であり、このことにより、邸園文化圏再生構想が一層推進され、地域の活性化に大きく寄与するものと考えている。

ヘリテージマネージャー制度について

ヘリテージマネジャーとはいったい何だろうか。阪神淡路大震災で多くの歴史的建築物の被害を出し、大勢の修復技術者の必要性を強く感じた兵庫県が２００１年度から人材養成を始めたのが最初で、その後、徐々に各県・建築士会で取り組みを開始し、本県では神奈川県が主催で２００８年度から養成講座を実施している。ヘリテージマネージャー、通称「ヘリマネ」について、名称はまちまちで、先進県をみても、パイオニアの兵庫県では歴史文化遺産活用推進員、本県では邸園（歴史的建造物）保全活用推進員、徳島県はとくしま文化財マイスター、静岡県が地域文化財専門家、京都市が京都市文化財マネージャーなどと名づけている。

先進県の取り組みを受けて、（公社）日本建築士連合会（以下「連合会」という。）は、２０１０年度に文化庁補助事業「平成22年度地域伝統文化総合活性化事業」の助成を受けて作成した「地域の歴史的建造物の保全・活用にかかる専門家育成の為の研修テキスト」の中で、ヘリテージマネージャーとは「地域に埋もれた文化的価値のある歴史的建造物を発掘し、その価値を判定するとともに、その建造物の保全・活用に関し、市町村や建築所有者から相談を受けたり、改修などについて提案することが出来る専門家」と説明している。

つまり、ヘリマネの役割は大きく次の３点が挙げられると思う。①地域に眠る歴史文化的建築物を発見する。②地域に親しまれてきた歴史文化的建築物を保存する。③歴史文化的建築物を活用し、地域のまちづくりに活かす。ということである。そのそれぞれの具体的な活動は、①発見では、日常的な発見活動、見学会・報告会の開催、各種調査活動など。②保存では、登録有形文化財に向けた調査・所見作成・文化庁への申請、修復計画の立案など。③活用では、歴史的建物の活用提言、まちづくりへの参画、行政への働きかけといったところである。

図表 4-82「連合会テキスト」

一方、連合会の２０１２年7月２５日第２回臨時理事会承認「歴史的建造物の保全活用に係る専門家（ヘリテージマネージャー）育成・活用のためのガイドライン」の中では、専門家の役割と能力について次の６つをあげている。①地域に眠る歴史的建造物を発掘し、再評価する能力。②歴史的建造物の保全・活用提案ができる能力。③地域固有の文化・風景について常に研鑽し熟知していること。④伝統工法の知恵に学ぶ謙虚さと確かな技術力。⑤地域に入り、地域の人たちとともに汗を流し、地域ぐるみで大切にしていく環境づくりを行っていく能力。⑥建築士が本来求められている職能と歴史的建造物の保全活用といった文化財保護的な考え方との両立ができる能力。

ヘリテージマネージャー養成講座の実施

専門家としての役割を果たすことのできるヘリマネ、その能力を取得するには、大学などでの通常の建築の教育では不十分なため、主には建築士を対象として、県内大学の建築・歴史系教授、伝統技能の職人、行政職員などが講師となって、歴史的建造物に関する基礎知識、伝統技法、関係法、近代住宅史、演習、グループ調査などの実践的なカリキュラムで構成された講座が持たれる。

図表 4-83 西校長（当時神奈川大学教授）

養成講座は各県で実施されるが、専門家として全国的に一定の能力を有することが望ましいことを勘案し、神奈川県では、講習時間は先行する講座を基準として60時間とし、登録にあたっては、全講義受講が要件とされた。本県では、２００８年度を試行とし、翌年から本格的に養成講座が実施された。

神奈川県の日程は、２０１３年度の例では7月から2月までの土曜日終日、計13回であるが、その間には、課題の一つとして、グループごとに行う「私たちが見つけた歴史的建造物」の調査、検

図表 4-84「建具職人による実演講義」

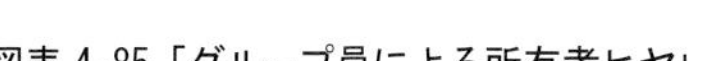
図表 4-85「グループ員による所有者ヒヤ」

証、報告書作成が加わるため、実質60時間以上となっている。仕事の都合や家庭の行事などから単年度で修了することはかなり厳しいものとなっている。私も試行から受講したものの足掛け3年かかって修了した。それだけに修了証の交付を受けた時の喜びは大きかった。

また、本県の講座の大きな特徴の一つに、建築士の資格を持つ者を対象とした保全設計監理コースと、そうでない市民（建築士の資格はないが、歴史的建造物の保存活動を行っている者など）向けの二つのコースがあるということである。（このコースでは、耐震診断や建物実測などの専門的な授業を除いた28・5時間）

「私たちが見つけた歴史的建造物」の報告書をグループごとに、最終回に発表しているが、その殆どが、これまで知られていなかった建築物であり、講座後、所有者からの相談を受け、実際に修復案を作成する場面なども生まれた。

本会のヘリテージマネージャー活動

本士会でのヘリマネ的活動の草分けは、現在、景観整備機構委員会の部会である「スクランブル調査隊の」の活動である。その活動は、１９９８年11月に行った鎌倉市の笹野邸調査から始まっており、すでに20年以上活動を続けている。スクランブル調査隊が実測調査などに関わった旧後藤医院（藤沢）、旧木下家住宅（大磯）、田丸邸（鎌倉）、坂井武三郎家住宅（鎌倉）などが続々と国登録有形文化財になり、その数を増やしている。

また、調査隊の活動範囲は県内にとどまらず、松山市、福山市鞆の浦、桜川市真壁、会津若松市、小諸市、大垣市など多くの街を訪ね、ヘリマネを全国に広めるための先駆けとなったのではないだろうか。その活動は、まさにヘリマネそのものを歩んできたといえよう。

図表 4-86「調査隊が作成した報告書」

図表4-87「第１回ヘリマネ大会会場風景」

THE KENSETSU TSUSHIN SHIMBUN
建設通信新聞
Architectures,Constructions & Engineerings News(Daily)
2012年（平成24年）3月13日（火曜日）

先人の知恵を再確認「自らが行動」

神奈川士会　第1回ヘリテージマネージャー大会

神奈川県建築士会（花方威之会長）は11日、横浜市中区の横浜ワールドポーターズで第1回神奈川県ヘリテージマネージャー大会を開いた＝写真。ヘリテージマネージャー講習修了生など約100人が参加し、全国各地の活動や県内の実践例を学び、歴史的建造物の保全活用へ「自らが行動する」ことを確認し、今後も議論を深めるため大会を開催していくことを確認した。

図表4-88「第１回ヘリマネ大会の記事」

ヘリテージマネージャー大会

本士会は、途中から養成講座を共催し、スクランブル調査隊による調査活動など、歴史的建造物の保全・活用に関して中心的に取り組んできた。２０１２年時点でヘリテージマネージャーは順調に増え、修了生が１００名に達してきていた。加えて各県で新たにヘリマネ養成の実施が始まり、全国的な動きに広がってきていた。そこで、修了生、士会会員、県民が集い、歴史的建造物の保全・活用に関する議論を深め、互いに学び会うヘリテージマネージャー大会を２０１２年３月に開催し、以降３年続けて実施し、２０１７年以降は、かながわヘリテージマネージャー協会が引き継ぐ形で実施している。その内容は、基調講演、活動報告、パネルディスカッションなどで、３回までは、筆者がコーディネーターを務めた。

一方そのころの全国の状況は、連合会が文化庁の助成を受けて作成したテキストをもとに、東日本大震災の被災県である宮城県も含め、およそ20の団体でヘリマネ養成に取り組むところまで広がってきていた。が半面、まだ半数以上が取り組んでいないし、講座は実施しても人材を公的に登録していない県があるなど、ネットワークを構築して活動を展開しているところは数える程であった。そういった状況を踏まえ、本会の第1回ヘリマネ大会の翌年度にあたる２０１２年10月19日に開催された第55回建築士会全国大会いばらき大会において、地域のヘリマネのネットワークを全国的に組織し、ヘリマネの活動に関する情報収集・提供、普及等を行うことにより、ヘリマネ活動の発展・拡大に資することを目的とした「全国ヘリテージマネージャーネットワーク協議会」が設立された。その年から毎年、全国大会の開催に合わせて全国ヘリテージマネージャー大会が開催されている。

かながわヘリテージマネージャー協会の発足

本県のヘリマネ修了生の２割以上は、建築士の資格を持たない活用マネジメントコースの人たちであり、士会の会員も２割でしかない状況の中、本士会とは別の組織を立ち上げてヘリマネの役割を果たしていこうと議論を重ねた結果、２０１６年８月に、ヘリマネ修了生で構成される「かながわヘリテージマネージャー協会」（以下「協会」という。）が発足した。歴史的建造物の発見、調査、保全活用に関する普及啓発、継続的な自己研鑽、ヘリテージマネージャーの養成などを事業として掲げている。

２０１７年２月及び２０１８年２月の第４回と第５回かながわヘリテージマネージャー大会は、当地域貢献活動助成を受けて協会が主催して開催し、歴史的建造物の所有者から悩みや思いを聞き、参加者と具体的な応援策を考えた。また、協会では、ヘリマネ修了生のスキルアップのための連続講座も実施している。２０１８年３月には、県、協会、士会の三者で相互の連携を強化し、県内における邸宅、邸

図表 4-89「三者の基本協定（抜粋）」

神奈川県、一般社団法人神奈川県建築士会及びかながわヘリテージマネージャー協会との
連携と協働に関する基本協定

神奈川県（以下「甲」という。）、一般社団法人神奈川県建築士会（以下「乙」という。）及びかながわヘリテージマネージャー協会（以下「丙」という。）は、相互の連携を強化し、県内における邸宅、庭園や歴史的建造物（以下「歴史的建造物等」という。）を活かした地域づくりの推進のため、以下のとおり連携と協働に関する基本協定（以下「協定」という。）を締結する。

（目的）
第１条　本協定は、甲、乙及び丙が、緊密な相互連携と、協働により、県内における歴史的建造物等を保全活用し、地域の活性化につなぐことを目的とする。

（連携事項）
第２条　甲、乙及び丙は、第１条の目的を達成するため、次の事項について連携し、協働する。
(1)　歴史的建造物等の保全活用に関すること
(2)　歴史的建造物等の普及啓発に関すること
(3)　歴史的建造物等の各種調査に関すること
(4)　ヘリテージマネージャー（邸園保全活用推進員）等の技術向上、育成に関すること
(5)　関係機関との連携に関すること
(6)　その他、歴史的建造物等を活かした地域づくりの推進に関すること
2　甲、乙及び丙は、第１項各号に定める事項を効果的に推進するため、事業の計画、実施、評価等に関し、定期的に協議を実施するとともに、随時、情報交換を行うものとする。

園、歴史的建造物を活かした地域づくりの推進のため、連携と協働に関する基本協定を締結している。

今後の課題

ヘリマネの養成は、多くの都道府県において、建築士会が養成講座を実施しているが、神奈川県は、邸園文化圏再生構想を打ち出した県自らが事業として、本士会が協力する形で実施してきた。順調に見えた養成講座は、当初の養成目標である１５０人の養成が済んだということで、２０１４年度で打ち切られてしまった。

その時点であともう少しのところで、60時間に達せず修了証が得られない受講者が複数いたことから、２０１５年は士会が補講を実施し、数名が修了生に加わることが出来たものの、それ以降は、補講も新規養成講座も実施されず、未了のままになっている受講生が残った状態となっている。（県のホームページでは２０２０年5月現在で２０１名の修了生となっている）。

養成開始から10年以上が経過し、修了生の高齢化も進んできており、新たな若い世代の専門家を養成する必要がある。先に紹介した3者による基本協定に基づき。養成講座が再開されることに期待したい。

【参考文献・出典】

神奈川県ホームページ
かながわヘリテージマネージャー協会会則

5章

自治体や民間企業による地域貢献活動支援

1 江の島の歴史的景観を守り・育てることを契機に創設された「藤沢市都市景観条例」

長瀬光市

住民と多様な主体との協働による景観まちづくりの始動

高度経済成長期、歴史的街並みの保全や緑地の保全運動が全国規模で展開された。１９６４年１月に鎌倉市の鶴岡八幡宮聖域である「御谷」の宅地開発を巡る騒動を契機に、文化人が中心となり鎌倉市風致保存会が結成され、基金運動を展開し、山林約１万５千㎡の鶴岡八幡宮裏山を取得した。更に、鎌倉・京都・奈良などの古都を守る運動に発展し、国に法制度の要望書が提出され、１９６６年、古都保存法制定に結びついた。

１９７４年、名古屋市有松に妻籠・今井町などの代表が集結し、郷土の歴史的街並みを守る運動体として「全国街並み保全連盟」が産声を上げた。その後、街並み保存運動が全国規模に広がり、１９７５年10月に伝統的建造物群保存地区制度制定へとつながった。

１９７０年代に入り、行政主導によるアーバンデザイン行政がスタートした。１９７３年には、全国で初めて「神戸市都市景観条例」が制定され、生活の身近かな都市景観を守り・育てる、住民が主体となったまちづくりがスタートした。

１９９０年に神奈川県内ではじめて藤沢市が、「藤沢市都市景観条例」を制定した。２００４年、国が景観法を制定する間、全国で４００を超える自治体で自主的な景観条例が制定された。住民と行政との連携による快適な都市空間の形成、歴史的街並みの保全や地域資源の保全、潤いのある水辺空間の創出などが進められた。

特に、「藤沢市都市景観条例」は、住民と多様な主体との連携・協働による景観づくりを推進する仕組みを行政が整えたことは大変意義深いものと言える。その後、県内では１９９３年、「真鶴町美の条例」、「小田原市都市景観条例」が制定され、県内の自治体に都市景観条例が広がっていった。

１９８６年、江の島の住民が景観破壊や観光経済の陳腐化を契機に「江の島存続の危機」に直面し、住民が主体となって江の島再生が始まった。

このような、まちづくり活動を通じて藤沢市に都市景観条例の創設や地区計画の指定を促した。また、江の島特別景観形成地区の指定に基づき、参道の街並み修景整備にあたっては、（一社）神奈川県建築士会湘南支部（以下、「建築士会湘南支部」という。）の協力を得て、住民と建築士が協働して景観形成に取り組んできた。

本文では、江の島まちづくりと都市景観条例制定の経緯などの関係も含め解説する。

バブル経済期、江の島で何が起こったか

江の島は、江戸の昔から湘南を代表とする観光地として親しまれてきた。バブル経済期、環境や街並み整備の遅れ、斜面地に出現した保養所による歴史的景観の破壊、江の島信仰の対象である岩屋の崩壊、旧島部と埋め立て地のイメージの不統一、海の汚染や砂州の堆積による江の島岬化など、様々な要因が重なって、江の島は存続の危機に直面していた。

①首都圏を取り巻く観光動向の変化により、修学旅行生・マスツーリズムから敬遠されなど、４００万人の観光客が２５０万人に激減した。

②観光経済の陳腐化により、江の島旅館、金城楼旅館、二見館などの老舗旅館の廃業。土産物店、飲食店の相次ぐ閉店が起こった。そして、跡地にリゾートマンション構想が矢継ぎ早に持ち上がっていた。

③岩屋の崩落により、江の島信仰の対象が薄れ、江の島詣でが激減した。

④江の島が、江の島岬となり陸続きの島となり、海の汚染、ゴミの島といわれるようになり、観光の魅力が低下した。

⑤消費者志向の多様化、個性化により、土産物店、飲食店等が、本物志向の対応に遅れ、夜6時を過ぎると参道の商店はシャッター通りと化していた。

⑥埋め立てを前提とした、江の島ヨットハーバーの倍増構想が持ち上がり、住民から反対の声が上がった。

⑦江の島の表参道や生活道路は狭隘で、アスファルトは剥がれ落ち、階段は痛み、道路脇にはプロパンガス、石油タンクが積まれ、防災面からも危険な状況下にあった。

江の島神社が鎮座して以来、神を守る（社会）として自治権が認められた江の島は、その長い歴史に支えられ、住民自治が根づいていた。住民は、江の島存続の危機に真正

面から立ち向かい危機を克服するため、様々な住民組織代表による「江の島地区整備計画検討会議（以下、「検討会議」という。）」を、１９８６年９月に発足させた。

直面する課題は、斜面緑地の破壊、歴史的景観の保全、江の島の海洋汚染、観光経済の陳腐化、生活環境の劣化であった。これらの課題を解決し、江の島再生のグランドデザインを明らかにすべき、「江の島の課題と地域資源の発掘」「江の島まちづくり計画の策定」「計画を具体化するルールと事業の仕組み」「地域再生事業の実現方策」を検討会議の取組み課題とした。

検討会議を中心に、江の島の持つ価値や個性、歴史と文化を見つめ直し、海や緑、歴史的環境を守り育てながら、新しい江の島まちづくりを目指す気運が高まり、月２回のペースで江の島再生に向けた議論が行われた。

「江の島島ぐるみ野外博物館構想」と「江の島まちづくり憲章」

検討会議が主体となり、行政や専門家の支援を受けて、１９８７年９月に「江の島島ぐるみ博物館構想」が策定された。

江の島のまちづくりの課題として「緑に包まれた歴史的景観の保全・形成と土地利用の秩序化」「観光地としての地域振興」「史跡名勝の維持・保全」「住民生活の向上と安全安心の確保」「バラバラなイメージの旧島部と埋め立て地との統一」が整理された。

この課題を解決し、「講」・「緑」・「海」・「史」・「湊」・「街」という江の島ならではの魅力を活かしたまちづくりを行うため、共通の目標として「江の島島ぐるみ野外博物館（江の島世界）」を掲げた（図表５―１）。

方針―①「島」

自然や歴史的文化遺産など「島ぐるみ野外博物館」の基本的財産の維持保全を図るために、斜面緑地を維持保全する。また、境川の浄化や河口部の浚渫により、海の浄化に取り組む。島内に点在する歌碑・句碑・燈籠・庚申塚などの歴史的文化遺産を活用する。住民が所有する文化資産を展示・公開するミニ博物館のネットワーク化を進める。

方針―②「橋懸り」と「道行き」

住み続けるための生活基盤の機能向上と観光客に安全安心の道空間を整備し、「島ぐるみ野外博物館」の基盤を整備するため、辺津宮、中津宮、奥津宮、岩屋を巡る楽しく歩きやすい道づくりを進める。また、火災に対して安全性を確保するため消防送水管の整備と生活環境の利便性を向上させる簡易ガス事業を進める。

方針—③「舞台」と「見晴らし」

江の島植物園、龍野ヶ岡、亀ヶ岡の頂上部の公有地、民有地や臨海部の岩屋、岩棚、江の島漁港、ヨットハーバーなどの公有地、神社空閑地の利活用による「島ぐるみ野外博物館」の中核施設を整備し、集客化の拠点プロジェクトを推進する。

方針—④「房」

江の島らしい街並み景観形成や斜面領地の保全による緑の江の島に復元するため、マンション、風俗営業の禁止。表参道に面す1階部分の非住宅化など、江の島らしい土地利用の誘導を図る。また、斜面緑地の保全と建築物・工作物の禁止、建築物の高さ規制を行う。個々の商店の屋根や看板、たたずまい、色彩など、街並み景観の形成による観光地の舞台づくりを進める。

このような「江の島島ぐるみ博物館構想」を実現するために、目指すべきまちづくりの基本理念、住民と事業者、行政との役割を明らかにし、住民自治の精神を内外に発信す

図表5-1「江の島まちづくり憲章」

江の島まちづくり憲章

江の島 島ぐるみ野外博物館構想

野外博物館をつくるための具体的な構想として、島・橋懸り・道行・舞台・見晴らし・房、という6つの旗じるしをかかげています。
これらは、
●「水」に関係する旗じるし・・・島・橋・見
●「人々の活動と場」についての旗じるし・・・道・舞・房
という2つの大きなテーマで構成されています。

島　自然や歴史的文化遺産など「島ぐるみ野外博物館」の基本的財産の維持・保全
① 斜面緑地の維持・保全
② 境川の浄化や河口部の浚渫などによる海の浄化
③ 点在する歴史的文化遺産の活用（歌碑・句碑・燈籠・鳥居・庚申塔など）
④ 岩屋の再開

房　江の島らしい景観形成による「島ぐるみ野外博物館」の街並や背景の整備
① マンションなどの用途規制やミニ博物館などによる、江の島らしい土地利用誘導
② 斜面緑地の保全
③ 個々の商店の屋根や看板、たたずまいなど街並景観の形成による観光地の舞台づくり。公共施設のモデル提示。

島　房　舞　緑　講　海　湊　街　史　橋　見　道

舞　見　市や県の公有地・公営施設の活用による「島ぐるみ野外博物館」の中核施設の整備
① 海辺の世界巡り。
●片瀬江ノ島水族館を中心とするウォーター・フロント・センター
●ヨットハーバーを利用した海をテーマにした文化施設
これらの施設の連携により海の世界を総合的に体験できる。
② 緑の庭園巡り。
●江の島頂上部
●亀ヶ岡
●龍野ヶ岡
これらの緑地の活用により眺望に富んだ3つの庭園を楽しめる。

橋　道　都市施設の機能向上による「島ぐるみ野外博物館」の基盤整備
① 江の島の魅力ある施設や場所を巡る、楽しく歩きやすい道づくり。「島ぐるみ野外博物館」の誘導ルート・プロムナードづくり
② 道路のスロープ化やガス・消防用配水管など、日常生活での安全性・利便性の向上。

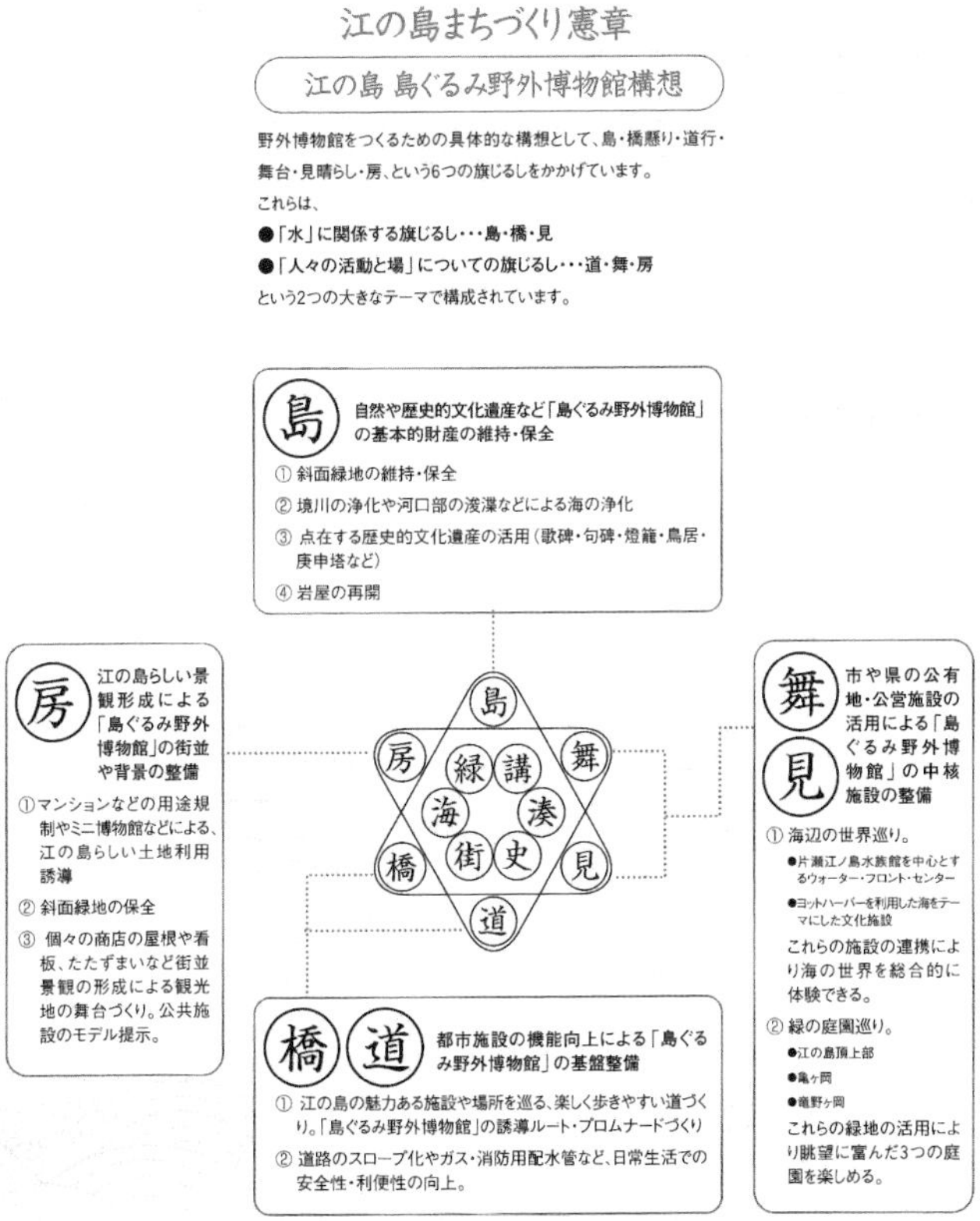

出典：江の島のまちづくり（藤沢市）

図表 5-2「まちづくりプロジェクト公民の役割分担」

公民の役割と責任分担	まちづくり事業	事業の概要
住民が主体となって行う事業	1　簡易ガス事業 2　ミニ博物館事業 3　街並み修景事業 4　地産地消の商品開発 5　地区計画・景観条例に基づくルールづくり 6　観光誘客事業	・住民が簡易ガス事業法に基づく協働組合を設立、負担金を集めた事業経営 ・住民が所有する文化財などを旅館・土産店の一角のミニ博物館を設置（岩本楼ミュージアム・恵比寿屋博物館・貝のミュージアム・江島神社博物館等） ・住民が景観条例に基づき、店舗・旅館・住宅等の街並み修景事業を実施 ・飲食・土産物・旅館業団体と漁協が連携して、特産品や食事を開発 ・住民が主体となって、土地利用・景観形成のルールをつくる ・個人や小グループを対象とした観光誘客の推進
江島神社が主体となって行う事業	1　宗教施設復元事業	・瑞神門・瑞神橋の復元、中津宮・奥津宮等の修景整備
行政（市）が主体となって行う事業	1　島内道路整備（県市連携） 2　消防送水管事業 3　緑の庭園巡る事業 4　岩屋再開事業 5　観光サイン事業 6　公共施設修景整備事業	・行政は県道・市道を道路デザイン計画により整備 ・行政は消防活動を円滑化する消防送水管を敷設 ・行政は植物園の再整備、亀ヶ岡・龍野ケ岡の顕美を県や民間企業都連携して整備 ・行政・江島神社・観光協会が連携していや和裁化事業を推進 ・島内の道しるべ、文化財を紹介するサインを全島に設置 ・公衆便所・消防団施設等の修景整備
行政（県）が主体となって行う事業	1　臨港地区主景整備事業	・江の島大橋・臨港道路の修景整備、聖天島公園の整備、ヨットハーバーの親水機能火事業、水際線の修景整備等
民間企業が主体となって行う事業	1　施設修景事業	・亀ヶ岡江ノ電パーラーの修景整備、老朽化した江の島灯台の改修等

るため、１９８８年４月住民集会を開き「江の島まちづくり憲章」を全住民の賛同により採択され、憲章が制定された。

その憲章の前文に、「江の島は、海と緑の美しい自然環境豊かな歴史的遺産を持つ藤沢市を代表する地区であり、藤沢住民にとって印象深い場所の一つです。

私たちは、さらに豊かな江の島の魅力をつくりだしていくことを願い、優れた自然環境と歴史的遺産を活かして江の島らしい価値をもった、活力と魅了あるまちづくり〈島ぐるみ野外博物館〉を目指します。

また、旧島部と埋立地も一つの江の島としてまちづくりを進めるために、ここに『まちづくり憲章』を定めます。」とうたわれている。

この「憲章」を島の「憲法」とし、様々なまちづくりの仕組みや仕掛けが体系づけられている。

江の島まちづくりを実現するための住民との役割分担

「江の島島ぐるみ野外博物館構想」を具体化するためには、住民と江島神社、民間企業、行政とが役割を分担し、新しい公共モデルとして、相互が連携・協働してまちづくり事業を推進する必要がある。

検討会議と行政との度重なる協議が行われ、次のようなまちづくりのプロジェクトごとの役割が確認された（図表5―2）。

①先導的プロジェクト（生活基盤整備）

・住民の要望が一番多い、ガス事業について住民が「簡易ガス事業協同組合」を設立し、事業主体となる。簡易ガス事業に先行して行政が市道、県道のプロムナード事業、消防送水管事業を総合的に実施する。

②歴史・文化と緑の江の島再生プロジェクト

・検討会議と藤沢市が協議して土地利用整序を図るため、地区計画制度の導入、江の島らしい景観形成を実現するため都市景観条例の創設、建築基準法第42条第3項道路の具体化を図る。特に表参道は誘客を呼び込む仕掛けとして、5年を目標に沿道建造物の修景事業を重点的に行う。

③魅力度アッププロジェクト

・地域資源を発掘し、魅力度向上を図ために行政と民間企業が連携して「岩屋の再開」「緑の庭園巡り」「海辺の世界巡り」の中核施設整備を推進する。また、港湾管理者は臨港地区内に親水機能やプロムナード整備を推進する。江の島神社による辺津宮、中津宮、奥津宮周辺の神社施設の修景整備、復元事業を推進する。

このような、3つのプロジェクトが検討会議と関係機関、行政間でオーソライズされ、「島ぐるみ野外博物館」の事業主体ごとに役割分担が確認された。この方針に基づき、島ぐるみ野外博物館プロジェクトが始動した。

この役割分担の方針に基づき、藤沢市による地区計画制度の導入、江の島をモデルとした都市景観条例の創設、建築基準法第42条第3項道路指定が次々と行われた。

土地利用を秩序化する「地区計画制度」の導入

行政は、緊急性が求められている土地利用の秩序化を図るため、旧江の島全域（旧島部は都市計画法による商業地域。埋立地は港湾法による臨港地区が指定されている。）に都市計画法に基づく「地区計画」を導入する。また、建築確認対象とするため、「地区計画の区域内における建築物の制限に関する条例」を制定する方針とした。

都市計画法に基づく地区計画原案は、土地利用規制として「西町地区」「東町」「山地区」は、共同住宅、長屋、ラブホテルの禁止、西町地区の表参道については、1階部分を非住宅とする。また、建築物の高さの最高限度は、「山地区」12ｍ以下、「東町」「西町」については15ｍ以下とする。指定された斜面緑地内は、建築物及び工作物は築造、設置してはならないこととした。

この案に基づき、江の島地区地区計画案の住民説明会が行われ、住民全員の賛同を得て、１９８９年６月、都市計画決定がされた（図表５—３）。

同時に、「藤沢市地区計画の区域内における建築物の制限に関する条例」が、１９８９年６月に制定された。

この法令と条例の制定により、高層建築物の禁止、リゾートマンション・ラブホテルが禁止され、斜面領地が保全されることにより、江の島らしい土地利用の秩序化が図られた。

江の島をモデルにした「藤沢市都市景観条例」の創設

藤沢市は、「土地利用の秩序化と景観形成のルール化」方針を踏まえ、１９８７年11月から「藤沢市都市デザイン懇話会（以下、「懇話会」という。）」を中心に条例化の検討に着手した。12回にわたる協議・検討を行い、１９８８年９月に市長に答申がされた。懇話会からの答申に基づき藤沢市は、議会の議決を経て１９８９年３月「藤沢市都市景観条例」を制定した。

懇話会は、都市景観条例の具体的検討にあたり、検討すべき基本的事項を次のようにとりまとめ、この方針に基づ

図表 5-3「江の島地区整備計画」

<table>
<tr><td rowspan="6">地区整備計画</td><td>地区施設の配置及び規模</td><td colspan="2">修景広場</td><td colspan="3">約0.2ha</td></tr>
<tr><td rowspan="4">建築物等に関する事項</td><td rowspan="2">地区の区分</td><td>名称</td><td>西町地区</td><td>東町地区</td><td>山地区</td></tr>
<tr><td>面積</td><td>2.6ha</td><td>5.5ha</td><td>20.2ha</td></tr>
<tr><td colspan="2">建築物の用途の制限</td><td>次の各号に掲げるものは建築してはならない。
1共同住宅、長屋
2ラブホテル
3表参道（県道23号江の島線）に接する建築物の表参道に面する1階部分を住宅の用に供するもの</td><td colspan="2">次の各号に掲げるものは建築してはならない。
1共同住宅、長屋
2ラブホテル</td></tr>
<tr><td colspan="2">建築物の高さの最高限度</td><td colspan="2">建築物の最高の高さは、15mを越えないものとする。</td><td>建築物の最高の高さは、12mを越えないものとする。</td></tr>
<tr><td>土地利用の制限に関する事項</td><td colspan="2">樹林地、草地等の保全に関する制限</td><td colspan="3">1良好な自然環境の確保に必要な現に存する樹林地及び草地等を緑地として保全する。
2樹林地、草地等の保全区域内には、建築物その他の工作物を建築、築造又は設置してはならない。ただし、防災上又は公益上やむを得ない場合は、この限りでない。</td></tr>
</table>

出典：江の島のまちづくり（藤沢市）

き制度設計が行われた。

①住民主体による「江の島のまちづくり」をモデルに、息の長いまちづくりを支援する仕組みを検討する。また、時間軸を視野に江の島ならではの景観形成を支援するスピード感を持った制度を検討する。

②江の島モデルを参考に、住民が主体となって景観まちづくりの熟度に応じた、活動支援の仕組みをつくり、住民主体のまちづくりの永続的な取組みを促す。

③江の島モデルを参考に、まちづくりを総合的な施策と捉え、独自の施策を組み合わせるなど創意工夫を促す。そして、住民、事業者と行政が果たす役割を明確にする。

④良好な景観形成を実現するために、建築、アーバンデザイン、造園、色彩など専門家の支援、協力を得ながら進めていく、支援制度を検討する。

⑤住民が主体となった協議会は、ルールを創って終わりではなく、それを出発点に、地域ルールをもとにした、まちづくりの進捗管理を担う仕組みを検討する。

このような基本方針を踏まえ、「藤沢市都市景観条例」の体系を整備することとした。

この都市景観条例体系において、藤沢市独自の創意工夫を凝らした、次のような特徴的な仕組みが随所にちりばめられている。

方針―①　市長が指定する「特別景観形成地区」制度

都市景観形成上重要となる地区は、市長が指定を行い、当該地区のみなさんが協議会をつくり、技術的支援又は、助成などを受け、特別景観形成計画案、基準案を策定する。

方針―②　まちづくりを推進する「準備会と協議会制度」

住民主体のまちづくりは、その出発点において、多くは景観形成のルール化を主眼とするため、景観形成準備会で十分な検討を行い、方向性が明らかになった段階で、景観形成協議会に移行する二段階制度。

方針―③　景観市民団体と景観協定

まちづくりの普及・啓発を主眼とした、話し合いや活動の場づくりを支援する景観市民団体制度、まちの規範をルール化する都市景観協定制度。

方針―④　まちづくりを支援する多様な支援

景観形成協議会、住民団体等に対して、技術的援助、専門家の派遣、活動経費の一部を助成する制度。

方針―⑤　景観形成協議会との事前協議の仕組み

条例の届出や建築確認申請にあたり、特別景観形成地区、景観形成地区が指定されている地区では、当該地区内の景観形成協議会と事前に協議・調整を図り、協議が整った事案を行政の景観担当窓口に申請する仕組みとした。

地域構造と整合した「建築基準法第42条第3項道路」の指定

江の島の道路は、臨港道路を除いて全島に建築基準法第42条第2道路指定がされている。地形・構造上、東町地区は斜面に住宅が形成されてきたことから、宅地の裏側が崖地、宅地の表側は狭隘な生活道路が崖地に沿って築造され、建築基準法第42条第2項に基づく中心後退が困難な地形となっている。

検討会と行政との協議の結果、江の島神社参道（表参道入り口～辺津宮区間）については、法第42条第2.項道路指定を維持する。その他の狭隘道路は、江の島頂上部の「緑の庭園巡り計画」の整備、全島を巡らす消防送水管の整備、急傾斜地崩壊防止工事を進め、災害・火災に対する安全性と避難地を確保することで、建築基準法第42条第3項道路指定を行う。また、道路地盤面が宅地の地盤面と同等に見なす規定を設けることにより、道路斜線の緩和措置を行うこととした。

１９９１年４月に、建築基準法第42条第３項道路位置指定がなされた。以来、江の島での建築物の新築、増築等が適法に行われるようになった。

江の島特別景観形成計画と景観形成基準

藤沢市都市景観条例の施行後、間髪入れずに藤沢市長が、１９９０年４月に江の島全域を対象に「特別景観形成地区」を指定した。

それを受け、検討会議が中心となり「特別景観形成地区協議会（以下、「協議会」という。）」を設置し、市長から認定された。協議会において特別景観形成計画と景観形成基準について検討が行われた。取りまとめられた計画・基準案は、住民集会に提案され、計画・基準案が承認され、１９９０年11月に「江の島特別景観形成計画と景観形成基準」が告示された。

〈特別景観形成計画の概要〉

景観形成の目的は、「江の島島ぐるみ野外博物館」を目標に、江の島地区整備計画と連携し、江の島ならではの「自然・眺望・歴史・文化・緑等」を引き立てながら、自然環境と調和した和風イメージの景観づくりを進め、江の島らしさの保全・育成を目指すこととした。

景観形成地区は、旧島部と埋め立て地を含めた37haとした。景観形成地区の街区割りは、西町参道沿道街区、西町一般街区、東町商店街通り沿道街区、東町一般街区、山地区、臨港街区による地域特性を踏まえた街区を設定した。景観形成の方針として、「土地利用の方針」「地区施設の景観形成の方針」「建築物等の景観形成の方針」「緑化に関する景観形成の方針」「色彩等の景観形成の方針」「景観管理に関する方針」「眺望に関する方針」「水際線の景観に関する方針」「産業・芸能・文化財等の景観への活用に関する方針」「音環境に関する方針」が定めれている。

このように、景観形成方針には、歴史的風致の維持向上の観点から文化財・地域資源、芸能文化、音環境も含めた総合的な景観形成の指針となっている。

〈特別景観形成基準の概要〉

景観形成計画に基づき、6つの街区ごとに「建築物・工作物の意匠」「土地の形質」「木竹の伐採・植栽」「色彩」「広告物・看板」などの基準が定められている（図表5—4）。

一方、地区整備計画により、用途規制、高さ規制、斜面緑地の保全の規制が行われ、法と条例が相互に補完することで、緑と歴史・文化に育まれた景観の保全・形成が図られ

図表5-4「西町参道街区景観形成基準」

西町　参道沿道街区

			景観形成基準
建築物・工作物	仕上げ・色彩	屋根	●日本瓦葺き・銅板葺き等とする。●別表色標1（P13参照）による。但し、銅板葺き緑青色はこの限りではない。
		外壁	●リシン吹きつけ・リシンかき落とし・漆喰塗壁等、和風の仕上げとする。●別表色標2（P15参照）による。但し、伝統的建築様式の、白・黒等、神社建築様式の朱・白・黒等の使用はこの限りではない。
		建具	●こげ茶色・黒系とする。木製建具においては、素地色・素地に近い塗装とする。但し、この基準は県道23号線に面する建築前面及び、建築側面に適用するものとする。
	意匠	屋根	●2方向以上の傾斜屋根とする。県道23号線に面する部分は道路に対して平入とする。●屋上に設置される塔屋・設備機器等の置き場は、建築物本体と調和し、和風のイメージを著しく損なわないものとする。ルーフバルコニーは四方を傾斜屋根で囲む。●県道23号線に面する壁面で、2階建て以上のものは、各階に屋根又は庇をつける。
		建具	●建具・ベランダ等は和風の形態とする。但し、この基準は県道23号線に面する建築前面及び、建築側面に適用するものとする。
	日除・風除		●別表色標3（P17参照）による。日本の伝統色を生かし落ち着いた色を基調とする。最高彩度色の1／3以下とする。
	設備機器類		●全ての設備機器及び配管は、県道23号線から見えない位置に設置・配管する。但し、設置・配管が困難な場合は、壁・板塀・垣根等の囲いにより目隠しを行う。囲いは外壁・建具の基準に準ずる。
	塀・垣根等		●竹垣・板塀・生け垣等とする。●コンクリートブロック・コンクリート等の塀は、日本瓦などをのせ和風の形態とする。仕上げ・色彩については外壁の基準に準ずる。
	車庫・駐車場		●塀・垣根等の基準に準じて修景する。
広告物・看板等			●日本の伝統的和風看板とする。●ネオンサイン・動光看板の禁止。窓ガラス面への看板・ポスター類の貼りつけの禁止。●看板の地色は、白系色を基調とし、文字等については、最高彩度色の1／3以下とする。別表色標4（P18参照）による。但し、日本の伝統的色彩はこの限りではない。●内照式看板の光源は白色とする。
土地の形質			●土地の形質の変更を行うときは、変更後の土地の形質の状態が周囲の景観と調和のとれたものとする。
木竹の伐採・植栽			●斜面地の緑地保全を行うと共に、緑化を推進する。
その他の事項	演出	店先	●県道23号線から直接見える部分に、空箱・空ケース・ゴミ等を放置しない。●県道23号線から直接見える自動販売機は、突出色を避け外壁の基準に準じた色彩とする。但し、やむを得ない場合は、和風の囲い等で目隠しを行う。
		音楽・放送	●必要以上の音量を出さない。広告音楽の内容についても江の島にふさわしいイメージのものとする。
		照明	●和風の形態・仕上げとする。

出典：江の島のまちづくり（藤沢市）

る仕組みとなっている。

旧島部5街区の景観形成基準の内容は、「建築物の意匠・仕上げ」は、和風デザインを基調にする。建具は和風デザインとし、こげ茶色・黒系の色彩コード。「外壁・屋根」は自然環境色と調和した色彩コード。「日除・風除」は、日本の伝統色を活かした落ち着いた色調を基調とする色彩コード。「広告物・看板等」は、日本の伝統的和風看板とし、ネオンサイン・動光看板の禁止、窓ガラス面への看板ポスター類の貼り付け禁止。看板の地色は白色系を基調とした色彩コード。

臨港街区の景観形成基準の内容は、「建築物の意匠・仕上げ」は、自然の素材感をだすよう、タイル・自然石・木材等の仕上げとし、屋根は2方向以上の傾斜屋根とし、外壁・屋根に色彩コードを定めている。

住民と建築士会湘南支部が連携して取りむ「街並み修景事業」

景観形成戦略は、地域価値を高め、地域を活性化し、人を呼び込むことで、「景観」を「消費の場」に変える効果が期待される。

検討会議では、地域価値を高める戦略として

図表5－5「都市景観形成助成金」

助成対象	都市景観の形成のために必要な行為に要する経費	助成率	助成限度額
建築物	基本設計及び実施設計、工事監理に関わる経費	2/5	1,000,000円
	建築物の新築に関わる工事費のうち、外観の仕上げ及び屋根の仕上げに関わる経費	2/5	3,500,000円
	建築物の増築・改築・修繕・模様替に関わる工事費のうち、外観及び屋根に関わる経費	2/5	3,500,000円
	建築物の外観又は屋根の過半にわたる色彩の変更に関わる経費	2/5	500,000円
	建築物又は自動販売機の隠蔽の工事に関わる経費	2/5	500,000円
工作物	塀、垣根等の増築・改築・修繕又は模様替に関わる工事費のうち、外観に関わる経費	2/5	500,000円
	擁壁又は石垣等の増築・改築・修繕又は模様替に関わる工事費のうち、外観に関わる経費	2/5	1,000,000円

出典：江の島のまちづくり（藤沢市）

①昔ながらのツアー客や修学旅行生を対象とした土産物店や飲食店を、経営診断に基づき、個人客をターゲットにした店舗戦略への転換。

②江の島の海で捕れる伊勢エビ・アワビ・サザエ・ワカメ等を活用した地産地消による商品開発を行い、本物

志向を目指す。

③参道沿道の店舗を5年以内に修景整備を実施し、街並み景観を消費の場に替えていく。

④街並み修景事業にあわせて旅館・商店の一角にミニ博物館を整備する方針を打ち出した。

この方針を踏まえ、行政は住民が主体となって取り組む、街並み修景事業の支援を目的に、「江の島景観形成助成金要綱」（図表5―5）。江の島に相応しい店づくり、業種の変更、ミニ博物館づくりを行う場合の利子補給制度「江の島観光地活性化特別融資用要綱」を、1991年4月に制定した。いずれの制度も1991年4月から5年間の時限制度とした。

課題は、参道沿道の修景整備の支援制度は整備されたが、街並み修景の視点から、「個々の店舗デザインと街並みとの統一感や調和をどのように調整していくか」「店舗の改修・修景に係わる建築士やデザイナーに対して江の島ルールをどのように周知、徹底を図っていくか」「道路整備と店舗等改修工事の資材運搬の調整方法」などについて検討が行われた。

検討の結果、建築士会湘南支部と検討会議、行政とが協議して「江の島街並み修景づくり覚え書き」を締結した。

①建築士会湘南支部は8名の建築士を派遣する。

②行政は江の島のまちづくりのルール（地区計画、景観形成基準、法第42条第3項道路指定制度）や道路整備事業スケジュールの説明会を開催する。

③検討会議は約45件の店舗に対する修景事業、店舗改修の有無と実施時期の調整を担うこととした。

検討会議は、建築士の担当する対象店舗を選定し、1年をかけて、店舗ごとに所有者と協議を行い、改修案を提案した。

その修景計画案を所有者と建築士が持参して「街並み修景会議」が開催された。提案された、修景計画をもとに、各店舗の個性と全体調和を巡る意見交換が何度となく行われた。

その調整を踏まえ、店舗ごとに計画の修正が加えられ、工程表がつくられた。結果として3年で参道沿い、45件の店舗修景・改修事業が実施された（図表5―6）。

経済効果を発揮すべき、建築士と所有者との連携、住民参加による街並み修景会議が機能し、競い合いがプラスに働き、参道沿道がみごとに街並み修景が行われた。

江の島の取り組みは、観光地の単なるプロナードではなく、道路を中心に沿道空間の一体的・総合的な整備として「4つの目標の達成」によって、居住環境の向上と観光地の魅力づくりを目指したものである。

図表 5-6「参道鮮度の修景整備計画」

出典：江の島のまちづくり（藤沢市）

図表 5-7 「江の島島ぐるみ博物館」

出典：江の島のまちづくり（藤沢市）

①街並み修景整備により、江の島の歴的環境に相応しい街並みの創出。
②防火機能や供給処理施設などの充実により、安全安心で豊かな生活環境を創出。
③舗装や照明の整備により、安全で快適な歩行空間の創出。
④デザインや誘導サインの工夫により、巡り、発見し、知る楽しさの創出。

参道沿道の街並み修景整備が契機となり、漁師町である東町や他地区の住宅地に対する山頂部からの見下し景観を意識した、屋根の色彩の変更、建築物の改修が行われた。

特に、東町の道路整備では、漁師町の面影を残す生活道路整備と店舗を中心とした修景整備が一体となって進められた。

江の島島ぐるみ博物館整備により、400万人の入り込み客が250万人に激減してから、500万人まで回復した。現在では、年間1000人を超える観光客が訪れる「江の島」として賑わっている（図表5―7）。

江の島のまちづく活動は、検討会議から「江の島振興連絡会議」に引き継がれ、島全体のマネジメンを主体とした永続な取組みが現在も行われている。

【参考文献・出典】

長瀬光市共著「人を呼び込むまちづくり」（ぎょうせい、2013年4月）

2 ヨコハマ市民まち普請事業による市民活動支援

小笠原　泉

ここでは横浜市内において市の事業として行われている「自治体と地域が協働したまちづくり活動」の『ヨコハマ市民まち普請事業』を紹介する。はじめに事業の仕組みを簡単に述べ、次に横浜市はどのような背景と意向を持ってこの事業を始めたのか、そしてこの事業を横浜市民はどのように受けとめて活動をしてきているのかについて、そして最後に活動継続に係る課題について、順に述べることにする。

ヨコハマ市民まち普請事業とは

① 事業の仕組み

「ヨコハマ市民まち普請事業」（以下「まち普請」という。）という変わったネーミングのまちづくり支援事業は、横浜市民が主体となって行う地域の課題解決や魅力向上のための施設整備を伴うまちづくりに対して、横浜市が技術的な支援や金銭面での助成を行う事業として２００５年（図表５―８）に始まった。

「まち普請」はこれまでに多くの市民の方々の参加を得て進められており、２０２０年度までに計１８８件の整備提案が出され、このうち２０１９年度までに53件が事業化された。

「まち普請」の仕組みを要約すると、後ほど述べる一定の要件を満たし、地域課題の解決を目的として活動の資金の支援を受けたいと考える提案グループは、実現可能で公共性のある整備提案を持って「まち普請」に応募することから始まる。提案グループは横浜市が開催する2回の公開コンテストに参加し、審査員の公開審査を経て事業採択され、次の年度に採択された額の活動資金の支援を横浜市から受けて、地域課題の解決に向けた活動を実施する、という事業である。

各提案グループが提出する「整備提案書」や公開審査に至る一連の選考過程において、各提案グループに一貫して問われることは、提案する活動について、地域住民や地元の自治会町内会の理解や協力があることを示していくことだ。

すなわち「地域の一部の人たちの一過的な活動」や「あるテーマに関する学術的な調査研究活動」ではなく、その提案内容が地域の中で解決すべき課題になっていると多くの地域住民が認め賛同していることが条件となっている。その地域課題の解決のために、提案グループのみならず多くの地域住民が結束し、その解決に向け協力して「何かを設え」、その設えたものを地域住民が持続的に使いまた運営していくこと、すなわちつくっただけで終わりではなく、その設えたものを持続的に維持運営していくことが、この事業の基本的なスキームなのだ。

②事業の流れ

事業の流れは以下のとおりである。

「まち普請」に応募するにあたり、地域の課題解決や魅力向上を図ることを目的とした地域住民による提案グループは、毎年度当初に「まち普請」の担当部署（横浜市都市整備局地域まちづくり課）に「応募申込書」と「整備提案書」を提出する。

整備提案するためには、提案グループは提案する整備場所又はその近くに居住している横浜市内の住民等を３人以上含んでいることなどいくつかの条件をすべて満たすことが必要だ。また対象となる整備提案は住民等が主体となって実施できるものであり、公共性があること、住民等が持つ新しい発想、手法、地域の資源などを生かした取組で、その成果が地域まちづくりに寄与すると考えられることなど、これもいくつかの応募要件をすべて満たす提案であることが必要となる。その後、提案グループから提出された「整備提案書」の実現性を高めるため、横浜市の職員が支援して提案内容の整理や実現に必要な関係機関との協議・調整をするなどの準備を進め、実現可能な提案に整えていく。そして、その提案をもって整備助成金最大５００万円をめざし、一年間にわたる知力と創意工夫に満ちた公開コンテストに挑むのである。

一次コンテストは通常毎年七月頃に開催される。その際、各提案グループは公募された市民審査員２名を含む、横浜市が選定した審査員８名と一般参加者に向けて、それぞれの提案内容を魅力たっぷりにプレゼンテーションしている。審査員との質疑応答を経て、公開投票により一次コンテストの審査基準である「創意工夫」「意欲」「公共性」があると認められた団体は、二次コンテストへと進むことができる。新型コロナウイルス感染拡大に揺れた２０２０年度も、事業スケジュールを変更したものの10月に一次コンテストが実施され、11グループが整備提案を行い、そのうち６グループが二次コンテストに進んだ。

また、一次コンテストを通過した提案グループには、二次コンテストに向けて、提案について具体的にアドバイスを受けるためのまちづくり専門家への謝金や活動の広報印刷費に使うことができる最大３０万円の活動助成金を横浜市から別途受けることができる。

９月頃になると、意見交換とアドバイスの場である活動懇談会が開催される。ここでは一次コンテスト通過グループは審査員やまち普請の先輩グループと意見交換などを行うことができ、それぞれの提案グループにとって二次コンテスト通過に向けた経験的で実践的なアドバイスを受けるよい機会となっている。

年明け後に実施される二次コンテストでは、一次コンテスト通過グループに前年度に一次コンテスト免除とされた提案グループも加わり、一次コンテスト時と同様に審査員8名と参加者に向けてさらに検討を重ね磨き上げてきた最終提案をプレゼンテーションする。一次コンテストと同様、審査員との質疑応答を経て、公開投票により二次コンテストの審査基準である「創育工夫」「実現性」「公共性」「費用対効果」「地域まちづくりへの発展性」があると認められた団体は、提案団体から提出された整備助成申請額から精査された５０万円～５００万円の整備助成金の交付額が決定される。またこの際に、残念ながら二次コンテストを通過できなかった一次コンテスト通過提案の中から、次回一次コンテスト免除提案を選出している。

２０１９年度の「まち普請」の応募数は12提案、一次コンテストを通過したものは6提案、このうち5提案が二次コンテストに進み、公開投票の結果、助成対象となったものは3提案、また次回の一次コンテスト免除となったものは1提案であった。

事業が誕生した背景と横浜市が意図したこと

「まち普請」のキャッチフレーズには「私たちのまちを私たちでつくる　きっとまちが好きになる」と謳われている。

では、横浜市はどのような背景と意向を持って「まち普請」を創設したのか、そしてまたこの事業は横浜市民にどのように受けとめられているかについて述べる。

横浜市が整備するのではなく、市民が自ら行う公共性を伴う施設整備に対し、最大５００万円まで行政が支援するこの事業は、どのような背景と意図によって誕生したのであろうか。

現在では人口３７０万人を超え政令指定都市最大の規模となった横浜市は、１９９０年代後半に入ると戦後間もなくから続いた急激な人口増加が収まり、いわゆる団塊の世代を中心とした郊外部への人口の転入も落ち着きを見せるようになった。加えて市民の定住志向が高まるなど、比較的若い世代が多いといわれた横浜市も都市の成熟段階を迎えるに至った。このように都市としての新たな転換期を迎えた横浜市は、その後の市政運営を見据え、「非『成長・拡大』」をキーワードとする時代認識のもとに、横浜市の中期的な市政運営の基本方針を２００２年に策定した。その基本方針である横浜市の「中期政策プラン」のなかで、「市民との協働による地域のまちづくり」が位置付けられ、今後のまちづくりへの市民参加のありかたや手法が模索されていくのである。

これらの背景の中で、「まち普請」は２００３年度の横浜市「アントレプレナーシップ事業」の一つとして、当時まちづくり行政に携わっていた建築職の複数の若手職員たちの提案として生まれている（横浜市のアントレプレナーシップ事業は、緊急性・必要性の高い市民のための事業を職員自らが発案し、事業化に向けて取り組む庁内ベンチャー制度として２００３～１２年度までの間、検討テーマが募集された）。アントレプレナーシップ事業創設後初めての提案受付となった２００３年度は５５件の応募があり、最終的には「民の力を活かした風力発電の事業化」「民間とのタイアップによる広告料収入の拡大」「市民提案・市民主体の身近なまちづくり」の３テーマの事業化が決定された。このうちの「市民提案・市民主体の身近なまちづくり」のテーマが、詳細な事業構築の検討を経て「ヨコハマ市民まち普請事業」として２００５年度にスタートしたのである。

アントレプレナーシップ事業で提案された「市民提案・市民主体の身近なまちづくり」とは、本来的な住民自治とは何かを問うとともに、新住民が多く希薄だといわれる横浜市の地域コミュニティを再生又は活性化させる手法を、地域の課題を地域住民が主体となって解いていくことであると捉え、提案者たちはそのプロセスを地域住民自らが体験することで自分たちの住み暮らす地域にさらに愛着を持つことができるのではないか、と考えたのである。

この意図は「まち普請」が２０１４年度の日本都市計画学会の最高の栄誉賞である「石川賞」を受賞した理由にも明確に反映されている。日本都市計画学会はその受賞理由を「物的な再生だけでなく人と人の繋がりの再生も育み、住民の主体的な取り組みが広がっていくとともに、事業コストの縮減、参加型社会の実現が図られるコストパフォーマンスの高い公共事業である」（受賞理由書の一部を抜書き）とし、高い評価を与えた。この受賞理由こそ横浜市が「市民提案・市民主体の身近なまちづくり」とのテーマに意図したことそのものである。

「私たちのまちを　私たちでつくる　きっとまちが好きになる」、このキャッチフレーズのもと、「まち普請」を事業化し継続している横浜市と、その事業によって進められた地域住民の活動の過程と結束、そしてその活動を積極的にサポートしてきた専門家の職能集団（横浜プランナーズネットワークなど）の支援活動がともに評価されたのである。

まち普請がもたらしたもの

では、このような背景と横浜市の意図により始まった「まち普請」で、どのような事業提案が実現したのか、また提案グループに参加し協力した市民や関係者にどのような影響や効果をもたらしているのであろうか。以下にそれについて第1回目の提案事例と採択事業を挙げながら述べることにする。

２００５年４月に「まち普請」を創設したことを公表した際、やや風変わりなネーミングや公開コンテストによる提案選考、そして最大５００万円という支援金の額も話題となって、多くの市民や専門家の注目を集めた。そのこともあって事業初年度の５月の提案募集には、現在までで最多の31グループから応募提案が寄せられ、一次コンテストで13グループの提案が通過し、二次コンテストの結果７グループの提案が整備助成対象提案として選ばれ、翌年度事業化されている。

記念すべき第1回「まち普請」に31の提案グループから寄せられた全提案と、一次コンテスト通過グループ、二次コンテスト通過グループとその整備助成申請額を図表５―８に示す。

その年、翌年の一次コンテストの免除を受けた二つの提案グループのうち、『地域のコミュニケーション基地「うさきちハウス」づくり』（神奈川区・「うさきちハウス」づくり実行委員会）は翌年の二次コンテストを通過し、事業化することができた。

ご覧いただくように、提案の中には自治会・町内会が提案グループとなったものも含まれており、まさに地域課題の解決に向けて地域が一丸となって取り組んだ提案だと言えるだろう。

第一回の実現提案を、当時「ヨコハマ市民まち普請事業整備提案審査委員会委員長」として審査した卯月盛夫・早稲田大学教授（当時）は、『まち普請』の記念すべき第一弾」とサブタイトルがつけられた「ヨコハマ市民まち普請事業整備事例集Ｖｏｌ・１」（横浜市都市整備局地域まちづくり課、２００７年）の冒頭で「はじめに　市民のつぶやきを形にする『新しい公共』事業」と題し、次のように講評している。

『市民活動の支援を目的に自治体が資金を提供することはすでに多くの都市で実績がありますが、市民が直接公園や道路などの公共空間及び私有地を整備することに資金提供する事例はまだ少なく、その先鞭をつけたのが「ヨコハマ市民まち普請事業」です。２００５年にスタートしたこの事業では、市民提案の企画を問う一次コンテスト、設計とその実現性を問う二次コンテストを経て、２００７年３月に７つの提案が完成しました。通常の公共事業であれば、土地の手当てから設計、工事、管理などを行政が行いますが、この事業では市民自らがそのすべてを担います。

完成した現場を見ると、市民ならではの創造的なアイデア（知恵）、多くの地域住民の奉仕活動（汗）、不足する資金の調達（寄付）の三つが巧みに組み合わされており、まさに「普請の理念」が生かされていることがわかります。

今後は、この拠点を活用した市民のまちづくり活動がさらに展開されることを期待しますが、同時にこの拠点を通じて多くの方々にこのまち普請の意義を是非伝授していって欲しいと思います。この事業は、地域コミュニティの再生に貢献するとともに、行政の役割をも再考する機会となるでしょう。』

一方、整備助成提案７グループからも、提案事業の整備完了後、これから整備提案をしようとする市民の方々に向けてそれぞれメッセージを送っている。そのうちの一部を紹介する。

『これからの「地域の楽しみ方」は、みんなで考えたものを、みんなでつくって、そこで何かを生み出して、地域に還元すること。子供でも大人でもみんなで盛り上がれる仕組みを考えることが大切です。』

『これまで町内会が公有地に手をつけるのは「タブー」という風潮がありましたが、町内会活動も時代の流れによって変わっていくべき。まち普請では「何をつくるか？」ではなく、「何をやりたいか？」という強い意志を持って、少しずつ理解の輪を広げていったことで、結果的にたくさんの人たちの協力が得られました。』

まち普請の今後の課題

「まち普請」の助成を受けて整備した施設については、新築の建物については10年間、それ以外の施設については5年間、地域で施設を維持管理し、活動を継続していくことが条件となっている。すなわち「出来あがったら終わり」ではなく、提案を実現したグループには、提案企画から整備終了の期間よりずっと長い期間、整備した施設を維持管理し運営していくことが条件付けられており、それが完成後の現実的な課題となる。

過整備事業（31提案グループ）」

一次コンテスト免除　○：一次コンテスト通過　ー：一次コンテスト敗退

提案グループ名	整備助成申請額
鶴見区市場西中町まちづくり協議会普請事業部会【鶴見区】	
岸谷第二自治会【鶴見区】	450万円
「うさきちハウス」づくり実行委員会【神奈川区】	
NPO法人アニミ【西区】	
日ノ出町駅周辺市民と文化メリットを創る会【中区】	
横浜寿町ホステルビレッジ街化事業実行委員会【中区】	500万円
特定非営利活動法人 NPO D&D 夢と多様性【中区】	
永田町上第三町内会【南区】	500万円
日野南連合自治会【港南区】	
和田町タウンマネジメント協議会まち庭推進チーム【保土ケ谷区】	
保土ケ谷宿四百倶楽部＋東海道保土ケ谷宿松並木プロムナード実行委員会【保土ケ谷区】	500万円
洋光台青少年育成協議会【磯子区】	
滝1研究会【磯子区】	
洋光台まちづくり協議会【磯子区】	
洋光台まちづくり協議会 青少年夢環境部会【磯子区】	
金沢シーサイドタウン連合自治会＋NPO法人らしく並木【金沢区】	
金沢街づくりの会 能見堂復活プロジェクト【金沢区】	
高田東小学校の雨水利用をすすめる会【港北区】	434万円
熊ヶ谷の自然を愛する会【青葉区】	
美しが丘西よもぎ地区まちづくり協議会準備会【青葉区】	
特定非営利活動法人のむぎ地域教育文化センター【青葉区】	
嶮山自治会域内道路を考える会【青葉区】	
花*花 倶楽部【都筑区】	340万円
つづきセンター地区景観形成推進会【都筑区】	
つづきセンター地区景観形成推進会【都筑区】	
特定非営利活動法人 I Love つづき【都筑区】	
つづきセンター地区景観形成推進会【都筑区】	
ぐるっと緑道・遊歩道 研究会【都筑区】	
とつかファン倶楽部【戸塚区】	
舞岡第二ゆめプロジェクト推進会【戸塚区】	500万円
舞岡まちづくりクラブ（My 舞ドッグラン計画実行委員会）【戸塚区】	

図表 5-8「2005 年度　第 1 回「ヨコハマ市民まち普請事業」二次コンテスト通

【審査の凡例】　★：二次コンテスト通過　☆：次回-

	審査	提案名
1	○	市場西中町いこいの散歩道整備
2	★	岸谷公園を中心とした、まちの防災・防犯拠点の再整備
3	☆	地域のコミュニケーション基地「うさきちハウス」づくり
4	－	みなとみらい地区の手作りベンチの設置
5	－	（仮称）日ノ出町大明神プロジェクト
6	★	横浜寿町ホステルビレッジ街化事業
7	－	伊勢佐木モールの活性化につながる子育て支援と誰もが安心して利用できる生き甲斐サロン（たまり場）づくり計画
8	★	こどもの遊び場、ビオトープ作り
9	－	日野南連合自治会地域自主防犯・防災活動拠点整備事業
10	－	まちにわ〔街庭〕のあるみち－国道１６号歩行者空間の魅力づくり－
11	★	東海道保土ケ谷宿松並木・一里塚等再創造プロジェクト
12	－	洋光台地区活動備品収納倉庫の協同管理と活動拠点整備
13	－	滝頭１丁目に提案型ゴミ箱の設置
14	－	まちの買物駐輪場
15	－	メルヘン時計塔
16	○	センターシーサイド活性化プラン
17	－	「能見堂跡地眺望復活・整備計画」（金沢再生プロジェクト第一弾）
18	★	高田東小学校における雨水貯留・浸透施設の設置とビオトープ整備による流域学習推進事業〔総合治水・水循環回復・環境保全・回復の総合的学習〕
19	○	熊ヶ谷自然観察の道普請
20	○	住民主体で整備を行う、美しが丘西よもぎ地区における「複数の借上げ公共空地と遊歩道を結ぶ空間」を安心して楽しく過ごせる空間にする事業
21	－	寺家ふるさと村＜やすみ処＞づくり事業
22	☆	嶮山自治会域内安全安心の道路整備計画
23	★	花＊花に楽々水やり
24	－	早渕川桜堤プロジェクト〔親水公園での桜の植樹〕
25	－	つづきアートプロムナードの整備〔展示ショーケースの設置〕
26	－	中川のひろばリニューアル
27	－	つづきセンター花広場の整備
28	－	中川駅北西の途切れている遊歩道をつなぐ
29	－	誰でも気楽にコンサート
30	★	バス停前傾斜地の緑化事業
31	－	遊休地の活用で町おこし

これまでの整備事例での事例から見てみよう。２００９年度に「西柴団地商店街の空き家を利用した地域活性化プラン」（金沢区・私たちのふるさと「西柴団地を愛する会」）の提案がとおり５００万円の整備助成金を受けて翌２０１０年５月に開店した「さくら茶屋」は、現在「ＮＰＯ法人さくら茶屋にししば」が80人のボランティアスタッフとともに運営している。その活動は高く評価され、２０１３年に横浜ふれあい助成の１００万円を受けたほか、同年の第６回横浜・人・まち・デザイン賞「地域まちづくり部門」を受賞するなどしている。「さくら茶屋」は開店からすでに10年以上が経過し評価を受ける一方、持続的な施設運営のためにはやはり資金面での課題があるようだ。

こういった「まち普請」で整備される様々な施設の持続的な運営に対し、横浜市は２０１８年度から開始したクラウドファンディングを活用した地域まちづくり支援の取組みを活用し、「まち普請」による整備グループへの活動資金調達を開始した。事例とした「さくら茶屋」の運営団体「ＮＰＯ法人さくら茶屋にししば」は、そのクラウドファンディングと企業マッチングの機会を活用して情報媒体企業と組み、これまでの「さくら茶屋」10年の歩みをまとめた図書を刊行、これまでの活動記録のアーカイブ化に加え資金調達の方法について模索している。

この事例のように、行政の補助金ではなく、行政が新たに進めるまちづくり支援制度などをうまく活用したさまざまな資金確保が、今後安定的に持続可能な施設運営を進めるためには必須となっていることを課題として最後に挙げ、結びとする。

【参考文献・出典】

「ヨコハマ住民まち普請事業整備事例集Ｖｏｌ・１」（横浜市都市整備局地域まちづくり課、２００７年４月）

渋谷治雄「アントレプレナーシップの提案報告・事業の概要と今年度の取組状況」『調査季報１５４号』（横浜市政策局、２００４年３月）

日本都市計画学会「２０１４年受賞一覧ならびに授賞理由書」（公益社団法人 日本都市計画学会、２０１５年５月）

横浜市ＨＰ「活動を支える制度・事業」「ヨコハマ住民まち普請から

横浜市ＨＰ「活動を支える制度・事業」「ヨコハマ住民まち普請から

3 社会貢献事業振興基金助成事業によるまちづくり活動支援

小川嘉一

協会の社会貢献事業

（一財）神奈川県建築安全協会（以下、「協会」という。）は、１９７３年に非営利の財団法人として設立されて以来、約半世紀にわたって、神奈川の建築物等の安全協会・安心や品質確保に関わる多様な業務を地元自治体と連携し推進している。

設立当初は、特殊建築物や昇降機の定期報告業務を実施し、その後、住宅性能保証業務（後に住宅瑕疵担保保険業務）、建築確認検査業務、住宅性能評価業務などの分野に順次業務を拡大してきた。

また、応急危険度判定制度の支援業務などの公益的な事業にも従来から取り組んできており、２０１３年4月の公益法人制度改革により、一般財団法人に移行することを機に、社会貢献事業（公益目的事業）として幅広く展開することとした。

具体的には、「社会貢献事業振興基金助成事業」を創設するとともに、県産木材の住宅への使用を促進する「神奈川のすまいと森林（もり）づくり支援事業」、建基準法第42条第2項道路に接する敷地に建築する際の「2項道路後退・拡幅支援事業」、新耐震基準を満たす住宅耐震化を促進する「木造戸建て住宅耐震化支援事業」を公益目的事業として立ち上げた。

今日、民間企業における社会貢献事業は、企業の社会的責任という視点に留まらず、企業イメージの向上にも寄与するものとして、多くの企業が様々な取組みを行っているが、当協会は、非営利の公益法人として設立された経緯から、当初より公益的な事業にも積極的に取り組んできており、一般財団法人に移行してからもさらに充実させ推進している。

社会貢献事業振興基金助成事業

社会貢献事業振興基金助成事業（以下「社会貢献助成事業」という）は、建築技術関係者等の資質向上を図る事業や建築物の安全性・快適性の向上、省エネルギーの推進等に寄与する事業を行う団体、福祉、環境、防災等に関連したまちづくり等の広く一般的な社会貢献事業を推進している団体等の活動に対し、助成・支援する事業である。
　事業の実施に当たっては、「社会貢献事業振興基金助成事業実施要綱（以下「要綱」）」を定め、運用している。

〈助成対象事業〉

　対象事業は、申請する団体等が本業として実施する事業とは別に、社会貢献を目的として企画したもので、県内を活動地域としている「建築安全に係る事業」及び「広く一般的な社会貢献事業」、さらには、平成24年度より追加した「東日本大震災被災地復興支援活動事業」の３つのカテゴリーとし、具体的には、次のとおりである。
①建築安全に係る事業
・建築技術者の育成指導を行い、関係者の資質向上を図る事業
・建築物の安全性・快適性の向上や省エネルギーの推進を図る事業
・建築文化の向上や進歩発展に寄与する事業
②広く一般的な社会貢献事業
・福祉、環境、防災及び地震等に関連したまちづくり事業又は地域社会貢献事業であり、協会の目的に合致したものであること
③東日本大震災被災地復興支援活動事業（平成24年度創設、平成２８年度終了）
・ＮＰＯ法人などのボランティア団体が東日本大震災による被災地の復興を支援する公益性の高い活動

〈助成限度額〉

　限度額は、①の事業は３００万円（現在２００万円）、②の事業は１００万円、③の事業は50万円とし、平成28年度からは総事業費の３／４を限度として交付している。

〈公募方法〉

　助成対象事業は、公募によることとしており、毎年度初めに応募要領・期間等について、協会ホームページで広報し申請を受け付けている。
　助成事業を決定するに際して、公正かつ的確な選考を行うため、構成員に外部委員を入れた「社会貢献事業振興基金選考委員会」を設置し、応募された事業の企画書を審査し、協会の予算の範囲内で助成事業及び助成額を決定している。

助成実績

社会貢献助成事業の制度を創設した２０１１年度〜２０２０年度までの10年間で、助成した事業は87件、助成した団体は34団体、助成総額は約7千7百万円である。

助成対象事業別では、「建築安全に係る事業」に、30件10団体、助成総額約４千万円を、「広く一般的な社会貢献事業」に、29件13団体、助成総額約２千３百万円を、「東日本大震災被災地復興支援活動事業」に、28件11団体、助成総額約１千４百万円を助成している。

各年度ごとの事業別に助成した団体は、図表５—９に示した通りである。複数年度にわたって同一団体が助成を受けているケースがあるが、要綱では、同一の事業であっても複数年度で行うことにより、その効果がより発揮されるものについて、３カ年まで継続して助成を認めていることによる。

また、助成金の交付時期は、申請団体等の希望に応じ事業終了時のほか、事業実施前又は事業中の段階も認めており、事業終了後のみに交付される行政の補助金とは異なり柔軟に運用することにより申請団体等の使い勝手を良くして広く普及を促していることが特徴である。

制度がスタートした初年度（２０１１年度）は、「建築安全に係る事業」に２件、「広く一般的な社会貢献事業」に２件の計４件について３団体に助成を行った。具体的には、（社）神奈川県建築士会（現（一社）神奈川県建築士会）の「続・神奈川県建築史図説刊行」及び「日・中・韓建築士協議会開催」、横浜市建築事務所協会（現（一社）横浜市建築士事務所協会）の「木造住宅耐震促進事業」、及び（財）神奈川フィルハーモニー管弦楽団（現（公財）神奈川フィルハーモニー管弦楽団）の「神奈川フィル・ポップス・コンサート開催」である。

以降、「建築安全に係る事業」については、建築技術者の資質向上、建築物の安全性・快適性の向上など、比較的専門性の高い事業としていることから、助成を受ける団体としては、公益性のある建築関係団体を中心に、毎年度２〜４件程度に助成している。

「広く一般的な社会貢献事業」は、事業名のとおり、福祉、環境、防災及び地震等に関連したまちづくり事業など、幅広い事業も対象としてきたところから、公益団体等に留まらず、次第にＮＰＯ法人などにも広がり、２０１７年度には９件に助成するに至ったが、２０１７年度をもって一旦休止としている。

もう一つの事業「東日本大震災被災地復興支援活動事業」

図表 5-9「社会貢献事業振興基金助成による助成交付金一覧」

年度	区分	団体名	事業名
H23	建築安全	（社）神奈川県建築士会	続・神奈川県建築史図説刊行
		横浜市建築事務所協会	木造住宅耐震促進事業
	広く一般的な社会貢献事業	（社）神奈川県建築士会	日・中・韓建築士協議会開催（横浜会議）
		（財）神奈川フィルハーモニー管弦楽団	神奈川フィル・ポップス・コンサート開催
	計	4件	
H24	建築安全	（社）神奈川県建築士会	続・神奈川県建築史図説刊行
		NPO法人横浜市住宅リフォーム促進協議会	安全・安心住まいづくり推進事業
	広く一般的な社会貢献事業	（財）神奈川フィルハーモニー管弦楽団	神奈川フィル名曲シリーズ　午後のラグジュアリー・クラシック
		NPO法人神奈川災害ボランティアネットワーク	東日本大震災ボランティアステーション
		（株）テレビ神奈川	ミュージカル「葉っぱのフレディー」
		ほどがや区民まつり実行委員会	ほどがや区民まつり
	東日本大震災被災地復興支援活動	かながわ「福島応援」プロジェクト	（復興支援活動）
		サポートチームG	（復興支援活動）
	計	8件	
H25	建築安全	（公社）日本建築家協会関東甲信越支部神奈川地域会	神奈川建築WEEK　神奈川建築祭2014
		KKぷろじぇくと	KKぷろじぇくと
	広く一般的な社会貢献事業	（財）神奈川フィルハーモニー管弦楽団	神奈川フィル・ニューイヤー・コンサート
		ほどがや区民まつり実行委員会	ほどがや区民まつり
		鶴見川サマーフェスティバル実行委員会	鶴見川サマーフェスティバル
	東日本大震災被災地復興支援活動	NPO法人Waveよこはま	（女川町に遊具の設置、女川町や石巻市でのフットサル交流等）
		かながわ「福島応援」プロジェクト	（浜通り地区での瓦礫撤去、線量計購入等）
		かながわ311ネットワーク	（気仙沼市の「NPO法人海辺の森を作ろう会」との協働活動（海岸清掃等））
		NPO法人神奈川災害ボランティアネットワーク	（岩手県や宮城県の被災地にボランティアを派遣）
		（一社）やまと災害ボランティアネットワーク	（奥松島の被災地へボランティアを派遣）
	計	10件	
H26	建築安全	横浜市住宅リフォーム促進協議会	建築大工マイスターに学ぶ親子工作教室
		KIKIぷろじぇくと	木育お芝居鑑賞会
		全国削ろう会小田原大会実行委員会	全国削ろう会小田原大会
		（公社）日本建築家協会関東甲信越支部神奈川地域会	神奈川県建築WEEK2015
		クラフメンツスクール	建設職人養成スクール
	広く一般的な社会貢献事業	かながわ災害救援ボランティアサポートチーム	かながわジュニア防災リーダー育成･認定制度検討事業
		湘南藤沢文化ネットワーク	藤沢のまちの宝を活かそう
		まちづくりTEAM KANAGAWA	インターネット情報発信事業
	東日本大震災被災地復興支援活動	かながわ311ネットワーク	被災地復興ボランティア
		やまと災害ボランティアネットワーク	網地島元気プロジェクト
		ほどがや区民まつり実行委員会	ほどがや区民まつり
		鎌倉発愛のメッセージ	南三陸町等支援事業
		よこはま・七つ星	震災避難者支援プロジェクト
		かながわ「福島応援」プロジェクト	福島応援事業
		神奈川地域貢献支援協議会	高校生防災研修プロジェクト
		神奈川災害ボランティアネットワーク	被災地高校生防災交流事業
	計	16件	
H27	建築安全	神奈川･横浜　住まいみらい展実行委員会	神奈川･横浜　住まいみらい展
		横浜市住宅リフォーム促進協議会	親子で学ぶ住まいづくりイベント
		湘南地域連携プロジェクト実行委員会	湘南地域連携プロジェクト
		KIKIぷろじぇくと	木育・演劇鑑賞会
	広く一般的な社会貢献事業	武相宿場連携まつり実行委員会	武相宿場連携まつり実行
		大倉山「鶴見川まちづくり」実行委員会	川を活用した健康な大倉山まちづくり
		かながわ災害救援ボランティアサポートチーム	ジュニア防災力向上モデル事業
		湘南藤沢文化ネットワーク	藤沢ヘリテージ(保全活用推進)活動
	東日本大震災被災地復興支援活動	(一社）やまと災害ボランティアネットワーク	網地島、田代島、笑って元気プロジェクト
		NPO)よこはま・七つ星	震災避難者支援プロジェクト
		神奈川地域貢献支援協議会	高校生防災研修プロジェクト
		みやぎ女川教育支援プロジェクト	復興支援女川中学生職業体験サマーキャンプ
		かながわ避難者と共にあゆむ会	ふるさとコミュニティinかながわ
		かながわ311ネットワーク	被災地復興ボランティア
		NPO法人Waveよこはま	石巻、東松島コミュニケーション支援事業
		かながわ災害ボランティアバスチーム	ボランティアバスによる継続的な復興支援活動、若年層への防災教育事業
	計	16件	
H28	建築安全	（公社）日本建築家協会関東甲信越支部神奈川地域会	神奈川建築WEEK　神奈川建築祭2017
		（一社）神奈川県建築士事務所協会	「未来を活きる」仮設住宅を問う
		（一社）神奈川県建築士会	神奈川県建築士会青年委員会関ブロ青年建築士協議会事業
	広く一般的な社会貢献事業	武相宿場連携まつり実行委員会	武相宿場連携まつり
		大倉山「鶴見川まちづくり」実行委員会	緑道及び鶴見川沿いの新たな魅力の創設・・・まちづくり
		多文化まちづくり工房	外国人集住地域拠点づくり事業
		(一社）やまと災害ボランティアネットワーク	地域貢献防災、減災支援活動
	東日本大震災被災地復興支援活動	神奈川地域貢献支援協議会	高校生防災研修プロジェクト
		NPO)よこはま・七つ星	東日本大震災被災地及び避難者支援プロジェクト
		かながわ災害ボランティアバスチーム	ボランティアバスによる継続的な復興支援活動、若年層への防災・減災意識啓発
		(一社)鎌倉発愛のメッセージ	南三陸町等支援事業
		かながわ311ネットワーク	連続講演会と被災地食事普及の会
	計	12件	

図表 5-9「社会貢献事業振興基金助成による助成交付金一覧」

H29	建築安全	（一社）日本建築学会　関東支部神奈川支所	日本建築学会関東支部設立７０周年記念「戦後傑作建築見学会」
		（一社）神奈川県建築士事務所協会	安全なみちと景観の創出事業
		かながわ家づくりねっと	かながわリフォーム・二世帯住宅フェア２０１７
	広く一般的な社会貢献事業	武相宿場連携まつり実行委員会	神奈川の東海道宿場連携企画　武相宿場まつり
		大倉山「鶴見川かわまちづくり」実行委員会	緑道及び鶴見川につながる地域の魅力づくり・・・まちに回遊性を　！
		多文化まちづくり工房	外国人集住地域拠点づくり事業
		（一社）やまと災害ボランティアネットワーク	ユースによる福祉防災教育
		かながわ３１１ネットワーク	地域防災力強化事業（調査、研修、発表）
		ＮＰＯ法人　神奈川災害ボランティアネットワーク	県内各地域受援力向上に向けた人材育成
		かながわ災害救援ボランティアサポートチーム	東日本大震災被災地の復興に学び神奈川の防災減災に生かすモデル事業
		ＮＰＯ法人　かながわ避難者と共にあゆむ会	ふるさとコミュニティｎかながわ企画開催事業
		（一社）神奈川県建築士事務所協会　藤沢支部	防災倉庫設置計画マニュアル（湘南地域）の作成配布事業
	計	１２件	
H30	建築安全	かながわ家づくりねっと事務局	かながわ住まいづくりフェア２０１８
		(公社)日本建築家協会関東甲信越支部神奈川地域会	建築フォーラム「建築の省エネルギー」
		(一社)神奈川県建築士会	「感境」建築コンペ事業
	計	３件	
R元	建築安全	かながわ家づくりねっと事務局	かながわ住まいづくりフェア２０１９
		(公社)日本建築家協会関東甲信越支部神奈川地域会	建築フォーラム「持続可能な社会に向けて、建築安全性と省エネルギー」
		(一社)神奈川県建築士事務所協会	建築物の安全性確保イベント
		パラダイム研究会	県内郊外住宅地の“住み続けられるまち”にかかる出版＆まちづくりゼミ事業
	計	４件	
R2	建築安全	(一社)神奈川県建築士会	仮　続かながわ建築ガイド刊行事業
		(公社)日本建築家協会関東甲信越支部神奈川地域会	仮　建築フォーラム「横浜と建築展」
	計	２件	

は、２０１１年３月に発生した東日本大震災を受け、翌年度（２０１２年度）から新たに追加したもので、ＮＰＯ法人などのボランティア団体の復興支援活動に対し助成金を交付して、協会としても側面的に支援することとした。この事業は震災から5年が経過した２０１６年度をもって一区切りとし、「広く一般的な社会貢献事業」に統合しており、その間に11団体28件の助成を行っている。ボランティア団体が行った支援活動は、当初は、被災地（岩手県、宮城県、福島県）でのがれき撤去作業や被災者の生活支援などが中心だったが、時間経過の中で、神奈川県内に避難された方々の交流支援、県内高校生の防災研修支援、被災地の物品販売支援など、神奈川に軸足を置いた活動へ広がりを見せてきたことが、この事業の特筆すべき内容である。

助成事業の事例

これまで助成してきた事業の中から、広く関係団体や県民を対象とした普及・啓発事業を中心に、５つの事例をとりあげる。

図表５–10「神奈川・横浜・住宅みらい展」

〈2015 年度〉

〈神奈川・横浜　住まいみらい展〉

（団体名：神奈川・横浜　住まいみらい展実行委員会　　助成年度：２０１５年度）

国は毎年10月を住生活月間と定め、関係団体等による各種イベントを実施しているが、２０１５年度は神奈川県内において中央イベント「スーパーハウジングフェアＩＮ神奈川・横浜」を開催することとなった。そこで、この関連イベントとして、神奈川県、横浜市及び県内の関係団体で構成する実行委員会により「神奈川・横浜　住まいみらい展」（図表５—10）を同時開催し、広く県民に対し、地球にやさしく、安全で健康に暮らせるこれからの住まいに関する情報を発信し、県民の住生活の向上とゆとりある住生活の実現に資する展示会とした。

〈応急仮設住宅計画コンペティション『未来に活きる』仮設住宅を問う」〉

（団体名：（一社）神奈川県建築士事務所協会　助成年度：２０１６年度）

（一社）神奈川県建築士事務所協会では、設立40周年記念事業として、建築士、業界関係者、及び県民の防災意識の向上を図り、災害発生時の応急仮設住宅建設の際の設計施工技術の蓄積や、関連団体とのスムーズな連携を目指すとともに、県内応急仮設住宅用地の特性を踏まえた適切な計画を実現するため、標記コンペティションを開催した。コンペティション作品の中で表現するキーワード「未来に活きる仮設住宅の提案」を掲げ、建築士のみならず様々な団体等の参加をよびかけて、大規模なハッカソン大会※を開催し、多方面からのニーズに応える計画づくりを目指した（図表5―11）。

（※ハッカソン大会：チームを結成し、提示されたテーマに沿って、出来を競い合うコンペ型のイベント）

〈神奈川の東海道宿場連携企画　武相宿場まつり〉

（団体名：武相装宿場まつり実行委員会助成年度：２０１５～２０１７年度）

神奈川県内の国道1号線沿線地域では、旧東海道の歴史・文化を紡ぐまちづくり・みちづくりの取組みが各地域で活発に行われてきた。そこで武相（旧武蔵国、相模国）の宿

図表5-11「応急仮設住宅コンペション『みなとみらいに活きる』仮設住宅を問う」

〈2016 年度〉

図表5-12「神奈川の東海道宿場連携企画武相宿場まつり」

三宿場（藤沢・戸塚・保土ヶ谷）連携事業

講演会

旧東海道藤沢宿と江の島の「浮世絵」

[日時]6月6日(土)　[開場]午後1時半 [開演]午後2時～4時 [会場]藤沢公民館(2階ホール)

浮世絵に見つけたふるさとの「！」と「？」

江戸時代の風景や庶民の姿を描いた浮世絵作品の中には、「藤沢宿」や「江の島」をテーマにした作品が多く残されています。

遊行寺界隈を中心とした「藤沢宿」は東海道五三次の要所として、また「江の島」は当時の人気行事"江島詣で"の拠点として多様な作品が描かれていました。

「えっ、藤沢橋の近くに江の島の鳥居があった？」「江の島って、歩いて渡れたんだ！」。「江の島」が当時も今も賑やかな地であることに驚かされますが、さらに「今のふじさわ」とはひと味もふた味も違う驚きが、浮世絵の随所に隠されています。

さあ、ご一緒にワンダーランドふじさわ発見の旅、「浮世絵タイムトラベル」に出かけてみませんか。

ワンダーランドふじさわ発見の旅

[講師]鈴木 恒夫 氏（藤沢市長）　細井 守 氏（藤沢市役所郷土歴史課課長補佐）

キュンと藤沢するまち。

[主催]旧東海道藤沢宿まちそだて隊
[共催]武相宿場連携まつり実行委員会
[後援]藤沢市、藤沢市教育委員会、藤沢地区郷土づくり推進会議
[協力](一財)神奈川県建設安全協会、横浜市保土ケ谷区・戸塚区、東海道風景街道
■問い合わせ
武相宿場連携まつり実行委員会藤沢事務局
電話 0466(24)3019（クラジャ内）
藤沢公民館（藤沢市藤沢1-9-17）
電話 0466(22)0019

■交通アクセス（駐車場はありません）

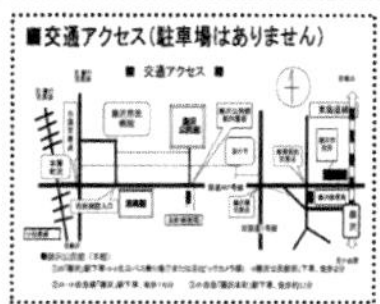

入場無料
先着100人

〈2015 年～ 2017 年度〉

場のまちづくり活動が互いに協力し、「旧東海道をつないでまちを元気にする」ことを目的とした連携企画を推進した(図表5―12)。

〈感境建築コンペ事業〉

(団体名：(一社)神奈川県建築士会　助成年度：2018年度、2019年度)

(一社)神奈川県建築士会では、技術支援委員会建築環境部会において、温熱環境の実測調査や省エネ技術・パッシブデザインの講習会などの活動を継続的に実施しており、こうした活動成果が、県内建築士の共有財産として実務に役立てられる事を目指して「感境」建築コンペ事業を開催した。このコンペでは、県内各地の実際にある土地を参加者が設定し、微気候の違いや周辺の外的環境と「心地よさを感じる境目」となる空間や住宅のアイデアを募った。コンペは、建築士会会員に限らず広く一般に公募し、本事業において得られた知見やアイデアは公開することで建築技術者の資質向上や建築物の快適性・省エネルギー性の向上の推進を図った(図表5―13)。

図表5-13「建築感境コンペ事業」

優秀作品　「カフェテラスから海む」2018年度～2019年度〉

〈建築フォーラム「建築の省エネルギー」〉

(団体名：(公社)日本建築家協会関東甲信越支部神奈川地域会(JIA神奈川地域会)　助成年度：2018年度)

「JIA神奈川地域会」が開催する建築関係者向けの勉

強会や討論会、一般住民向けのシンポジウムや建築見学ツアーなどを通じて、建築家の資質向上、建築文化の普及・啓発、次世代を担う人材育成を図るとともに、「建築の省エネルギー」について、省エネ義務化に係る建築関係者の認知の向上、展示や講演を通じて建築家と省エネ技術を持つ建材メーカーとの橋渡しや、建築のユーザーである一般住民への省エネに対する知見の向上を目指した。

助成事業の成果と今後について

助成制度を運用して２０２０年度で10年の節目を迎えた。この間、制度の周知が進んでいくとともに助成件数も次第に増加し、２０１５年度のピーク時には、年間助成件数は16件、助成金額約1千4百万円となった。この助成事業が、建築技術・文化の向上やまちづくりの推進に寄与し、協会の社会貢献事業の目的「安心やゆとりに満ちた共に生きる社会の実現に資すること」ができたとすれば幸甚である。

特に、「東日本大震災被災地復興支援活動事業」では、5カ年間の時限措置であったが、神奈川県民が東北地方の被災地・被災者を支援する活動に対して、一定程度サポートすることができたのではないかと考えている。

協会は、公益法人改革により一般財団法人に移行したとはいえ、その存在意義は、協会業務を通じて地域に貢献することとしており、今後とも、引き続きこうした地域での取組みへのお手伝いに力を注いでいくこととしている。

6章

かながわの地域貢献活動を支えてきた地域プランナー

1 断章・地域プランナーの仕事

菅 孝能

地域まちづくりとは

本稿では、地域まちづくりは、地域のユーザーである住民や事業者などの市民が、日常の空間と時間をどう豊かにつくるか、生き生きと暮らす環境を協働共助と行政の支援により創り出し、維持していくコモン形成の活動としておく。地域まちづくりは、様々な課題が複雑に絡み合い、実に多種多様な人々の利害が関わる、広く、混沌とした領域である。しかし、その混沌とした中から地域の切実で優先度の高い課題を抽出し、他の課題との連関を含めて一つのストーリーを仮設的に設定して、関係者とプロセスを共有し、課題解決に向けて共に取り組む。そして、共にそのプロセスと結果を自己評価することによって、そこでどんな成果を達成できたかを実感でき、次のステップへ進む意欲を得られることも地域まちづくりの醍醐味であるといえよう。

一方で、一つの課題の一応の解決という節目はあるものの、関連する次なる課題が明らかになり、シジフォスの神話のような終わりのない取り組みが地域まちづくりのもう一つの側面である。

また、地域まちづくりは、教科書で学習できる一般解のある技術ではなく、現場で考えるサイトスペシフィックな技術である。地域の風土、歴史、土地利用や交通、経済や産業など地域固有の状況の上にその地域ならではのまちづくりを考えねばならない。その一方で、マキャベッリやフランスのルイ一四世の外交官カリエールなどが述べているように「人間は与えられた条件と経験に立脚して物事を考える」のであるから、他の地域のまちづくりの事実や歴史を学んでおく事も大切である。要は、地域プランナーは、地域を深く掘り下げて理解するとともに、空間的にも時間的にもグローバルな広がりのある視野を持つことが重要であると考える。

これからの地域まちづくりの最大のテーマは「地球環境」である。私たちの日常生活は、世界各地の資源乱獲と荒廃、過剰な商品生産と大量の廃棄物による生態系の破壊、CO_2の爆発的排出による気候危機と大災害、社会階層間の格差増大と分断等と深い因果関係を持ち、現代の社会システムが地球環境の深刻な危機をもたらしていることが明らかになっている。私たちの生活様式や社会システムの大きな価値観の変革が求められている。長く困難な取り組みが続くことになろうが、地域まちづくりも「人間は自然の一部」という意識を持って、コモンと日常生活を作り直し、グローバルに各地の地域まちづくりとネットワークしていくことが大切だと思う。

地域プランナーは参謀役

　地域プランナーには、民間プランナーと行政プランナーが居る。民間プランナーは普通コンサルタントと呼ばれるが、彼らの仕事は先ずまちづくりの企画立案を行う参謀役である。行政プランナーは企画経営部門や都市計画・建築行政部門等に多く在籍しているが、方針や計画・事業の決定・運営・進行管理を行う司令役・執行者である。

　住民団体やＮＰＯのまちづくりを支援する場合は、行政プランナーも民間プランナーと同じく、司令役としての住民団体やＮＰＯに対して助言や指南を行う参謀役として機能することになる。地元住民による山手まちづくり推進会議では、山手まちづくり推進会議が司令役・実行者で、私は参謀役としてまちづくり協定や地区計画の内容検討や地元合意の取り方、まちづくりプランの作成、広報誌の原稿校正や編集などのノウハウを伝授して支援した。

　横浜市や藤沢市には優秀な行政プランナーが居て、彼らとの仕事は、お互いに啓発し合いながら楽しく有意義な経験であった。本稿での地域まちづくりとは少し性格を異にするが、藤沢市の都市拠点である鉄道駅前の大規模工場跡地の再開発計画・湘南Ｃ―Ｘのまちづくりは発端から街開きまでを一貫して協働した体験であった。

　建築設計でも同様、クライアントの出す基本方針やコンセプトに応えて、建築家はプランやデザインを提案する。ただ、建築は完成すれば自己の意図した設計が一つの有機体として具現化し、設計者として達成感を持つことができるが、まちづくりは全体を一元的に管理できるわけではなく、常に変化する未完の空間であり、建築設計より長期にわたって取り組む仕事である一方、提案したことが全て万全に実行されることも多くはなく、参謀役としての達成感を得るには根気の強さと何があってもめげない気力が建築設計以上に必要な仕事だと思う。

地域プランナーは先ず、関係者間の通訳者

地域まちづくりでは、活動に携わる住民達と周りの住民達や利害関係者、住民と行政、関連する行政機関の部署同士のコミュニケーションが先ず大事である。しかし、必ずしもすぐに理解し合えるというわけにはいかないことも多い。

住民同士の対話も、まちづくりの課題への関心の深さ、意見表明の巧拙、日常の近所付き合いの度合いなどによって、場合によっては感情的な軋轢を生んでまちづくり活動そのものに影響を及ぼす恐れもあるので、お互いの主張や発言を冷静に分かりやすく伝え合う仲介者としての地域プランナーの役割は大きい。

住民と行政職員の対話もお互いの表現が微妙に違い、コミュニケーションがすれ違うことがままある。多くの住民は日常の話し言葉を使って主観的、体験的、多面的に問題意識を披瀝する。一方、行政職員は公共性を持ってサービスするのが仕事だが、それには物事を自分の所掌するカテゴリーに限定して客観化・一般化して捉えるので、課題に対する認識の差が対話を困難にすることがある。また行政用語を使って日常的に書類を作成しているので、対話でも制度的な語彙なども含めて行政的な文法で語ることが多く、住民の理解と差を生じることもある。地域プランナーは双方の言い分を相手が理解する文法で翻訳して伝えてやることが重要である。

さらに、担当の行政職員は自分の所属する部署の所掌業務の枠内で先ず対応する訳だが、他の部署の施策と横繋ぎをする必要が生じた時、その提案役や場合によっては繋ぎ役を努めることも地域プランナーの役割である。

「コミュニケーションとは、わかりあうためのものではなく、分かり合えなさを互いに受け止め、それでもなお共に在ることを受け入れるための技法」（未来をつくる言葉　わかりあえなさをつなぐために／ドメニク・チェン）という言葉もある。地域まちづくりは先ず対話であり、行政用語や行政文法にも通じている地域プランナーは、住民同士、住民と行政、行政部署間の対話の通訳により認識の溝を埋め、コミュニケーションの仲介をする役割であると思う。そして、コミュニケーションとは、対話だけでなく、対話に加われなかった人々への広報も含むものである事も忘れてはいけない。このようなコミュニケーションを通じて、さまざまな人々が自立した個人として他者に共感し、行動する共存の場が形成されていく。

江の島島内のマンション計画反対の要望から始まった市

と住民のまちづくり協議機関「江の島地区整備計画検討会議」であるが、当初地元は市の姿勢に半信半疑であった。市は長い間江の島に関与してこなかったからである。そこで毎回地元の意見をひたすら聞き、議事録を次回に配布して確認することを繰り返していた。半年ほど経った会合で会場である地元の「江の島市民の家」に行ってみると、市とコンサルタントで行っていた会場の設営が既に地元の手でされており、それまでの会合とは住民の対応がガラッと変わったのである。住民の意見をじっくり聞こうと対応を重ねた結果、行政への不信感が和らぎ、まちづくりに行政と二人三脚で取り組もうと対話が始まったのである。足掛け七年に及ぶ江の島の街づくりが始まった一晩であった。

県内ではないが、私がお手伝いしている群馬県富岡市の中心市街地のまちづくりも、住民と行政の対話を重ねて協働型の街づくり手法を採用した例である。富岡市の中心市街地には、何本もの都市計画道路を張り巡らす土地区画整理事業の都市計画が既に決定され、事業に入る直前であった。しかし、事業地区内の住民は事業に積極的ではなかった。既に中心市街地の縁にバイパスが完成し、沿道には大規模店舗がいくつも出店して、中心市街地の商店街はシャッター通りと化していた。住民等とワークショップを重ねて、道路拡幅による車対応型の市街地整備ではなく、富岡製糸場を始めとする地域の歴史遺産を活用して歩いて楽しむまちづくりに舵を切ることになった。数年を掛けて県や国と協議しながら土地区画整理事業の廃止や都市計画道路の見直しを行うと共に、中心市街地活性化計画を策定、富岡製糸場の世界遺産登録・歴史的建造物の活用（修理修景事業助成など）・歩車共存型街路整備・区画整理の先行取得地の公園化・景観計画とまちづくり協定・上州富岡駅や市役所の設計コンペなどを進めてきた。

地域まちづくりのテーマは十年単位で考える

私が四十年にわたって関わってきた山手のまちづくりも住民と行政との間で、時には厳しい緊張感を持った対話によってテーマを変えながら進んできた。

１９６０年代接収解除で返還された土地へのマンション開発による環境悪化を懸念した住民達の要望で制定された建築物の高さ等を規制する「山手地区景観風致保全要綱（１９７２年）」で開発が一段落すると、「山手地区基本構想１９８２」や「歴史を生かしたまちづくり要綱（１９８８年）」をもとに洋館の保全活用や公園の再整備など山手らしい環境形成に官民共同で取り組む。

しかし、1988年山手の観光対策としての港の見える丘公園地下駐車場計画が明らかになると、住環境の保全を重視する住民達は強い反対を表明、市は地下駐車場計画を撤回し観光バス「赤い靴号」の転回場とすることで住民と合意した。これを教訓に1992年「山手まちづくり懇談会」が設置され、官民協働のまちづくりが始まった。山手陣屋坂の周辺住民とのワークショップによる整備（1995年）、山手234番館の市民運営実験（1997年）、住民主導による「山手まちづくり憲章」の制定（1998年）などの成果を挙げた。1993年から始まった開港五都市景観まちづくり会議を契機とする新潟との市民交流の成果「花絵展・チューリップアートプロムナード（2000年）」もその一つであった。

ところが、2001年セント・ジョセフ・インターナショナルスクール閉校に伴う跡地マンション開発を巡って市と地元は激しく対立する。適法な建築であるとする市の見解と、適法であっても「山手景観風致保全要綱」の趣旨に基づき、学校と違い、マンションは住宅であるので一般戸建て住宅と同じ高さの10m以下にすべきだという地元の思いが対立したのである。市が手をこまねく中、地元は「山手まちづくり推進会議」を2002年立ち上げ、住民主導でまちづくりルールの制定に取り組む。「山手町地区地区計画」の都市計画提案（2004年）を行い、同様の問題が起きないよう先手を打つとともに、「山手まちづくり協定」「山手まちづくりプラン2007」の制定と横浜市地域まちづくり条例に基づく認定取得を実現し、住民が望むまちづくりのイメージを明確にしたのである。これらは2019年に要綱が「山手地区景観計画・山手地区都市景観協議地区」に移行する際、景観ガイドラインに多くが盛り込まれている。こうした活動が評価されて、「山手まちづくり推進会議」は（一財）住宅生産振興財団の「住まいのまちづくりコンクール」や日本都市計画家協会の「まちづくり大賞」を受賞している。

このように山手のまちづくりは行政と住民の間で緊張感と緊密な対話を繰り返してきたので、その時期の課題に対応したテーマや取り組み方法がほぼ十年単位で変わっていくのを経験した。十年というのは、地域まちづくり活動のPDCAサイクルや社会・経済の変化、さらには担い手の世代交代等にも対応していよう。江の島のまちづくりは七年、湘南C—Xは九年、であるので一つのテーマで継続できたのかもしれない。

このようにまちづくりは長期にわたる活動であるので、

世代交代を見据えた担い手の育成が大変重要であると思う。特に住民組織のリーダーは時間的余裕も経験もある年配者が多いが、十年も活動を一生懸命やっていると後継者の育成にまで手が及ばず、自身が高齢化してリタイアすると活動も一気に下火になる例をいくつも見てきた。後継者はボランテイア精神で自主性に基づく訳であるから、その育成は難しい問題である。

しかし、ヨコハマ市民まち普請事業の応募グループや大磯や二宮の若い世代のＮＰＯなどの活動を見ると、仕事や地域活動を通じて行政の仕組みや制度にも明るい市民が増え、自分の町に関心を持ち、自分の専門的経験を地域まちづくりに活かそうという住民は多くなっている。

それぞれの専門知識や関心を持つ住民がチームとして地域まちづくりに参画することで、リーダー層の厚みも増え、地域まちづくりが深化していくことが期待できる。

中間支援

地域プランナーは、個々の地域のまちづくり団体を支援する中間支援機能である。それは、プランナー個人として地域まちづくり団体などの活動を直接支援する場合や、ある中間支援組織に参画して関わる場合や、自ら仲間と新しい中間組織を設立して関わる場合がある。ここでは、私が１９９９年から仲間達と関わっている湘南の歴史的建造物を保全活用するための中間支援活動について紹介したい。

旧モーガン邸の保存活動を契機に、湘南各地の歴史遺産を守る市民団体や景観を考える市民団体を横につなぐ湘南邸宅文化ネットワークを作り、毎年会員団体持ち回りで各地の情報交換を行うと共に、歴史遺産についての共通の課題を話題にシンポジウムを開催してきた。同時に歴史遺産を活用保存するための仕組みや政策を研究・提案するために邸園文化調査団を組織し、提案事業「邸園文化圏再生構想」（図表６―１）は県の総合計画に組み込まれ、県の支援を受けて湘南邸園文化祭やヘリテイジマネージャー養成講座を実行してきた。また、大磯の旧三井別邸の解体保存や藤沢のグリーンハウスの再生プラン作成など地元の支援も行なった。湘南邸園文化祭は、湘南各地の歴史的建造物を会場にアート・イベントや見学ツアーなどを行う広域・長期・同時多発の連携イベントで今年まで16回を迎える。ヘリテイジマネージャー養成講座は、歴史的建造物の保存のための調査員・改修設計者や活用の相談役・担い手を養成するために、兵庫県の先例を参考に始めたもので、当初は県主催・県建築士会で行われていたが、現在はその修了生

図表６-1「邸園文化圏構想」

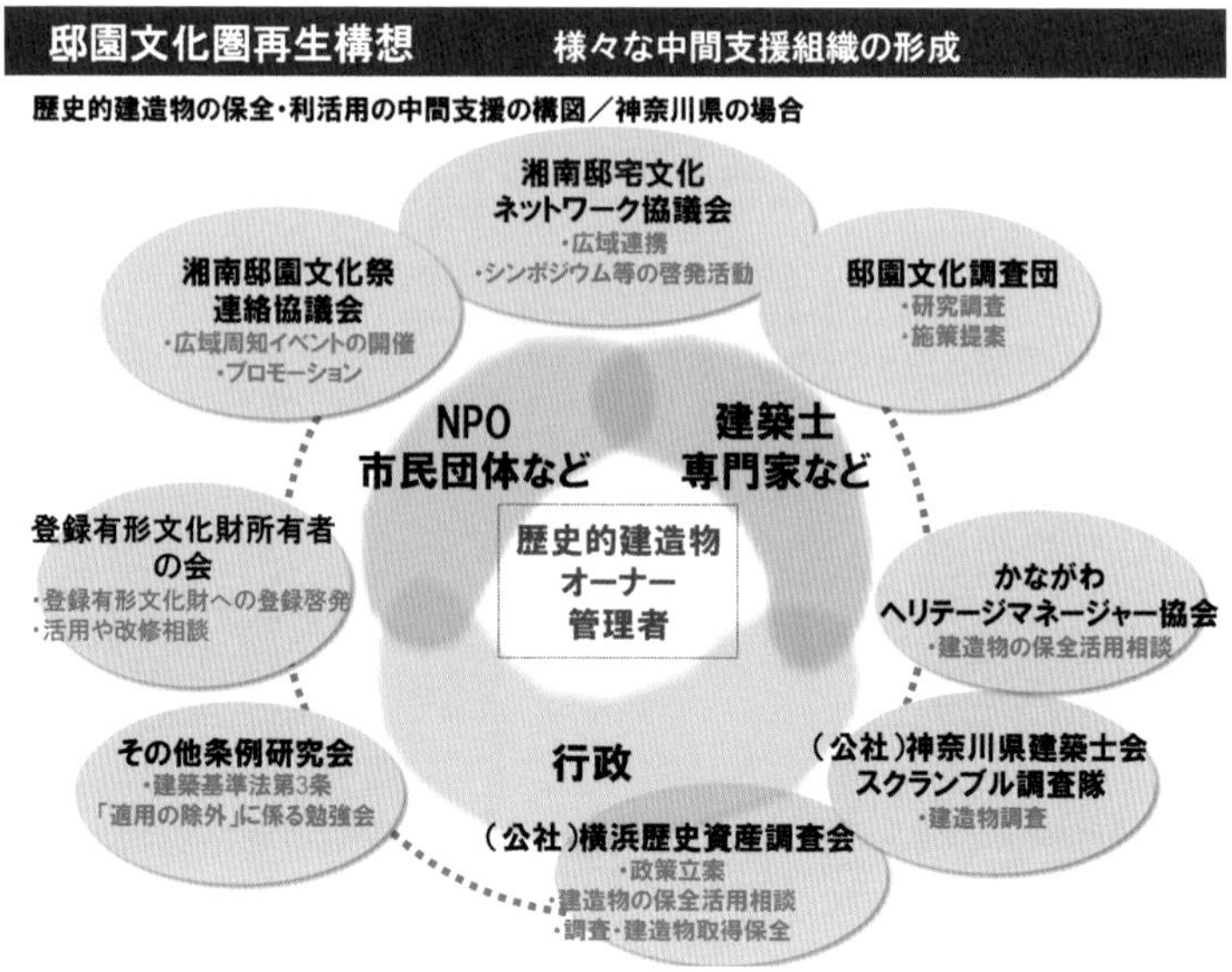

有志で組織する「神奈川ヘリテイジマネージャー協会」が養成講座だけでなくヘリテイジマネージャー本来の調査業務などに取り組んでいる。

また、建築基準法３条第１項３号の運用を促進するために行政職員を主な対象に「その他条例研究会」を２年間行ない、その間に藤沢市や箱根町も条例制定を進め、先行の横浜市、鎌倉市を含め４自治体となり、小田原市、大磯町、茅ヶ崎市が研究を開始、一定の成果を得た。

このほかにも現在県内には図のように歴史的景観の保全活用の中間支援組織が活動している。一方、それを構成する主要メンバーはダブっていることが多く、活動組織の一層の連携や業務の集約など、マンパワーや資金の効率的な運用を図っていくことを検討すべき時期でもあると思われる。

各地の地域まちづくりに学ぶ

では、私はどうして地域プランナーのような仕事に携わることになったのか。大学で建築や都市のことは学んでも、地域のまちづくりをどうやれば良いかという教育を受けた覚えはない。社会に出て十年ほど経った頃、住んでいる鎌倉市の市政モニターを経験して、市政に市民が発言し関われる場があることを改めて体験した。同じ頃、（財）日本地域開発センターの湯布院シンポジウム「地域に見る生活と文化の再生」に参加し、湯布院町の住民・職員をはじめ大分県内各地から１００名、全国から住民運動者・自治体職員・大学研究者・建築家やコンサルタントなど２００名も集まる中で、彼らの熱心な議論を聞いて地域まちづくりに関わりたいと思うようになった。その後、鎌倉では市政モニターＯＢ有志と「市民モニターの会」を結成、鎌倉ＪＣなどとも連携して「川開きの会」「美しい鎌倉をつくる会」などの活動を行なった。

また全国各地の様々な地域まちづくりの見聞を広めるために、(財) 明日の日本を創る協会の生活会議運動集会や日本上流文化圏会議・全国街並みゼミ・横浜市民まちづくりフォーラムなど、地域のまちづくりびとと語り合い、地域まちづくりの多様な取り組みを学んできたことは、私の仕事の血肉となった。

地域プランナーに求められるもの

私が四十年近く前に設計事務所を構えた時、次のようなマニフェストを掲げた。

・私達は、私達のチームが計画に関わる環境の中で暮らす人々、私達のチームが関わる建築を使う人々の心を大切にしながら、地域と場所の文化と個性を尊重すると共に、自然と風土に調和し、時間の評価に耐えうる生活環境を創っていきたいと考えています。

・私達のチームは「未来にとって素晴らしい過去となる現在を創る」事を計画と設計の基本目標とします。

・私達のチームはクライアント・ユーザーもチームの一員として共に考え、共通の理解を深めつつ、各メンバーがそれぞれの持ち味を生かして、一つの創造のエネルギーに結集させる事を創造活動の基本原則とします。

このマニフェストを常に念頭に、十分とは言えないまでも仕事をしてきた。そして、仕事にしろ、趣味にしろ、家事にしろ、先ず楽しむ、面白いと思って取り組む、面白さを見つけることが物事をうまくやる秘訣であると思っているが、地域まちづくりへの関わりも全く同じである。

その上で、地域プランナーは、多種多様な地域の主体の心の中を読めるセンスと新しい仕掛けの中に反映させる構想力、地域環境のハード、ソフトを解読できる能力とそれをルールや空間・形にする表現力、地域環境や地域活動の変化を促していく運動感覚を磨いていく必要がある。

そして、地域プランナーの能力発現にはユーザーである地域の市民との対話があって初めて発揮でき、能力の向上も見込めると思う。

2 個人の主体性がまちを動かす～川崎駅周辺づくり

大木　淳

川崎駅周辺の動向

川崎駅はＪＲ線、京急線が乗り入れ、両路線を合わせて1日平均約50万人が乗降する川崎市内最大のターミナルである。線路を挟んで東側は川崎区、西側は幸区となる。本稿における川崎駅周辺の範囲は、川崎駅を中心に東は国道15号までの繁華街を形成している一帯、西は線路沿いに大型商業施設や高層住宅等が集積する一帯、南北はかつての東海道川崎宿を軸とした八丁畷駅から多摩川までとしている（図表6―2）。

川崎駅周辺は、古くは元和9年（１６２３年）、東海道川崎宿の開設に端を発し、明治5年（１８７２年）の川崎停車場開業によって様々な都市機能が集積したことが市街地の基盤となっている。駅東口一帯は、１９００年代から進められた臨海部の埋立事業によって鉄鋼業や石油精製・石油化学などの多くの工場が集積し、これが戦後には京浜工業地帯の中核を担うまでに成長する過程で、工場の就労者と住民の生活を支える商業・業務地として発展してきた。戦後は空襲による焼け野原からの復興をいち早く成し遂げ、日常生活を支える駅前商店街の形成と百貨店の立地、競輪・競馬場、映画館などの川崎ならではの娯楽施設が集積した

図表6－２「川崎周辺案内図」

県内有数の繁華街を形成するに至った。駅西口一帯は戦前から大規模な工場が立地していたが、跡地の土地利用転換が進んでおり、２００６年には「ラゾーナ川崎プラザ」が誕生、東西の連絡コンコースや駅前広場が再編整備されるなど、駅前の様相が大きく変化している。

川崎市は一級河川多摩川下流部の右岸側に位置し、近年は東京と横浜という大都市に挟まれた利便性の高い立地特性が注目され、急激な人口増加が進んでいる。２０１７年には人口１５０万人を突破し、全国政令指定都市（20都市）中第7位に浮上した。当時の統計によると若い世代の転入が多く、20都市中の比較では生産年齢人口の割合が最も高く、老年人口の割合が最も低い。但し、中原区を中心に交通至便で大規模な住宅開発が話題となったエリアがこれら数値を押し上げた背景があり、川崎駅周辺を中心とした川崎区、幸区では現在は転出が転入をわずかに上回り、老年人口も他区に比較して多い傾向にある。

川崎市の各種上位計画では、重工業を中心とした市内産業の増進とこれを支える就労・生活基盤を充実する観点から、川崎駅周辺の位置づけは常に重要視されている。１９９８年の「中心市街地活性化法」に基づき、川崎市では「川崎駅周辺市街地活性化基本計画」を策定、市街地の整備改善と商業活性化のための方針を示すとともに、周辺の商店街・大型商業施設が連携して商業活性化に主体的に取り組む枠組みとして「タウンマネージメント構想」が提唱され、これが後述する「かわさきタウンマネージメント機関（以下、「ＴＭＯ」という。）設立の契機となった。また、駅周辺の大規模工場の土地利用転換等の動きを背景として２００３年に「都市再生緊急整備地域」を指定、２００６年には「川崎駅周辺地区総合整備計画」を策定し、時代の要請を捉えた様々な公共事業の実施や民間開発を誘発することに一定の成果を生んでいる。また、臨海部においては２０１０年から進められた土地区画整理事業によって殿町国際戦略拠点「キングスカイフロント」が誕生、ライフサイエンス・環境分野を中心とした先端研究開発施設の立地が進行しており、２０１８年には「臨海部ビジョン」を策定し、産業の付加価値創造とエネルギーバランスに関わる先端的な取り組みを進めるとともに、川崎駅周辺の商業・ビジネス拠点としての機能強化と連携を唱えている。

かわさきＴＭＯと川崎駅周辺の課題

「かわさきＴＭＯ（鬼塚保会長／チネチッタ通り商店街振興組合理事長）」は、川崎駅周辺の10商店街と大型商業施設、金融機関等によって構成される組織であり、市街地の環境改善やイベント等による販売促進、情報発信による地域ブランド力の向上に向けて、商業者を中心とした民間主体による活動を推進する担い手として、２００１年に設立された。年間を通じた多種多様なイベントの共同ＰＲや定期的な路上コンサートの他、置き看板や駐輪などの路上不正使用に対するパトロールを実施している。商業活性化に寄与する都市構造や施策についても議論がなされ、２０１７年には川崎市議団に対して「明日の川崎ＡＣＥ戦略」（以下、「ＡＣＥ戦略」という。）の提言を行っている。

筆者がＴＭＯタウンマネージャーに就任した２０１８年頃は、主にソフト面における長年の活動が一定の成果を生む一方、ラゾーナが同系列ショッピングモールで第１位の売上を誇り、他の大資本による大型商業施設等の駅直近での立地計画も進行、ＪＲ川崎駅北口自由通路などの公共事業によって広義には市街地の増進が順調に進んでいたが、東京・横浜に近い立地特性への注目が先行しており、既存商店街が取り残されているような印象を受けた。先に述べたＡＣＥ戦略が行政や開発事業者に対する要望を中心にまとめられており、商業者が自ら主体的に取り組む事柄がやや希薄なことからもそうしたジレンマが感じられた。後に紹介する若手事業者による新たな動きがある一方で商業者との接点は希薄であり、様々な事象が散発的で魅力を捉えづらい状況にあった。ＴＭＯ役員との対話の中では、発想の固定化や事業実施のための人材不足などが話題となり、主体的に動ける人材、その萌芽を探ることから取り組むこととした。

２０１８年９月「かわさき未来づくりワークショップ」を企画し、従来の商店街関係者だけでなく地元で活動している市民団体や若手事業者、中学生など、多種多様な人材を集め（総勢63名）、意見交換を行った。特に印象的だったのは「川崎に対するネガティブなイメージはポジティブに転換できる」といった若手の意見だ（図表６―３）。

その流れを受けて、同年12月に開催した第２回では、６組の若手グループに川崎駅周辺を舞台とした具体的なプロジェクトをプレゼンテーションしてもらい、それを商店街関係者が評価する場を設けた。その意図は、若手が普段から感じている地域への想いを語り、その提案がなされた意図を読み取るとともに、商店街関係者の反応を伺うことで、固定化されがちな価値観とのギャップを浮き彫りにすることであった。翌年３月の第３回では「かわさきセントラル構想」（図表６―４）を発表し、これに関する意見交換を行った。

図表６－３「かわさき未来づくりワークショップ　当日意見のまとめ」

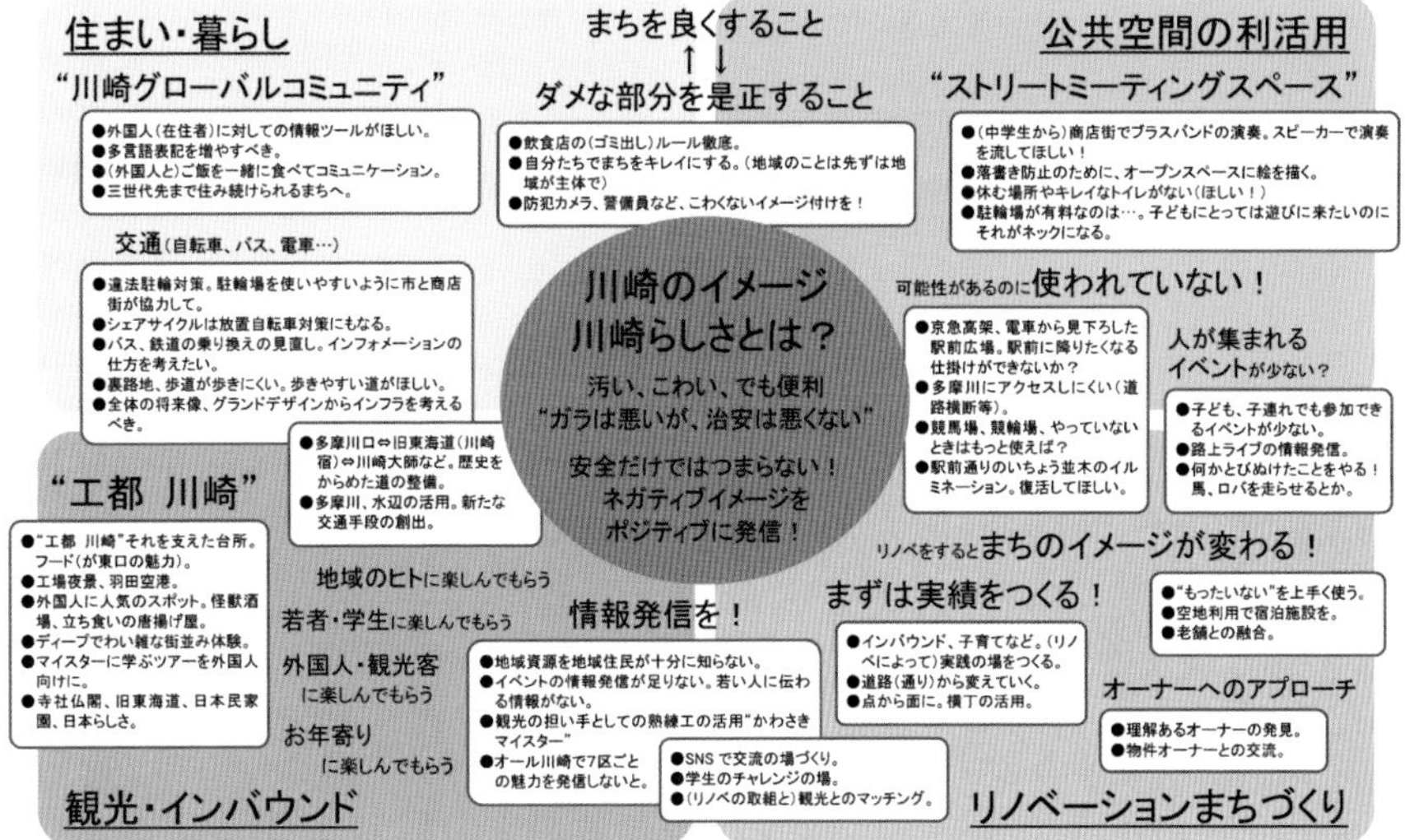

図表６－４「かわさきセントラル構想」

羽田空港
多摩川
水と空の大回廊
JR東海道本線
京急本線
京急大師線
歴史・文化回廊
大師道
・川崎大師
キングスカイフロント
かわさきテクノピア
セントラルウエスト
東海道川崎宿交流館
セントラルコア
京急川崎駅
ラゾーナ川崎プラザ
・川崎競馬場
・川崎市役所
・川崎区役所
文化・スポーツコア
JR川崎駅
・カルッツかわさき
・アゼリア
ミューザ川崎
ラ チッタデッラ
・川崎競輪場
・富士見公園
東扇島等臨海部
（川崎マリエンなど）
セントラルイースト
東海道川崎宿
国道15号
JR南武線
八丁畷駅

かわさきセントラル構想

1　セントラルコアとセントラルイースト（ウエスト）の連絡強化
2　セントラルとスポーツコアの連絡強化
3　東海道川崎宿コンテンツの結集と発信、歴史・文化回廊の実現
4　多摩川の活用、臨海部を含めた回遊、水と空の大回廊の実現
5　1～4の推進のために…　まちをキレイに“魅せる”取組の推進

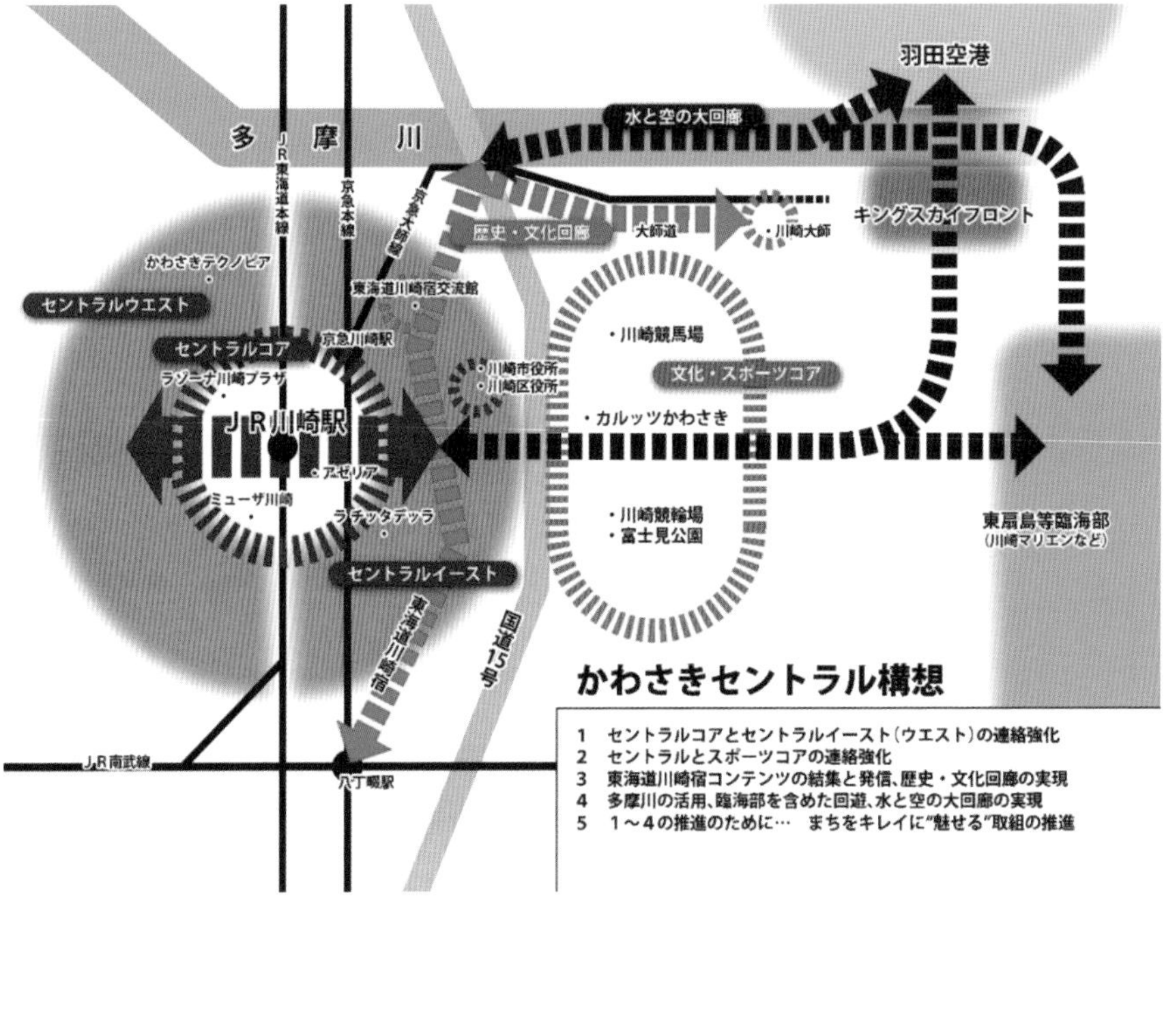

繁華街（セントラル）の活性化を目指す上で、ＡＣＥ戦略を下敷きとした駅東西の連絡強化や回遊性の向上に加え、東海道川崎宿（２０２３年には開設４００周年を迎える）を軸とした川崎固有の歴史・文化や多摩川の活用、臨海部・羽田空港との連絡など、これまでの意見・提案を随所に取り入れ、グランドデザインとして整理した。また、これを実現に導く主体は行政でも開発事業者でもなく、ＴＭＯを中心とした地元ステークホルダーであることを強調することで、今後の取り組みの方向性を議論するための土台を共有した。

若手事業者の台頭とリノベーションまちづくり

ここでワークショップに参加した若手事業者と川崎市が進めるリノベーションまちづくりの動きを紹介する。

２０１６年、川崎市では「川崎駅周辺総合整備計画」を改定する際、既成市街地のまちづくりを進める上で川崎駅東口一帯を「既存ストックの活用による賑わいの創出エリア」として位置づけ、これを具体化するための視点や戦略を明らかにするものとして「川崎駅周辺リノベーションまちづくりビジョン」を２０１８年に策定した。。

その間、建物オーナーや事業者を対象とした検討会やセミナーなどを開催したことで当事者の意識意欲が高まり、川崎駅の南西、ＪＲ東海道線と京急本線に挟まれた一角に位置する日進町では実際にリノベーション物件が誕生している。同町ではその後も近隣で同様の動きが想定出来たことによって、ここをモデルエリアとして先行的に取り組み

図表６－５　「門宿」

を進め、低未利用建物を活用するための補助金制度を施行するなど、人材やノウハウの周辺への波及効果を狙う戦略を打ち立てた。

日進町はかつて日雇い労働者が集う簡易宿泊所が建ち並ぶエリアであったが、近年はそうした用途も減少傾向にあり、交通至便な立地であることから新規住宅も増加し、街の様相が変化しつつあった。「ＵＮＩＣＯ（ウニコ）」は「株式会社ＮＥＮＧＯ」が企画プロデュースし、築50年以上の問屋ビルをリノベーションし、カフェバー、シェアオフィス、バスケットコートなど多彩なアイデアを盛り込んだ複合施設として２０１７年にオープンした。同社はその後も簡易宿泊所をオーナーから借り受け、ホステルにリノベーションした「日進月歩（にっしんげっぽ）」も手掛けている。同様の手法で若手建築家をリーダーとして、改修作業の一部をボランティアによる手作りで行ったホステル「門宿（かどやど）」（図表６―５）も２０１９年にオープンしている。

「東海道ＢＥＥＲ川崎宿工場」は、川崎駅の北東、東海道に面した本町に位置し、ビルの一角をビール工場兼カウンターバーにリノベーションしたもので２０１８年にオープンした。ここでオーナーの意欲を高め、それを実行するスキームに参加した事業者の多くが30代を中心とした若手であったことに注目する。これらの事例は川崎駅から半径約１km圏内の立地であり、半径約５００ｍ圏内の繁華街では相応の地代家賃によって実現可能性が狭まるという施策上の課題があるが、従来の建物用途や街の様相に囚われない新たな事業形態の模索、チャレンジングな取り組みが若手の育成機会になったと言える。

２０１８年９月、川崎市が主催し、若手事業者（総勢25名）を集めた「リノベーションスクール川崎」が開催され、筆者もＴＭＯタウンマネージャーの立場でこれに参加した。川崎市の狙いは、通行量が多い川崎駅東口駅前広場を活用し、多くの人々の目に留まることで地域の価値向上を図ることであり、若手のアイデアと実行力を期待するものであった。程なく「カワサキサーカスプロジェクト実行委員会」（田村寛之会長／サニーワンステップ株式会社代表取締役）が発足、同年12月22日「カワサキよりみちサーカス」（図表６―６）を開催し、その後イベントは同地で恒例となった。

余談だが、２０２０年初頭から始まったコロナ禍において、最初の緊急事態宣言発出直後から実行委員会でオンラインによる情報交換が始まり、店舗（特に飲食店）が置かれた状況に対する支援について話し合いが行われた。ＴＭＯ及び各商店街組織においても行政施策に基づく各種支援

図表6－6　「かわさきみちサーカス」

手続きは進めていたが、商品の先買いによって店舗に寄付をする仕組み「カワサキ未来チケット」をいち早く企画し、5月初頭に支援を開始している。

個人の主体的参加による新たなまちづくりのフェーズ

2021年1月、TMOではコロナ禍で停滞した議論を進めるべく、あらためて若手事業者に参加してもらい、川崎駅周辺の魅力とその発信のあり方について意見交換を行った。使われていない場所・モノの活用、特に東海道と多摩川に注目する意見が多い中で、その実行に向けて主体的に参加する意思・意欲が大いに伝わってきた。

これまでは目標、方針、計画などの机上での議論を中心としてきたが、効果を伴う事業を実施するべき段階となっており、それがTMO本来の役割である。折しも2021年度は川崎市において観光戦略と連動した都市ブランド力向上に向けた事業実施に伴い、川崎駅周辺をその舞台としてTMOを実質上の事業主体とする枠組みの調整が行われていた。

組織運営における発想の固定化や事業実施のための人材不足を解消する意味においても新たな実行体制が必要という背景もあり、実行委員会会長の田村氏をはじめとして計3名の若手をプロジェクトリーダーに抜擢することとなった。数年に渡る商業者と若手との交流が実を結ぶか。ようやく新たなフェーズに差し掛かったと言える。

TMOが事業体として将来の運営持続性を確保すべく活動を活発化していく上で、川崎駅周辺における他の商業団体との関係もあらためて整理する必要が生じている。「川崎駅前広域商店街連合会」とＴＭＯの役員は双方兼務の割合が非常に高く、事務局機能や財源も含めて一元化か分離かの議論が絶えない。但し「広商連は商店街が中心、商業に特化した組織」「ＴＭＯは商業だけでなく住民の生活等も含むまちづくりを総合的に考え、実行する組織」といった考えが根底にあり、筆者もそれに少なからず賛同する。

　まちづくりには多種多様な意見があるべきで、率直に意見を言う人もいれば何かを実行しながら考える人もいる。少数意見に耳を傾ける寛容さが不可欠で柔軟な姿勢を持つべきである。事業体としてのＴＭＯは若手を中心に実行力を高める一方、その行動を検証し、議論する場には地元に根差した商業者が培った知見も重要である。その意味で商業者が主体的に議論に参加する協議体として広商連があることはむしろ理想的ではないかと思うようになっている。

　川崎市が進める観光戦略との連動は、ＴＭＯのこれまでの取り組みの延長であり、議論を進めてきたことを実践する貴重な機会となり得る。また、リノベーションまちづくりの推進が若手事業者の活躍する機会となり、結果として商業者の意識を変えつつある。

　川崎駅東口駅前広場の活用においても、実行委員会が主催する単発のイベントだけでなく月単位で実施出来る様、ＴＭＯなどの地元組織が主体となった運営管理に移行する可能性について検討が進んでいる。まちづくりには行政による様々な支援が不可欠であり、地元はそれらを貪欲に活用しながら施策へとフィードバックするという関係が官民連携の現実的な姿であろう。

おわりに

　ＴＭＯタウンマネージャーへの就任を依頼された際、その対象とするエリアの広さと登場人物の多さに正直戸惑ったが、多種多様な人々の体験を一つ一つ知ることによって可能性を見出すプロセスに面白味を感じている。

　持続可能なまちづくりとは詰まるところ良き世代交代なのではないか。若手の実行力や熟年層の知見など、全ての世代が個々に主体性を持って流動的に参加する仕組みを構築することが未来への担保となり得るのではないか。

　土地柄や人脈がつくる地域社会のあり様とその指針について、まちづくりの現場に携わる者として社会に問うべきさらなる課題、命題が見えた際はあらためて論じてみたいと考えている。

おわりに

地域貢献活動基金を設け２００４年から毎年、地域で様々な活動を行っている活動団体の手助けになるよう、県内で建築士が参画して活動する地域貢献団体に対し助成を行ってきた。今の時代に照らし合わせると助成額は少額ではあったが、活動の初期段階での後押しになったと考えている。

しかし、助成開始から15年が経過し、社会の変化、街を取り巻く環境の変化、応募数の減少等様々な要因から、２０１８年をもって助成を終了した。

今後、神奈川県建築士会としてどんな地域貢献ができるのか、改めて考える時期が来たと考えている。

また、今回活動の記録をまとめた「神奈川建築士会『かながわ地域貢献活動センター』の足跡」を出版するにあたり、執筆をお願いした活動団体の皆様、神奈川の地域貢献活動を支えてき地域プランナーの皆様、各活動団体にヒアリングを行いレポートまとめてくれた神奈川県建築士会の仲間たちにこの場を借りて感謝を申し上げる。

本書が地域のまちづくり活動に取り組んでいる、また取り組もうとしている活動団体等の方々にとって活動の一助になれば幸いである。

２０２１年5月

飯田正典

【編集にあたって】

（一社）神奈川県建築士会「創立70周年記念事業」として、「かながわ地域貢献活動センター（以下、「地域活動センター」という）」の15年におよぶ、地域貢献活動の成果を「出版物」として取りまとめることになった。

編集にあたり、景観整備機構委員会に「地域貢献出版チーム（長瀬・飯田・村島・小笠原・内田・湯本・松田氏）を設置した。なお、地域貢献出版チームには、執筆を依頼した活動団体や地域プランナー、行政機関などの皆さんについても準構成員として含めた。

編集責任者については、地域活動センター、初代地域活動部会長・長瀬氏と二代目部会長・飯田氏が就任した。

編集にあたり、「はじめに・第1章・第2章・おわりに、編集にあたって」については、編集責任者が執筆した。

「第3章」については、活動センターが助成を行った活動団体の中から、現在も活発な活動を展開し、成果を上げている事例から、活動エリア、活動領域を踏まえて活動団体を選定して執筆をお願いした。

「第4章」については、活動センターが助成を行った活動団体を対象にした、「活動団体アンケート調査」に基づき、現在も活動を継続している団体の中から、活動成果、活動地域、活動領域を踏まえて選定した。その上で、地域貢献出版チームと景観整備機構委員会委員が役割分担を行い、選定した活動団体に対するヒアリング、インタビューを行い、資料提供をいただき執筆した。

「第5章・第6章」については建築士会の地域貢献活動に常日頃より、ご協力を頂いた地域プランナーや行政機関などの方に執筆をお願いした。

【編著者紹介】

長瀬光市（ながせこういち）慶應義塾大学ＳＦＣ研究所、神奈川大学非常勤講師。法政大学工学部卒、藤沢市経営企画部長、慶應義塾大学特任教授を経て現職。天草市・鈴鹿市・市原市・金ケ崎町・大木町政策アドバイザー。専門は行政経営・まちづくり。著書に「縮小時代再構築」「人口減少時代の論点90」など。

飯田正典（いいだまさのり）１９５５年生まれ。東京都墨田区出身。早稲田大学理工学部建築学科卒。藤沢市役所勤務を経て、現在日本ＥＲＩ株式会社確認企画部担当部長。藤沢市在職中は景観・まちづくり・建築行政に携わる。著書に「目からウロコの確認申請２０２０」（共著）など。

【著者紹介】

富沢喜美枝（とみざわきみえ）横須賀市出身。県立横須賀大津高校卒。うわまち協会建物応援団幹事、横須賀建築探偵団代表、三浦郡豊島町をもっと知る会代表、三浦半島の文化を考える会幹事、横須賀中央エリアまちづくり景観協議会委員、横須賀市上町商店街の看板を活かした商店街づくりなどを応援。

佐藤里沙（さとうりさ）１９４８年山口県生まれ。一級建築士。設計活動の傍ら歴史的建造物の保存活用に取り組む。神奈川県建築士会副会長、同湘南支部支部長等歴任。現在は神奈川県建築士審査会委員、藤沢市建築審査会委員、藤沢市内の旧モーガン邸や蔵まえギャラリーの「たてものがかり」として奮闘中。

兼弘　彰（かねひろあきら）東京芸術大学大学院美術研究科建築専攻終了。（株）山手総合計画研究所を経て、現在兼弘一級建築士事務所代表。関東学院大学建築・環境学部講師兼務、よこはま洋館付き住宅を考え会事務局長、横浜市まちづくりコーディネーター、ほどがや人・

まち・文化振興会事務局長など。

高橋武俊（たかはしたけとし）慶應義塾大学ＳＦＣ研究所上席所員、株式会社乃村工藝社プランナー等。まちづくりとマーケティングを専門に、まちを元気にする様々な場づくりやツールづくりを行う。藤沢市鵠沼地区、茅ヶ崎市松風台地区では、長年、住宅地振興のまちづくりを実践中。

関口佐代子（せきぐちさよこ）関口一級建築士事務所主宰、神奈川県建築士会技術支援委員会子どもの生活環境部会所属、東京都出身。東京工業大学大学院修士課程修了。

三原栄一（みはらえいいち）日本大学理工学部建築学科卒。有限会社アトリエエーワン代表取締役。公益社団法人日本建築家協会・登録建築家。ふじさわこどもまちづくり会議実行委員会 代表。湘南ボード：森業 代表。

永島優子（ながしまゆうこ）１９８6年4月（株）小池設計（横浜市西区）入社。２０００年より独立し、一級建築士事務所有限会社ノマドを川崎市中原区にて設立。２００4年に特定非営利活動法人かわさき住環境ネットワークの発起人の一人として立上げ。２０１6年より理事長に就任。現在に至る。

松田典子（まつだのりこ）神奈川県小田原市出身。大学卒業後藤沢市役所へ入庁。夫が転勤族だったためしばらく職を離れていたが、42歳の春に脳幹出血で倒れた経験から福祉に目覚め、続きの住まい一級建築士事務所を設立。現在、神奈川県建築士会福祉部会に所属。福祉まちづくり部会神奈川県リーダー。

湯本　敦（ゆもとあつし）１９６7年6月2日生まれ。静岡県磐田市出身。千葉大学大学院修士課程修了。建築設計事務所、都市計画コンサルタント、建設コンサルタント、地方自治体に勤務経験有。

相馬立夫（そうまたつお）栃木県那須塩原市出身。東京大学工学部建築学科卒。ＡＲＣＨＩＴＯ　一級建築士事務所　歩く人　主宰。葉山町在住。建築設計、古民家・歴史的建造物の保存活用、耐震補強等に携わる。邸園（歴史的建造物）保全活用推進員（ヘリテージマネージャー）。

芝　京子（しばきょうこ）芝浦工業大学建築学科卒。大成建設（株）勤務を経て現在（株）アーキテクトホンダ代表取締役並びに、NPO法人ときめき箱根理事長。小田原市まちづくり審査会委員・南足柄市景観審議会委員・箱根町景観まちづくりアドバイザー、箱根町空き家対策推進協議会委員として現在に至る。

内田みちる（うちだみちる）和歌山県那智勝浦町出身。玉川大学農芸化学科、桑沢デザイン研究所卒。アプル総合計画事務所等を経て、一級建築士事務所株式会社ルナパーク設立。神奈川県建築士会スクランブル調査隊（歴史的建造物保存活用）部会発足。全国ヘリテージマネージャーネットワーク協議会運営。

金子成司（かねこせいじ）１９６９年生まれ。神奈川県川崎市出身。東京工業専門学校建築工学科卒。（株）山根工務店勤務を経て、現在（有）金子建設代表取締役並びに、（一社）神奈川県建築士会川崎支部長。モトスミ・ブレーメン通り景観形成協議会準会員。

村島正章（むらしままさあき）川崎市中原区出身。東京理科大学第Ⅱ工学部卒。建設省、神奈川県庁を経て現在、神奈川県住宅供給公社賃貸事業部上席調査役。神奈川県庁在職中は、施設整備、建築行政、再開発事業、住宅施策、本庁庁舎再編成整備等を担当。著書に「図説近代神奈川の建築と都市」（共著）など。

小笠原泉（おがさわらいずみ）１９５６年、岩手県釜石市出身。建設省建築研究所非常勤、筑波大学大学院修士課程（環境科学研究科都市計画専攻）修了後、横浜市役所入庁。まちづくり・建築行政に携わり、現在、再任用職員として従事。著書に「都市づくり用語辞典」（共著・矢島隆ほか）など。

小川嘉一（おがわかいち）東京工業大学工学部建築学科、同大学院修士課程修了。神奈川県庁勤務を経て、現在、一般財団法人神奈川県建築安全協会常務理事。神奈川県在職中は、営繕、建築・住宅行政、都市計画・景観・まちづくり、環境アセスメント、財産経営などに携わる。技術士（建設部門）。

菅　孝義（すげたかよし）（株）山手総合計画研究所を主宰、現在取締役会長。主な仕事は大磯町・苅田町・伊万里市等の公共図書館設計、横浜市・江の島・湘南C—X・富岡市等の都市デザイン。湘南邸宅文化ネットワーク・湘南邸園文化祭等の市民活動に参画。著書に「横浜防火帯建築を読み解く」（共著）など。

大木　淳（おおきじゅん）　１９７０年生まれ、静岡県藤枝市出身。東京藝術大学大学院空間造形デザイン専攻修了。都市デザイナー、技術士（建設部門）として、横浜・川崎を中心に関東圏のまちづくり行政に専門家の立場で関わる。現在、株式会社オクトプランニング＆デザイン代表取締役。

地域貢献
住民と建築士が取り組んだ《連携・協働》の記録

2021年９月15日　第１版第１刷発行

編著者　長瀬光市・飯田正典
著　者　（一社）神奈川県建築士会地域貢献出版チーム
発行人　武内英晴
発行所　公人の友社
〒112-0002東京都文京区小石川5-26-8
TEL 03-3811-5701　FAX 03-3811-5795
e-mail： info@koujinnotomo.com
http://koujinnotomo.com/
印刷所　モリモト印刷株式会社

ISBN978-4-87555-869-9